Análisis financiero y evaluación de riesgos en entidades financieras

Primera edición

Eduardo Villarroel C.

ANÁLISIS FINANCIERO Y EVALUACIÓN DE RIESGOS EN ENTIDADES FINANCIERAS

Primera edición

DERECHOS RESERVADOS, © 2014
Por Luis Eduardo Villarroel Camacho
Calle Isaac Maldonado No. 50
Cochabamba, Bolivia
Email: levillarroel@hotmail.com

ISBN: 978 – 84 – 606 – 7552 – 5

Acerca del autor

Eduardo Villarroel C.

Eduardo Villarroel C. es economista y master en administración y dirección de empresas con mención en finanzas.

En su actividad profesional ha sido Gerente de créditos del Banco Santa Cruz S.A. y Gerente nacional de créditos de la Fundación Agrocapital.

En su actividad académica ha sido docente de pre y post grado en la Universidad Privada Boliviana, Universidad Simón I. Patiño y Universidad Mayor de San Simón en las materias de Análisis de estados financieros, Finanzas corporativas, Preparación y evaluación de proyectos, Contabilidad administrativa, Administración de créditos, Gerencia de créditos, Matemáticas financieras, Economía financiera, Administración de la estructura y costo de capital, Gestión financiera, Finanzas internacionales, Control de gestión, Planificación y estrategia financiera, Análisis de decisiones de inversión y Evaluación de proyectos de inversión.

Asimismo, ha sido consultor financiero de varias empresas.

Prefacio

En este libro se expone las directrices para la gestión de créditos y las técnicas para el análisis financiero y la evaluación del riesgo crediticio en entidades financieras.

El libro presenta una cobertura completa y actualizada de temas y técnicas para la administración de créditos en entidades de intermediación financiera y proporciona al lector los conocimientos, criterios y habilidades necesarias para una adecuada toma de decisiones en la otorgación de créditos, reflejando los nuevos e importantes desarrollos que se han dado en la materia.

El libro es eminentemente práctico y esta diseñado para el autoaprendizaje de la materia. En su redacción se ha pretendido exponer los conceptos de la forma mas clara y concreta posible, haciendo énfasis en su aplicación practica.

Para facilitar la comprensión de la materia, el texto contiene una amplia colección de ejemplos y estudio de casos, asi como de modelos para la evaluación de créditos corporativos, créditos pymes y micrecocréditos.

Los ejemplos y casos que se exponen en esta obra corresponden a situaciones reales, aunque algunas han sido modificadas para mantener la confidencialidad.

El texto recoge la experiencia profesional y experiencia docente del autor de veinticinco años.

El libro esta dirigido a gerentes, directores y funcionarios del área de créditos de entidades financieras.

Eduardo Villarroel C.

Contenido

1 Conceptos y directrices para la gestión de créditos

En este capítulo expondremos conceptos básicos para la gestión de créditos, veremos que se entiende por crédito y riesgo crediticio, cuales son los componentes de una operación de crédito, cuales son las principales operaciones de créditos que realizan las entidades financieras, que tipos de crédito existen, los criterios básicos para la evaluación de créditos, las directrices básicas para una política de créditos y el procedimiento para el trámite de solicitudes de crédito.

1.1. Crédito y riesgo crediticio

Crédito es un activo de riesgo por el que una entidad financiera, asumiendo el riesgo de su recuperación, provee o se compromete a proveer fondos o garantiza frente a terceros el cumplimiento de obligaciones contraídas por clientes de la entidad.

Riesgo es un factor exógeno a una entidad, cuyo control no esta al alcance de la entidad y que puede afectar sustancialmente su solvencia y rentabilidad.

Se entiende por riesgo crediticio a aquellos factores que pueden afectar a la cartera de créditos de una entidad financiera.

Una entidad financiera cuando presta recursos financieros asume riesgos debido a que entrega estos recursos a clientes que lo administran y de los que no puede saber que les pasará en el futuro, existiendo la posibilidad de que la entidad financiera sufra la pérdida parcial o total del importe prestado o garantizado.

1.2. Componentes de una operación de crédito

Los componentes de una operación de crédito son el monto del crédito, el objeto del crédito, el plazo y tipo de amortización, la tasa de interés, la garantía y el tipo de operación.

Monto del crédito

El monto del crédito debe estar en función a la capacidad de pago del prestatario, debe ser suficiente para financiar la inversión a realizar conjuntamente un aporte propio razonable del prestatario.

Objeto del crédito

El objeto del crédito es el destino que dará el prestatario a los fondos del préstamo, el cual puede ser para capital de inversiones, capital de operaciones, adquisición o construcción de vivienda o para gastos de consumo.

El capital de inversiones son todas aquellas inversiones que se realizan en bienes tangibles que se utilizarán en el proceso de transformación de los insumos o que servirán de apoyo a la operación normal de la empresa. Constituyen inversiones fijas los terrenos, las edificaciones y construcciones, maquinaria, equipo, herramientas, vehículos, muebles, enseres e infraestructura de servicios.

El capital de operaciones o denominado también capital de trabajo es el activo circulante que requiere una empresa para llevar a cabo sus actividades de producción y venta, que le permita cubrir sus costos de producción, gastos de administración y comercialización, hasta que se venda el producto y se perciba el efectivo producto de la venta.

Los créditos destinados a la adquisición, construcción, ampliación, refacción, remodelación y mejoramiento de viviendas o departamentos en propiedad horizontal, se caracterizan por ser pagaderos en cuotas sucesivas y estar garantizados con la hipoteca de estos inmuebles.

Los gastos de consumo son gastos en compra de mobiliario de hogar, gastos de viajes, estudios, gastos de salud y gastos generales de personas particulares.

Plazo y amortización del crédito

El plazo del crédito depende de la capacidad de pago del prestatario.

Si el objeto del crédito es para capital de inversiones el financiamiento será a largo plazo, si el financiamiento es para capital de operaciones, éste será a corto plazo.

Amortizar es cancelar una deuda con más los intereses mediante pagos periódicos, que pueden ser iguales o diferentes.

Los métodos de amortización mas utilizados son la cuota fija a capital y la cuota fija a capital e intereses.

La cuota fija a capital considera una amortización fija a capital en cada período, e intereses sobre el saldo del préstamo, siendo la cuota a capital e intereses decreciente. La cuota fija a capital se obtiene dividiendo el monto del préstamo entre el plazo expresado en términos del periodo de amortización del préstamo.

La cuota fija a capital e intereses considera un monto fijo a capital e intereses en todos los períodos, siendo la amortización a capital creciente y los intereses decrecientes. Para el cálculo de la cuota se utiliza la fórmula de anualidades vencidas.

Un crédito puede amortizarse en forma mensual, bimestral, trimestral, semestral, anual, con un pago único o en periodos diferentes.

Tasa de interés

Interés es la cantidad pagada o recibida por el uso de dinero prestado.

Las tasas de interés pueden ser fijas o variables. Las tasas de interés fijas no pueden ser reajustadas en ningún momento durante la vigencia del préstamo. Las tasas de interés variables son tasas ajustables periódicamente en función a las variaciones de una tasa de referencia, a la cual se adiciona un diferencial fijo. La tasa de referencia puede se la tasa promedio ponderada de los depósitos a plazo fijo del sistema financiero de un país, la tasa libor u otra.

Existen dos tipos de tasas de interés, las tasas de interés nominales y las tasas de interés efectivas. La tasa de interés nominal es la tasa convenida para una operación financiera. La tasa de interés efectiva es la tasa que realmente se ha pagado o ganado en el período, es decir considera la capitalización de intereses.

La tasa de interés efectiva anual de US$ 1 a la tasa de interés nominal de i_n con **m** capitalizaciones en el año se calcula con la siguiente formula:

$$i_e = \left(1 + \frac{i_n}{m} \right)^m - 1$$

La tasa de interés efectiva será mayor en la medida que exista más capitalizaciones al año. Por ejemplo si la tasa de interés nominal es 10% anual y la capitalización es anual la tasa de interés efectiva será también 10%. Si la capitalización es semestral, la tasa de interés efectiva será 10,25%. Si la capitalización es trimestral, la tasa de interés efectiva será 10,38%, según se indica a continuación.

$$i_e = \left(1 + \frac{0,10}{1} \right)^1 - 1 = 10,00\%$$

$$i_e = \left(1 + \frac{0,10}{2} \right)^2 - 1 = 10,25\%$$

$$i_e = \left(1 + \frac{0,10}{4} \right)^4 - 1 = 10,38\%$$

Garantías

Los créditos que conceden las entidades financieras deben estar respaldados con garantías, las cuales son un complemento y no una determinante para la otorgación del crédito, ya que el criterio básico debe ser la capacidad de pago del prestatario. Las garantías se constituyen en fuente alternativa de repago de una operación de crédito.

Las garantías que se pueden considerar para una operación de crédito son las siguientes:

- Garantía hipotecaria de inmuebles.

- Garantía prendaria de maquinaria, equipos y vehículos.

- Garantía warrant de mercadería, materia prima, productos en proceso, productos terminados.

- Garantía de títulos valores.

- Garantía de depósitos a plazo fijo constituidos en entidades financieras.

- Garantías personales.

- Avales, fianzas o cartas de crédito stand by emitidas por entidades bancarias.

Las entidades financieras también conceden créditos a sola firma del cliente, basados en la solvencia de éste.

Tipo de operación

Los tipos de operación mas comunes son las líneas de crédito, prestamos con garantía hipotecarias, prestamos con garantía prendaria, prestamos con garantía personal, descuento de letras de cambio, factoring, leasing, créditos warrant, boletas de garantía, cartas de crédito y avales.

El tipo de operación debe adecuarse a las características de la operación de crédito. Por ejemplo para financiar la compra de maquinaria debería tramitarse un préstamo a largo plazo o un leasing financiero, de modo que el plazo coincida con la vida útil de la maquinaria.

1.3.   Tipos de operaciones de crédito

A continuación se exponen las operaciones de crédito más usuales que realizan las entidades financieras.

Líneas de crédito

Una línea de crédito es un contrato en virtud del cual una entidad financiera se obliga con su cliente, hasta un determinado monto y durante cierto tiempo, a concederle crédito mediante desembolso de dinero o para realizar operaciones contingentes.
Este contrato puede efectuarse bajo dos modalidades:

a) Línea de crédito simple, cuando la utilización de los fondos puestos por la entidad financiera a disposición del cliente agota el derecho de éste.

b) Línea de crédito rotatoria o en cuenta corriente, cuando el cliente tiene derecho a efectuar reembolsos durante la vigencia del contrato, reponiendo con ello el saldo o las sumas disponibles a su favor, que puede ser reutilizadas a necesidad del cliente.

Préstamos con garantía hipotecaria

Los préstamos con garantía hipotecaria son préstamos concedidos por una entidad financiera a personas naturales y jurídicas con garantía hipotecaria de inmuebles. Estos préstamos se conceden para financiar inversiones fijas (adquisición de activos fijos) y para financiar la compra, construcción, refacción y remodelación de viviendas.

Préstamos con garantía prendaria

Los préstamos con garantía prendaria se basan en un activo físico, un activo financiero o un derecho de cobro a un plazo determinado. Si la garantía es un activo físico que forma parte del negocio, como por ejemplo maquinaria y equipo, el plazo esta condicionado a la vida útil del activo. Si la garantía es un activo financiero deben coincidir las fechas de vencimientos.

Préstamos con garantía personal

Los préstamos con garantía personal son créditos avalados por personas naturales con demostrada solvencia. Estos créditos normalmente se conceden para capital de operaciones y para gastos de consumo.

Descuento de letras de cambio

En este tipo de operación una entidad financiera anticipa el valor de una letra de cambio al beneficiario de este título valor, descontando del valor nominal los intereses respectivos por el tiempo que medie entre la fecha de la operación de descuento y la fecha de vencimiento del título valor.

Una empresa que vende productos a crédito puede formalizar esta operación mediante la suscripción de una letra de cambio girado en contra del comprador, requiriendo el pago de un monto de dinero en una determinada fecha. La letra de cambio pueden girarse a la orden del mismo girador, puede ser endosada a favor de una tercera persona y puede intervenir un aval o garante. Las letras de cambio pueden emitirse a la vista, a días vista, a días fecha o a fecha fija. El vencimiento de una letra a días vista se determina por la fecha de aceptación, la girada a días fecha por la fecha de su giro.

El beneficiario de una letra de cambio puede optar por descontar este título valor en una entidad financiera. La finalidad del descuento de las letras de cambio es financiar la venta a crédito de la empresa, constituyéndose en deudor directo el beneficiario o girador de la letra de cambio (vendedor) y en deudor indirecto el girado o aceptante de la letra de cambio (comprador).

Una letra de cambio puede ser garantizada por una entidad financiera, lo cual se conoce como aceptación bancaria.

Factoring

En una operación de factoring, una empresa cede sus cuentas por cobrar a una entidad financiera, adquiriendo esta última el derecho de cobro y asumiendo el riesgo de incobrabilidad.

Mediante una operación de factoring, las cuentas por cobrar se venden directamente a una entidad financiera, instruyendo a los clientes que efectúen los pagos directamente a la entidad financiera.

Como en este tipo de operación la entidad financiera absorbe el riesgo, cobra una comisión además de la tasa de interés.

Leasing

El leasing es un contrato de alquiler de bienes por un determinado periodo de tiempo.

El leasing es un acuerdo contractual entre un arrendador y un arrendatario, mediante el cual se establece que el arrendatario tiene el derecho de usar un activo a cambio de hacer pagos periódicos al arrendador, el propietario del activo.

El arrendatario es quien usa el activo y el arrendador es el propietario del activo.

El leasing financiero es un acuerdo contractual mediante el cual el arrendatario se obliga a realizar pagos por el uso de un activo por un periodo determinado a una entidad financiera, sin que exista la posibilidad de rescindir el contrato.

El leasing financiero tiene las siguientes características:

- La totalidad de los pagos a lo largo del periodo preestablecido es mayor que el costo inicial del activo arrendado.

- El arrendador no provee mantenimiento o servicio del activo. El arrendatario se responsabiliza del mantenimiento, seguros, impuestos y otros gastos relacionados con el activo.

- El arrendatario no puede cancelar el contrato, debe efectuar todos los pagos o enfrentar en su caso la quiebra de la empresa.

- La propiedad del activo se transfiere al arrendatario al término del plazo estipulado en el contrato.

Créditos warrant

Los créditos warrant son operaciones para financiar la compra de inventarios, con la garantía prendaria de estos inventarios.

Estas operaciones se pueden efectuar con materias primas tales como madera, granos, algodón, o productos terminados como llantas, productos enlatados o artículos para la construcción.

Estas operaciones normalmente se efectúan con una relación del valor de la mercadería respecto al préstamo de 1,2 a 1,5.

En este tipo de operaciones existe una empresa de almacenaje independiente que ejerce el control sobre el inventario, denominada "Almacén General de Depósito", quien expide un certificado de depósito y un bono de prenda a favor del prestatario que es endosado a favor de la entidad financiera.

Ambos títulos llevan una descripción pormenorizada de las mercaderías depositadas, las características del seguro, el importe, tasa de interés, fecha de vencimiento del crédito y el plazo del depósito.

Los bienes se pueden almacenar en el lugar que posea la empresa de almacenaje o en las instalaciones del prestatario, denominado almacenaje de campo. El control de los almacenes de campo se lo efectúa a través del uso de llave cruzada.

Los almacenes generales de depósito están obligados a tomar seguros para protegerse de posibles pérdidas, robos, hurtos, así como contra incendios, explosión y otros riesgos a los que se encuentra expuesta la mercadería.

El prestatario puede efectuar retiros parciales de la mercadería prendada a medida que va necesitando, con la autorización de la entidad financiera, previo pago de la parte proporcional del préstamo.

En caso de incumplimiento del deudor, la entidad financiera debe presentar el bono de prenda a la compañía de almacenaje que lo expidió para que registre la anotación de falta de pago, el mismo que surte efectos de protesto. El protesto debe ser requerido indefectiblemente en el término de tres días de la fecha de vencimiento. En caso de no hacerlo se dice que el bono de prenda está perjudicado.

Le entidad financiera con el bono de prenda debidamente protestado puede, dentro de los ocho días que sigan al protesto, exigir a la compañía de almacenaje que proceda a la subasta pública de las mercaderías depositadas.

Operaciones contingentes

Las operaciones contingentes son operaciones en las que no existe desembolso de dinero, pero existe responsabilidad de la entidad financiera por incumplimiento de obligaciones del deudor con terceras personas.

Son operaciones contingentes las cartas de crédito, boletas de garantía, avales y fianzas emitidas por una entidad financiera a favor de terceras personas por cuenta de sus clientes.

En una operación contingente una entidad financiera asume un riesgo al comprometerse ante terceros por responsabilidades de su cliente.

1.4.   Definiciones de términos crediticios

A continuación se definen los términos crediticios mas utilizados en las entidades financieras.

Capacidad de pago

Es el criterio fundamental en la evaluación de una solicitud de crédito y se refiere al flujo de caja de la actividad principal del solicitante de crédito, el cual se determina considerando los ingresos y egresos de efectivo durante un determinado periodo de tiempo.

Crédito directo

Es el endeudamiento del cliente con la entidad financiera que incluye el monto de las operaciones de préstamo, descuento de letras de cambio, avance en cuenta corriente y otras obligaciones asumidas por el prestatario que implica el pago de determinadas sumas de dinero.

Crédito indirecto

Es el endeudamiento del cliente con la entidad financiera, como garante de operaciones de crédito de terceras personas.

Crédito contingente

Es el endeudamiento del cliente por operaciones contingentes, que incluye el monto de las boletas de garantía, fianzas, avales y cartas de crédito emitidas por la entidad financiera a favor de terceras personas por cuenta del cliente.

Endeudamiento total

Corresponde a los créditos directos, indirectos y contingente de un prestatario con la entidad financiera.

Grupo prestatario

Son créditos otorgados a personas naturales o jurídicas, que mantienen entre sí alguna relación de propiedad, administración, garantías, actividad o destino del crédito, cuando dicha relación determine que tales créditos representen un mismo riesgo crediticio.

Mora

Es el atraso del prestatario en el cumplimiento del plan de pagos pactados ya sea de capital o intereses.

Reprogramación

Es el acuerdo, convenio o contrato en virtud del cual se modifican las principales condiciones del crédito por deterioro de la capacidad de pago del prestatario, estableciendo un nuevo plan de pagos por el saldo del crédito.

1.5.   Criterios básicos para la evaluación de créditos

Los factores básicos que deben evaluarse para conceder un crédito se las conoce como las cinco **C** del crédito, denominados carácter, capacidad, capital, colateral, condiciones.

Carácter

Se refiere a la disposición del cliente para cumplir las obligaciones de crédito.

Capacidad

Se refiere a la capacidad del cliente para cumplir sus obligaciones de crédito con el flujo de caja de operación generado por su actividad.

Capital

Es el respaldo financiero del cliente, es decir los bienes y derechos que posee menos sus deudas con terceros.

Colateral

Son los activos ofrecidos en garantía en caso de incumplimiento.

Condiciones

Se refiere a las condiciones económicas generales del negocio del cliente.

1.6.   Directrices para una política de créditos

La política de créditos de una entidad financiera debe considerar básicamente los siguientes aspectos:

- Todas las operaciones de crédito deben enmarcarse a las normas establecidas en la ley de bancos y entidades financieras de cada país y a las normas y disposiciones establecidas por la autoridad de supervisión del sistema financiero.

- Las operaciones activas y pasivas deben mantener la necesaria correspondencia, a fin de evitar descalces en los plazos, tasas de interés y monedas.

- Los créditos se deben conceder solamente en los montos y plazos necesarios para realizar las operaciones a cuya financiación se destinen.

- La estructuración de un crédito en cuanto a monto, plazo y forma de pago debe estar de acuerdo a la naturaleza de la operación y a la capacidad de pago del prestatario.

- El destino del crédito debe estar claramente definido y la entidad debe asegurarse que el crédito sea utilizado para los propósitos acordados y que no se destinen a otros usos.

- El destino del crédito debe estar consignado en los contratos de préstamo así como la estipulación de que si la entidad financiera comprobare que los fondos hubieren sido destinados a fines distintos de los especificados, sin previa autorización de la entidad, ésta podrá dar por vencido el plazo del préstamo y exigir el pago inmediato del saldo adeudado.

- En todo crédito debe existir un aporte propio razonable del prestatario.

- Las tasas de interés convenidos en los contratos de préstamo no pueden ser modificados unilateralmente.

- Todo crédito debe estar adecuadamente respaldado con garantías reales y/o personales.

- La garantía no debe sustituir a la capacidad de pago del deudor y por si sola no justifica el otorgamiento de un crédito.

- Los deudores pueden en cualquier tiempo anterior al vencimiento del plazo convenido, hacer amortizaciones extraordinarias o cancelar totalmente el saldo del préstamo.

- En los contratos de préstamo debe estipularse que la entidad financiera tiene el derecho a exigir a los prestatarios todo tipo de información.

- El otorgamiento de créditos no debe estar condicionado a la adquisición por parte de los deudores, de bienes y servicios ofrecidos por determinadas empresas, y menos de aquellas vinculadas a la propiedad, gestión o dirección de la entidad financiera.

- No se puede otorgar créditos con el objeto de que su producto sea destinado a la compra de títulos valores negociables, así estén cotizados en la bolsa de valores, con la garantía de los mismos instrumentos financieros.

- No se deben otorgar créditos a prestatarios o grupos prestatarios vinculados con la entidad financiera.

- No se deben otorgar créditos ni recibir garantía de personas naturales o jurídicas que se encuentren en ejecución o que tengan créditos castigados en alguna entidad del sistema financiero.

1.7.   Tipos de crédito

Existen distintos tipos de créditos, que tienen denominaciones distintas en cada país, una de estas es la clasificación en créditos corporativos, créditos a la pequeña y mediana empresa, microcréditos, créditos hipotecarios de vivienda y créditos de consumo.

Créditos corporativos

Crédito otorgado a personas naturales o jurídicas con el objeto de financiar actividades de producción, comercio o servicios, cuyo tamaño de la actividad económica se encuentre clasificado en el índice de la gran empresa.

Créditos a la pequeña y mediana empresa

Crédito otorgado a personas naturales o jurídicas con el objeto de financiar actividades de producción, comercio o servicios, cuyo tamaño de la actividad económica se encuentre clasificado en el índice de la mediana y pequeña empresa.

Microcréditos

Crédito concedido a un prestatario, sea persona natural o jurídica, o a un grupo de prestatarios, destinado a financiar actividades en pequeña escala de producción, comercio o servicios, cuya fuente de pago principal lo constituye el producto de las ventas e ingresos generados por dichas actividades y que se encuentre clasificado en el índice de la microempresa.

Créditos hipotecarios de vivienda

Crédito otorgado a personas naturales destinados a la compra de terrenos o a la adquisición, construcción, ampliación, refacción, remodelación y mejoramiento de viviendas o departamentos en propiedad horizontal y que hayan sido otorgados al propietario final del inmueble. Se caracterizan por ser pagaderos en cuotas sucesivas y estar garantizados con la hipoteca de estos inmuebles.

Créditos de consumo

Crédito concedido a personas naturales, destinados a financiar la adquisición de bienes de consumo o el pago de servicios, amortizable en cuotas sucesivas y cuya fuente de pago principal es el salario de la persona.

1.8.   Procedimiento para el trámite de créditos

El procedimiento para el trámite de una solicitud de crédito básicamente es el siguiente:

Consulta preliminar

Toda solicitud de crédito se inicia por una consulta preliminar del interesado, sea en oficinas de la institución o en una visita de mercadeo realizada por el analista de créditos.

En esta oportunidad el analista de créditos entrevista al interesado para establecer sus necesidades de financiamiento, su experiencia en el rubro, su situación económica financiera, su actitud moral y experiencia crediticia.

Sobre la base de esta primera entrevista el analista de créditos determina la conveniencia o no de proceder con la siguiente etapa que consiste en el llenado del formulario de solicitud de crédito y declaración patrimonial, con lo que formalmente se inicia el trámite del crédito.

Consulta a centrales de riesgo

En el formulario de solicitud de crédito el solicitante autoriza a la entidad financiera a solicitar informes confidenciales a la central de informaciones de riesgos de la autoridad de supervisión del sistema financiero y de otras fuentes de información.

En esta etapa se obtiene información confidencial del solicitante de crédito, cónyuge, codeudores y garantes.

Visita de inspección

Si el solicitante no tiene antecedentes negativos, el analista de créditos efectuará una visita de inspección al lugar donde realiza sus actividades para verificar la información proporcionada y tener una mejor perspectiva de la actividad, infraestructura, existencia de inventarios, aspectos técnicos, capacidad gerencial del solicitante, como también constatar la calidad de las garantías ofrecidas.

En base a esta información el analista de créditos decide sobre la conveniencia o no de proseguir con el trámite.

Presentación de información financiera y avalúo de las garantías

Habiéndose establecido que la solicitud cuenta con razonable probabilidad de aprobación, se solicitará la presentación de estados financieros y avalúos de las garantías reales a efectuarse por peritos inscritos en el registro de valuadores de la entidad.

Análisis y evaluación

Para el análisis y evaluación de una operación de crédito se elabora el informe de evaluación de créditos, el análisis de los estados financieros y el flujo de caja proyectado.

En el informe de evaluación de créditos se considera aspectos sobre los términos y condiciones de la operación, antecedentes del cliente, capacidad gerencial, análisis del mercado, análisis del aprovisionamiento, análisis de la producción y la tecnología, inversiones y financiamiento, aspectos económico financieros, garantías, análisis FODA y recomendaciones.

Aprobación

Concluida la evaluación, la solicitud de crédito se eleva a consideración del nivel correspondiente para su aprobación, presentando la siguiente documentación:

✓ Solicitud de crédito

✓ Declaración patrimonial

✓ Estados financieros

✓ Avalúo de la garantías reales

✓ Informes confidenciales

✓ Informe de evaluación de créditos

✓ Flujo de caja y supuestos adoptados

Revisión de títulos de propiedad

Una vez aprobada la operación de crédito por el nivel de aprobación correspondiente, el analista de créditos solicita al interesado la presentación de toda la documentación legal de las garantías para su revisión por asesoría legal.

Elaboración del contrato de préstamo y trámites legales

Aprobada la operación de crédito, se remite la carpeta de créditos a la instancia administrativa encargada de la revisión de la documentación mínima requerida. Efectuada esta revisión se remite a asesoría legal la resolución donde conste la aprobación del crédito, cédulas de identidad del solicitante de crédito, cónyuge y garantes, informe legal de la empresa, avalúos de las garantías y documentación legal de garantías para la elaboración del contrato de préstamo.

Elaborado el contrato de préstamo, el solicitante firma la minuta, que luego es remitido al notario para su protocolización. Posteriormente el testimonio elaborado por el notario se lleva a la oficina de derechos reales y alcaldía para el registro de la hipoteca, recabando el certificado del estado hipotecario respectivo.

Desembolso

Perfeccionado el documento de préstamo, con el testimonio registrado en derechos reales y con el certificado de gravamen, se remite toda la documentación a la instancia administrativa respectiva para la verificación de la documentación mínima requerida de la carpeta de créditos y luego proceder al desembolso del crédito.

Preguntas y problemas

1. Que entiende por crédito y riesgo crediticio?

2. Indique cuales son los componentes de una operación de crédito.

3. Indique que tipo de operaciones de crédito puede realizar una entidad financiera.

4. Que se entiende por línea de crédito?

5. En que consiste una operación de descuento de letra de cambio?

6. En que consiste el factoring, el leasing y los créditos warrant?

7. Indique que tipo de operaciones contingentes puede efectuar una entidad financiera.

8. Que se entiende por capacidad de pago?

9. Que se entiende por crédito directo, crédito indirecto y crédito contingente?

10. Indique cuales son los criterios básicos para la evaluación de créditos.

2 Información básica para el análisis de créditos

En este capítulo se describe la información básica que requiere una entidad financiera para el análisis de solicitudes de crédito.

2.1. Información básica para el análisis de créditos a personas naturales

Para el análisis de una solicitud de crédito de una persona natural, se debe recabar la siguiente información:

Datos personales del cliente

- Nombre y apellidos.
- Número de la cédula de identidad y el lugar donde fue emitido.
- Fecha de nacimiento.
- Lugar de nacimiento.
- Edad actual.
- Estado civil.
- Dirección del domicilio.
- Numero de teléfono.
- Número casilla postal o correo electrónico.
- Profesión.
- Empresa donde trabaja y el cargo que desempeña.
- Dirección de la oficina y teléfono.
- Años de antigüedad en la empresa donde trabaja.
- Número de personas que dependen económicamente del solicitante.
- Nombre y apellidos del cónyuge.
- Número de la cédula de identidad del cónyuge y lugar donde fue emitido.
- Fecha de nacimiento del cónyuge.
- Lugar de nacimiento del cónyuge.

- Edad actual del cónyuge.

- Profesión del cónyuge.

- Empresa donde trabaja el cónyuge y el cargo que desempeña.

- Años de antigüedad en la empresa donde trabaja el cónyuge.

Datos de la situación financiera

- Monto disponible en efectivo.

- Depósitos en entidades financieras (cuentas corrientes, cajas de ahorros, depósitos a plazo fijo).

- Acciones y bonos.

- Cuentas y documentos por cobrar a personas o empresas.

- Inmuebles urbanos y rurales de propiedad del solicitante.

- Vehículos de propiedad del solicitante.

- Maquinaria y equipo de propiedad del solicitante.

- Semoviente ganado con fines de explotación o de venta.

- Cultivos agrícolas que están en desarrollo.

- Mercadería, insumos y otros bienes.

- Prestamos en entidades financieras.

- Cuentas por pagar (deudas) contraídas por el solicitante y el cónyuge de empresa o personas particulares.

Datos de la situación económica

- Sueldo mensual del solicitante.

- Honorarios profesionales.

- Dividendos percibidos por inversiones.

- Ingresos y costos de la actividad comercial del solicitante.

- Ingresos por alquileres.

- Sueldo o ingresos del cónyuge.

- Otros ingresos especificando el concepto.

- Detalle de gastos familiares (alimentación, vestimenta, educación, gastos médicos, gastos de teléfono, luz y agua, transporte, gastos de recreación, alquiler de vivienda).

Esta información debe estar documentada con títulos de propiedad de los inmuebles y vehículos declarados, documentos de respaldo de las cuentas por cobrar y cuentas por pagar, certificado de trabajo, papeletas de sueldos de los tres últimos meses, estado de cuenta de sus aporte al sistema de pensiones, papeleta del último pago de luz, teléfono y agua.

2.2. Información básica para el análisis de créditos a empresas

Para el análisis de una solicitud de crédito de una empresa, se debe recabar la siguiente información:

- Nombre o razón social de la empresa.
- Registro tributario.
- Registro municipal.
- Tipo de sociedad.
- Propietarios o accionistas, especificando su participación en el capital social.
- Actividad principal de la empresa.
- Productos que fabrica o comercializa la empresa.
- Antigüedad de la empresa.
- Numero de sucursales o agencias.
- Dirección y teléfonos de la oficina central de la empresa.
- Nombre y apellidos de los directores y del representante legal.
- Nombre y apellidos del gerente general.
- Balance general de las tres ultimas gestiones.
- Estado de resultados de las tres ultimas gestiones.
- Flujo de caja proyectado.
- Entidades financieras con la que trabaja.
- Información sobre la situación del sector.
- Referencias personales, comerciales y bancarias.

Preguntas y problemas

1. Indique cual es la información básica para analizar la situación financiera de una persona natural

2. Indique cual es la información básica para analizar la situación económica de una persona natural

3. Indique cual es la información básica para el análisis de una solicitud de crédito de una empresa.

3 Aspectos cualitativos en la evaluación de créditos

En este capítulo se describe los aspectos cualitativos que debe considerar una entidad financiera en el análisis de créditos a personas dependientes, a profesionales independientes y a empresas.

3.1. Aspectos a considerar en el análisis de créditos a personas dependientes

Persona dependiente es una persona natural que trabaja en una empresa como empleado y que solicita crédito para compra de terrenos o adquisición, construcción, ampliación, refacción, remodelación y mejoramiento de viviendas, para compra de vehículos para uso personal o gastos en compra de mobiliario de hogar, gastos de viajes, estudios, gastos de salud y otros gastos.

En una solicitud de crédito de un cliente que trabaja en una empresa como dependiente se debe considerar básicamente los siguientes aspectos:

- La edad del solicitante. Normalmente se considera que el plazo máximo de un préstamo a largo plazo debe ser la edad de jubilación del solicitante.

- La situación familiar del solicitante, tomando en cuenta el estado civil (soltero, casado, divorciado, viudo), el número de hijos y la edad de éstos, ya que variaciones en la situación familiar afectará a la economía del cliente y al cumplimiento del crédito.

- La formación y prestigio profesional.

- Su historial laboral.

- La situación laboral del solicitante, tomando en cuenta la antigüedad en la empresa donde actualmente trabaja, el cargo que desempeña, el tipo de contrato de trabajo (contrato a plazo fijo o tiempo indeterminado) y la tradición y perspectivas de la empresa donde trabaja.

- La situación financiera del solicitante, es decir los bienes y derechos con los que cuenta (activos) y la deudas que tiene (pasivos), determinando por diferencia el patrimonio neto.

- Los ingresos y gastos mensuales.

3.2. Aspectos a considerar en el análisis de créditos a profesionales independientes

En solicitudes de crédito de profesionales independientes, tales como médicos, abogados, arquitectos o ingenieros que solicitan crédito para compra de oficinas, equipo y mobiliario para su actividad, para compra terrenos o adquisición, construcción, ampliación, refacción, remodelación y mejoramiento de viviendas, para compra de vehículos para uso personal o para gastos en compra de mobiliario de hogar, gastos de viajes, estudios, gastos de salud y otros gastos, se debe considerar los siguientes aspectos:

- La edad del solicitante.

- La experiencia profesional.

- El tipo de clientes que tiene y el número de estos.

- Los ingresos históricos.

- El pago de impuestos de su actividad.

- Las cuentas por cobrar a clientes.

- Los gastos generales de su actividad profesional.

- Los gastos familiares.

- La situación financiera del solicitante, es decir los bienes y derechos con los que cuenta (activos) y la deudas que tiene (pasivos), determinando por diferencia el patrimonio neto.

- La situación del sector.

3.3. Aspectos a considerar en el análisis de créditos a empresas

Para el análisis de una operación de crédito solicitado por una empresa se deben considerar los siguientes aspectos:

Términos y condiciones

Indicar las condiciones generales de la operación, especificando el nombre o razón social del prestatario, el monto del crédito, plazo, tipo de amortización, tasa de interés, destino del crédito, garantías propuestas y tipo de operación.

Antecedentes

Indicar los antecedentes del prestatario, especificando cual es la actividad principal a la que se dedica, los años de experiencia en el rubro, sector económico al que pertenece, tipo de sociedad, la nómina de los socios principales y su participación, el nombre del represente legal y del gerente general, la relación que tienen o ha tenido con la entidad financiera y un resumen de los informes confidenciales obtenidos de las centrales de riesgo.

Capacidad gerencial

Indicar la capacidad de gestión del gerente general, haciendo referencia a aspectos tales como su formación profesional, la experiencia en el cargo actual y en cargos anteriores, la capacidad de liderazgo, capacidad para la toma de decisiones, el conocimiento que tiene de la empresa, del sector y de la competencia y la capacidad de planificación.

Análisis del mercado

Efectuar un análisis del mercado, considerando lo siguiente:

- Análisis del sector al que pertenece la empresa.

- Los productos o servicios que ofrece la empresa.

- La calidad de los productos o servicios.

- La ventaja competitiva de los productos en el mercado.

- El posicionamiento de los productos en el mercado.

- El ciclo de vida de los productos o servicios (etapa crecimiento, etapa de madurez, etapa de declinación).

- El volumen de ventas de la empresa, desglosado por producto, tanto en unidades físicas como unidades monetarias.

- La distribución geográfica del mercado, es decir si la empresa comercializa a nivel local, departamental, nacional, internacional.

- La participación en el mercado.

- Si la comercialización es directa o a través de intermediarios mayoristas o minoristas, así como si tiene representantes de ventas.

- La estacionalidad de la comercialización de los productos o servicios, es decir si se comercializa de manera uniforme durante el año o si el mayor volumen lo realiza en determinados meses del año, información necesaria para la elaboración del flujo de caja de la empresa.

- Los términos de venta, es decir si las ventas son al contado o a crédito. Si es a crédito que plazos otorga y el tipo de documento que los respalda.

- El tipo de clientes que demandan el producto o servicio y el número de estos, especificando los clientes más importantes. No es lo mismo trabajar con pocos clientes con un alto poder negociador que con un elevado numero de clientes con poco poder de negociación.

- El nivel de mora de los clientes.

- Análisis de la competencia.

- La logística de transporte con que cuenta la empresa.

ç

Análisis del aprovisionamiento

Efectuar un análisis del aprovisionamiento de mercadería e insumos, especificando lo siguiente:

- Si los productos que compra la empresa son materias primas o productos terminados y si son perecederos o no.

- Verificar en la visita de campo si los niveles de inventarios coinciden o se aproximan a lo que se consigna en el balance general.

- Evaluar excesos de inventarios y la existencia de productos obsoletos o pasados de moda.

- Número de proveedores que suministra los productos a la empresa y si se encuentran en lugares cercanos o lejanos.

- Tiempo de recepción de la mercadería.

- Periodicidad de las compras.

- Incidencia del transporte en el costo del producto.

- Las condiciones de pagos a los proveedores de la mercadería, es decir si es al contado o a crédito. Si es a crédito a que plazo reciben financiamiento.

Análisis de la producción y la tecnología

Efectuar un análisis del proceso de producción y la tecnología que utiliza la empresa, especificando lo siguiente:

- Si la empresa fabrica bajo royalties o licencias de otras empresas.

- Si la empresa tiene el control de todo el proceso productivo o si subcontrata los servicios de otro fabricante.

- Evaluar su nivel tecnológico y su posible obsolescencia.

- Evaluar las posibles innovaciones tecnológicas.

- Si la empresa diseña sus propios productos.

- Si los productos que fabrica están patentados.

- La antigüedad de las construcciones, maquinaria, equipo y vehículos.

- Si la maquinaria esta en contrato de leasing, la renta mensual que se paga y el tiempo que falta para su cancelación.

- El porcentaje de utilización de la capacidad instalada.

- La capacidad de almacenaje de insumos y productos terminados.

- Número de empleados.

- Evaluar el cumplimiento de normas ambientales.

- Si la empresa cuenta con pólizas de cobertura de riesgos de incendios, robos u otros.

Inversiones y financiamiento

Efectuar un detalle de las inversiones a realizar por la empresa, clasificando en capital de inversiones o capital de operaciones, especificando la cantidad, el precio unitario y el monto total, indicando las fuentes de financiamiento, es decir el monto que será financiado con el crédito que se solicita, el aporte propio del prestatario y otras fuentes de financiamiento.

Análisis económico financiero

Efectuar un análisis de la situación económica financiera del solicitante, elaborando lo siguiente:

- Análisis de los estados financieros de la empresa, preferentemente de las tres últimas gestiones, efectuando el análisis vertical, análisis horizontal y análisis de razones financieras, para lo cual se debe determinar los indicadores financieros de liquidez, de endeudamiento, de eficiencia, de rentabilidad y otros indicadores como el porcentaje de utilización de la capacidad instalada, la antigüedad media del activo fijo y el punto de equilibrio contable.

- Flujo de caja proyectado con los supuestos adoptados.

- Análisis del endeudamiento de la empresa, desglosando la deuda con la entidad financiera, la deuda con otras entidades del sistema financiero y la deuda comercial.

Análisis de las garantías

Detallar el tipo de garantías reales que se propone para la operación de crédito, especificando si es garantía hipotecaria, prendaria o personal. Indicar el valor comercial de la garantía, el valor hipotecario y el grado de realización de acuerdo al avalúo efectuado por el perito inscrito en el registro de valuadores de la entidad financiera.

Análisis FODA

Efectuar un análisis de las fortalezas, debilidades, oportunidades y amenazas del solicitante del crédito.

Conclusiones y recomendaciones

El analista de crédito debe indicar las conclusiones de la evaluación realizada, recomendando la aprobación o rechazo de la solicitud de crédito.

Preguntas y problemas

1. Cuales son los aspectos básicos que se deben considerar en el análisis de créditos a personas dependientes?

2. Cuales son los aspectos básicos que se deben considerar en el análisis de créditos a personas independientes?

3. Cuales son los aspectos básicos que se deben considerar en el análisis de créditos a empresas?

4 Análisis de estados financieros

El análisis de estados financieros consiste en la aplicación de herramientas y técnicas analíticas a los estados financieros, con la finalidad de obtener de ellos medidas y relaciones significativas, dirigidas a evaluar la situación económica financiera de una empresa y establecer estimaciones sobre su situación y resultados futuros, útiles para la toma de decisiones.

Existen tres métodos de análisis financiero, que se los conoce como análisis vertical, análisis horizontal y análisis de razones financieras.

En este capítulo examinaremos las características más relevantes de los tres estados financieros básicos, el balance general, el estado de resultados y el estado de flujo de efectivo y expondremos los métodos de análisis financiero.

4.1. El balance general

El balance general es una radiografía de la situación financiera de una empresa en un determinado momento del tiempo.

El balance general indica que posee una empresa (sus activos), y como están financiados estos activos en la forma de deuda (pasivo) o capital (patrimonio neto).

El activo son los bienes y derechos que tiene una empresa, el cual se clasifica en activo circulante, activo fijo y otros activos.

El activo circulante tiene una vida de menos de un año, esto significa que se convertirán en efectivo antes de un año y esta conformado por el efectivo, inversiones temporarias, cuentas por cobrar e inventarios.

El activo fijo son aquellos bienes físicos que tienen una vida útil superior a un año y están conformados por terrenos, edificaciones, construcciones, maquinaria, equipo, muebles, enseres y vehículos.

Los otros activos son partidas que no se convertirán en efectivo antes de un año y comprenden las inversiones permanentes, los gastos pagados por anticipado y los gastos diferidos.

El pasivo es el conjunto de deudas y obligaciones de la empresa, el cual se clasifica en pasivo circulante y pasivo a largo plazo. Los pasivos circulantes tienen vencimientos de menos de un año, lo cual significa que deben pagarse antes del año. Una deuda que no venza dentro del año siguiente, se clasifica como pasivo a largo plazo.

Por definición, la diferencia entre el valor total del activo y el valor del pasivo es el patrimonio neto.

El formato del balance general se muestra en el cuadro 4.1 y su representación gráfica en la figura 4.1.

Cuadro 4.1. Formato del balance general

BALANCE GENERAL
Al 31 de diciembre de 2010
En dólares americanos

ACTIVO CIRCULANTE			PASIVO CIRCULANTE		
Efectivo	2.190		Cuentas por pagar	3.955	
Inversiones temporarias	1.354		Deudas bancarias y financieras	4.049	
Cuentas por cobrar	9.627		Intereses por pagar	928	
Inventarios	5.524	18.695	Deudas fiscales y sociales	2.547	11.479
ACTIVO FIJO			PASIVO A LARGO PLAZO		
Activo fijo bruto	112.300		Deudas bancarias y financieras	32.845	
(-) Depreciación acumulada	22.180	90.120	Previsión para indemnizaciones	9.171	42.016
OTROS ACTIVOS			PATRIMONIO NETO		
Inversiones permanentes	2.100		Capital	24.876	
Gastos pagados por anticipado	1.200		Reservas	25.764	
Gastos diferidos	820	4.120	Ajustes al patrimonio	3.240	
			Utilidades acumuladas	5.560	59.440
TOTAL ACTIVO		112.935	TOTAL PASIVO Y PATRIMONIO		112.935

Figura 4.1. Gráfica del balance general

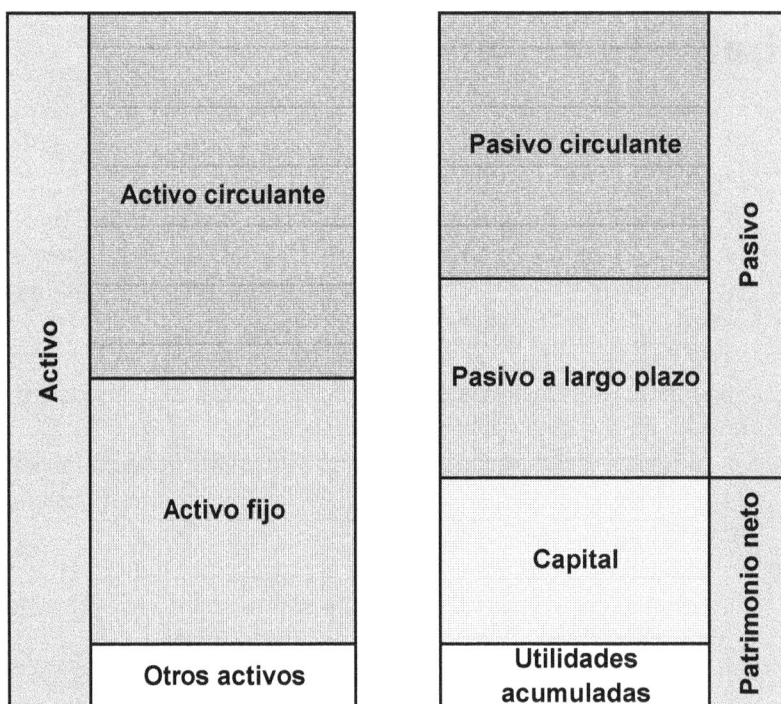

El criterio de ordenación del activo es de mayor a menor liquidez y el pasivo de mayor a menor exigibilidad, separando el corto del largo plazo, criterio utilizado en los Estados Unidos y en la mayoría de los países latinoamericanos.

En otros países, como España, el criterio de ordenación es al revés, el activo se ordena de menor a mayor liquidez y el pasivo de menor a mayor exigibilidad.

El lado izquierdo del balance enlista los activos de la empresa y refleja la línea de negocios en la que se encuentra, así como sus decisiones administrativas sobre la cantidad de efectivo, inventarios, cuentas por cobrar y la magnitud de sus inversiones en activos fijos.

El lado derecho del balance refleja las decisiones administrativas acerca del financiamiento del activo, es decir al uso de deudas a corto plazo, deudas a largo plazo y patrimonio neto.

Concepto de liquidez

La liquidez se refiere a la facilidad con la cual un activo se puede convertir en efectivo.

Cualquier activo se puede convertir rápidamente en efectivo si reducimos el precio, por lo que la liquidez tiene dos dimensiones, la facilidad de convertirse en efectivo y la pérdida de valor.

Un activo altamente líquido es aquel que se puede vender rápidamente sin una pérdida significativa de su valor, mientras que un activo sin liquidez no puede ser convertido rápidamente en efectivo sin una reducción considerable de su precio.

Los activos circulantes son relativamente líquidos, mientras que los activos fijos y otros activos se consideran sin liquidez.

La liquidez es muy importante. Entre más líquido sea un negocio menos dificultades tendrá para pagar sus deudas, sin embargo el mantenimiento de los activos líquidos es por lo general menos rentable.

Normas de valoración de activos

La correcta valoración de las cuentas del balance general es un requisito indispensable para que sea considerado información fiable.

Las principales normas internacionales de valoración de activos son las siguientes:

a) Todos los bienes se valoran al precio de adquisición o al costo de producción, a menos que el precio de mercado sea inferior, en cuyo caso se utiliza este último. Normalmente los instrumentos financieros como los bonos y las acciones se valoran a precio de mercado.

b) El precio de adquisición incluye el importe facturado por el vendedor más todos los gastos adicionales que se incurran, como gastos de transporte, gastos de desaduanización, gastos de instalación, montaje y otros.

c) El costo de producción se aplica cuando el bien ha sido producido por la empresa e incluye la materia prima, mano de obra directa, gastos indirectos de fabricación y la parte proporcional de los gastos operativos.

d) Los gastos que supongan un aumento de la capacidad de producción, productividad o aumento de la vida útil se añade al valor del activo fijo en cuestión.

e) Al valor del activo fijo se puede incluir los gastos financieros correspondientes a su financiación, hasta la puesta en condiciones de funcionamiento.

f) El valor de las edificaciones se debe desglosar en el valor del terreno y el valor de la construcción.

g) Los gastos de investigación y desarrollo (I & D), los gastos de organización y puesta en marcha deben amortizarse en un plazo máximo de cinco años.

h) Los créditos se contabilizan por el importe efectivo entregado.

i) Las deudas se registran por su valor de reembolso.

j) Las cuentas por cobrar y cuentas por pagar se valoran por su valor nominal.

k) Los inventarios pueden valorarse según los métodos primeros en entrar primeros en salir (PEPS), últimos en entrar primeros en salir (UEPS), inventario promedio u otro.

4.2.   El estado de resultados

El estado de resultados denominado también estado de pérdidas y ganancias muestra los ingresos, gastos y la utilidad neta obtenida por una empresa durante un determinado período de tiempo.

En el estado de resultados los ingresos se reconocen en el momento de la venta, el cual no siempre es el mismo que el momento de la cobranza (cuando el efectivo ingresa a la empresa). Los costos de producción o de ventas y los demás gastos asociados con la venta se reconocen igualmente en ese momento.

La clasificación general del estado de resultados se muestra en el cuadro 4.2.

Cuadro 4.2. **Formato del estado de resultados**

ESTADO DE RESULTADOS Al 31 de diciembre de 2010 En dólares americanos		
Ventas		2.350.000
(-) Costo de ventas		1.670.000
Utilidad bruta		680.000
(-) Gastos de administración		136.000
(-) Gastos de comercialización		122.000
(-) Depreciación		62.000
Utilidad antes de intereses e impuestos (EBIT)		360.000
(-) Intereses		20.000
Utilidad antes de impuestos (EBT)		340.000
(-) Impuesto a las utilidades		85.000
Utilidad neta		255.000
Dividendos	100.000	
Retención de utilidades	155.000	

Lo primero que se reporta en un estado de resultados son los ingresos por ventas y el costo de ventas o costo de producción, la diferencia constituye la utilidad bruta. A continuación se incluyen los gastos de operación y la depreciación para así determinar la utilidad antes de intereses e impuestos, que lo simbolizaremos con EBIT por sus siglas en ingles (earnings before interest and taxes). Seguidamente se consignan los intereses de la deuda para determinar la utilidad antes de impuestos, que lo simbolizaremos por EBT por sus siglas en ingles (earnings before taxes). Posteriormente se consigna los ingresos y gastos extraordinarios, el impuesto a las utilidades y finalmente la utilidad neta de la gestión.

Gráficamente el estado de resultados se lo puede representar como se indica en la figura 4.2.

Figura 4.2. Gráfica del estado de resultados

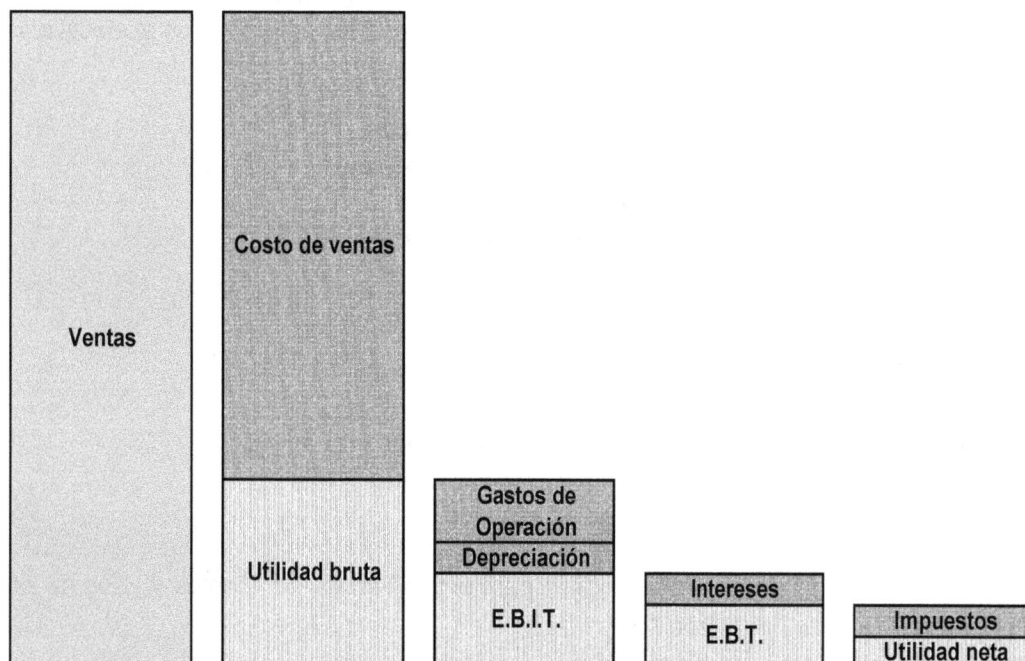

4.3. El estado de flujo de efectivo

El estado de resultados y el balance general se basan en el método de contabilidad de devengado, en donde se registran ingresos y gastos a medida que se presentan y no cuando se cobran o pagan.

Por ejemplo una venta a crédito por US$ 100.000 a noventa días plazo en diciembre de 2010 aparece como ingreso ese año, a pesar de que el dinero se recibirá en marzo de 2011.

En el estado de flujo de efectivo se traslada ingresos y gastos de una base de devengado a una base de efectivo. Hay dos maneras de obtener este estado. Primero se puede utilizar el método directo, en el que cada renglón del estado de resultados se ajusta de la contabilidad de devengado a la contabilidad de efectivo. Este proceso implica que todas las ventas se deben ajustar a ventas en efectivo y todas las compras a compras en efectivo. Segundo, se puede utilizar el método indirecto, en donde la utilidad neta representa el punto de partida y luego se hacen ajustes para convertirlo en flujo de efectivo,

Algunas actividades aumentan el efectivo, mientras que otras la disminuyen. Las actividades que aportan efectivo a la empresa reciben el nombre de fuentes de efectivo, las que implican salidas de efectivo reciben el nombre de usos o aplicaciones de efectivo.

Un incremento en una cuenta del activo o un decremento de una cuenta del pasivo o patrimonio neto es uso de efectivo. Por el contrario, una disminución en una cuenta de activo o un incremento en una cuenta de pasivo o patrimonio neto es una fuente de efectivo.

Un incremento de una cuenta del activo significa que la empresa compro activos, es un uso de efectivo. Si una cuenta del activo disminuye la empresa habrá vendido activos, es una fuente de efectivo. Si una cuenta del pasivo disminuye, la empresa habrá efectuado amortización o pago de sus deudas, es un uso de efectivo.

Las actividades que incrementan o disminuyen el efectivo son las siguientes:

Fuentes de efectivo
Incremento de pasivos circulantes
Incremento de pasivos a largo plazo
Incremento del patrimonio neto
Disminución de activos circulantes
Disminución de activos fijos

Usos de efectivo
Disminución de pasivos circulantes
Disminución de pasivos a largo plazo
Disminución del patrimonio neto
Incremento de activos circulantes
Incremento de activos fijos

El estado de flujo de efectivo agrupa las fuentes y usos de efectivo en las siguientes categorías:

- Flujo de efectivo de actividades operativas
- Flujo de efectivo de actividades de inversión
- Flujo de efectivo de actividades de financiamiento

Flujo de efectivo de actividades operativas

El flujo de efectivo de actividades operativas considera a la utilidad neta como fuente inicial de efectivo, se suma la depreciación porque es un gasto que no implica salida de efectivo y se suma o resta los cambios en los activos y pasivos circulantes, de la siguiente manera:

Utilidad neta
(+) Depreciación
(-) Aumento activos circulantes
(+) Disminución activos circulantes
(+) Aumento pasivos circulantes
(-) Disminución pasivos circulantes
Flujo de efectivo de actividades operativas

Flujo de efectivo de actividades de inversión

El flujo de efectivo de actividades de inversión contempla las actividades relacionadas con la adquisición o venta de activos fijos. El aumento en los activos fijos representa un uso de efectivo y la disminución una fuente de efectivo.

Flujo de efectivo de actividades de financiamiento

El flujo de efectivo de actividades de financiamiento incluye la obtención de préstamos bancarios a corto y largo plazo, la amortización de estas deudas, emisión de bonos, emisión de acciones, recompra de acciones y pago de dividendos. La contratación de deudas bancarias y emisión de bonos representa una fuente de efectivo, el pago o amortización de estas deudas representa un uso de efectivo. La emisión de acciones representa una fuente de efectivo y el retiro o la recompra de los mismos corresponde un uso de efectivo. El pago de dividendos representa un uso de efectivo.

En el ejemplo 4.1 se ilustra como se elabora un estado de flujo de efectivo.

Ejemplo 4.1. Elaboración del estado de flujo de efectivo

A continuación se presenta los estados financieros de la empresa Brandal S.A. a efectos de elaborar el estado de flujo de efectivo de la gestión 2010.

Brandal S.A.

BALANCE GENERAL
En dólares americanos

	2009	2010		2009	2010
ACTIVO CIRCULANTE			PASIVO CIRCULANTE		
Efectivo	1.840	2.560	Cuentas por pagar	6.850	8.920
Cuentas por cobrar	3.620	4.850	Prestamos bancarios	5.100	3.500
Inventarios	8.640	10.930		11.950	12.420
	14.100	18.340	PASIVO A LARGO PLAZO		
ACTIVO FIJO			Deuda a largo plazo	11.650	18.500
Edificaciones y equipo neto	60.100	72.030	TOTAL PASIVO	23.600	30.920
			PATRIMONIO NETO		
			Capital	15.000	18.000
			Utilidades acumuladas	35.600	41.450
			TOTAL PATRIMONIO	50.600	59.450
TOTAL ACTIVO	74.200	90.370	TOTAL PASIVO Y PATRIM.	74.200	90.370

Brandal S.A.

ESTADO DE RESULTADOS
Al 31 de diciembre de 2010
En dólares americanos

Ventas	86.380
(-) Costo de ventas	58.510
Utilidad bruta	27.870
(-) Gastos de operación	7.630
(-) Depreciación	5.520
Utilidad antes de intereses e impuestos (EBIT)	14.720
(-) Intereses	1.720
Utilidad antes de impuestos (EBT)	13.000
(-) Impuesto a las utilidades (25%)	3.250
Utilidad neta	9.750

Dividendos	3.900
Reinversión de utilidades	5.850

Para elaborar el estado de flujo de efectivo se debe determinar con carácter previo las diferencias de las distintas partidas del balance general de la gestión que se analiza respecto al año anterior. Las diferencias pueden ser positivas o negativas.

Una diferencia positiva de un activo circulante significará un uso de efectivo, una diferencia negativa significará una fuente de efectivo.

Una diferencia positiva del pasivo o patrimonio neto significará una fuente de efectivo y una diferencia negativa significará un uso de efectivo.

Las diferencias de las distintas partidas del balance general de la empresa Brandal S.A. se muestran en el siguiente cuadro.

Brandal S.A.

BALANCE GENERAL
En dólares americanos

	2009	2010	Diferencia
ACTIVO			
CIRCULANTE			
Efectivo	1.840	2.560	720
Cuentas por cobrar	3.620	4.850	1.230
Inventarios	8.640	10.930	2.290
TOTAL ACTIVO CIRCULANTE	14.100	18.340	4.240
FIJO			
Edificaciones y equipo neto	60.100	72.030	11.930
TOTAL ACTIVO	74.200	90.370	16.170
PASIVO			
CIRCULANTE			
Cuentas por pagar	6.850	8.920	2.070
Prestamos bancarios	5.100	3.500	-1.600
TOTAL PASIVO CIRCULANTE	11.950	12.420	470
Deuda a largo plazo	11.650	18.500	6.850
TOTAL PASIVO	23.600	30.920	7.320
PATRIMONIO NETO			
Capital	15.000	18.000	3.000
Utilidades acumuladas	35.600	41.450	5.850
TOTAL PATRIMONIO	50.600	59.450	8.850
TOTAL PASIVO Y PATRIMONIO	74.200	90.370	16.170

Se puede elaborar el estado de fuentes y usos de fondos, a fin de clasificar los orígenes y las aplicaciones de fondos, aunque no existe este documento en la contabilidad.

Brandal S.A.

FUENTES Y USOS DE FONDOS
Gestión 2010
En dólares americanos

FUENTES DE EFECTIVO		
Incremento de cuentas por pagar	2.070	
Incremento deuda a largo plazo	6.850	
Incremento capital	3.000	
Incremento en utilidades acumuladas	5.850	17.770
USOS DE EFECTIVO		
Incremento cuentas por cobrar	1.230	
Incremento inventarios	2.290	
Incremento activos fijos	11.930	
Disminución prestamos bancarios	1.600	17.050
ADICIÓN NETA AL SALDO DE EFECTIVO		720

Para elaborar el estado de flujo de efectivo se debe clasificar cada una de las partidas según correspondan a actividades operativas, actividades de inversión o actividades de financiamiento.

El estado de flujo de efectivo se puede exponer de dos formas. El primer formato muestra el incremento o disminución neta del efectivo. El segundo formato muestra el saldo de efectivo al principio del periodo, el incremento o disminución neta de efectivo y el saldo al final de periodo, según se expone a continuación.

Brandal S.A.

ESTADO DE FLUJO DE EFECTIVO
Gestión 2010
En dólares americanos

F.E. ACTIVIDADES OPERATIVAS		
Utilidad neta	9.750	
Depreciación	5.520	
Incremento cuentas por cobrar	-1.230	
Incremento inventarios	-2.290	
Incremento cuentas por pagar	2.070	13.820
F.E. ACTIVIDADES DE INVERSIÓN		
Adquisición activos fijos	-17.450	-17.450
F.E. ACTIVIDADES DE FINANCIAMIENTO		
Disminución prestamos bancarios	-1.600	
Incremento deuda a largo plazo	6.850	
Incremento capital	3.000	
Dividendos pagados	-3.900	4.350
INCREMENTO NETO DEL EFECTIVO		**720**

Brandal S.A.

ESTADO DE FLUJO DE EFECTIVO
Gestión 2010
En dólares americanos

Efectivo al inicio del periodo		1.840
F.E. ACTIVIDADES OPERATIVAS		
Utilidad neta	9.750	
Depreciación	5.520	
Incremento cuentas por cobrar	-1.230	
Incremento inventarios	-2.290	
Incremento cuentas por pagar	2.070	13.820
F.E. ACTIVIDADES DE INVERSIÓN		
Adquisición activos fijos	-17.450	-17.450
F.E. ACTIVIDADES DE FINANCIAMIENTO		
Disminución prestamos bancarios	-1.600	
Incremento deuda a largo plazo	6.850	
Incremento capital	3.000	
Dividendos pagados	-3.900	4.350
INCREMENTO NETO DEL EFECTIVO		720
Efectivo al final del periodo		2.560

El estado de flujo de efectivo es el resumen del movimiento de efectivo durante un determinado periodo de tiempo. En el caso de la empresa Brandal S.A. se puede ver que la empresa generó una utilidad neta de US$ 9.750, incrementó sus cuentas por cobrar en US$ 1.230, aumentó inventarios en US$ 2.290 e incrementó el financiamiento de proveedores en US$ 2.070. El monto total que generó por sus actividades operativas fue de US$ 13.820. En sus actividades de inversión efectuó la adquisición en activos fijos por US$ 17.450, que es la suma del incremento del activo fijo neto y la depreciación. En lo que respeta a las actividades de financiamiento, amortizó sus préstamos bancarios en US$ 1.600, incremento su deuda a largo plazo en US$ 6.850, emitió acciones de capital por US$ 3.000 y pagó dividendos por US$ 3.900. El resultado final fue que la empresa incremento su saldo de efectivo en US$ 720.

4.4.   Métodos de análisis financiero

Existen tres métodos de análisis financiero, que se los conoce como análisis vertical, análisis horizontal y análisis de razones financieras.

4.5.   Análisis vertical

El análisis vertical consiste en expresar cada uno de los renglones del balance general como un porcentaje del total del activo, y cada uno de los renglones del estado de resultados como un porcentaje de las ventas.

El análisis vertical permite analizar la estructura interna de los estados financieros.

En lo que respecta al balance general éste análisis nos indicará como esta estructurado el activo, es decir como esta invertido los recursos de la empresa y cómo esta estructurado las fuentes de financiamiento de la empresa, es decir en que proporción ha sido financiado con deuda a corto plazo, con deuda a largo plazo y con patrimonio neto.

En lo que respecta al estado de resultados este análisis nos indicará que proporción de cada unidad de ventas es absorbida por los diversos costos y gastos en que ha incurrido la empresa y los márgenes de utilidad.

Este proceso también se lo conoce como estandarización de los estados financieros, ya que permite comparar estados financieros de empresas con diferentes tamaños, estados financieros de una misma empresa en diferentes puntos en el tiempo o estados financieros en distintas monedas.

Una vez que se han determinado los porcentajes, se analiza la composición de activos, pasivos y gastos, sacando conclusiones sobre los siguientes aspectos:

- La estructura del activo, es decir que porcentaje esta invertido en activo circulante, activo fijo y otros activos, que dependerá del tipo de actividad de la empresa.

- La composición del activo circulante.

- La composición del activo fijo.

- La estructura de las fuentes de financiamiento y el nivel de endeudamiento de la empresa.

- La estructura del pasivo, es decir que proporción es a corto plazo y a largo plazo.

- La composición de los gastos.

- Los márgenes de utilidad bruta, utilidad operativa y utilidad neta.

| Ejemplo 4.2. | **Análisis vertical de estados financieros** |

Para ilustrar este método efectuaremos el análisis vertical de los estados financieros de la empresa Brandal S.A.

Brandal S.A.

BALANCE GENERAL
En dólares americanos

	2009	%	2010	%
ACTIVO				
CIRCULANTE				
Efectivo	1.840	2,5%	2.560	2,8%
Cuentas por cobrar	3.620	4,9%	4.850	5,4%
Inventarios	8.640	11,6%	10.930	12,1%
TOTAL ACTIVO CIRCULANTE	**14.100**	**19,0%**	**18.340**	**20,3%**
FIJO				
Edificaciones y equipo neto	60.100	81,0%	72.030	79,7%
TOTAL ACTIVO	**74.200**	**100,0%**	**90.370**	**100,0%**
PASIVO				
CIRCULANTE				
Cuentas por pagar	6.850	9,2%	8.920	9,9%
Prestamos bancarios	5.100	6,9%	3.500	3,9%
TOTAL PASIVO CIRCULANTE	**11.950**	**16,1%**	**12.420**	**13,7%**
Deuda a largo plazo	11.650	15,7%	18.500	20,5%
TOTAL PASIVO	**23.600**	**31,8%**	**30.920**	**34,2%**
PATRIMONIO NETO				
Capital	15.000	20,2%	18.000	19,9%
Utilidades acumuladas	35.600	48,0%	41.450	45,9%
TOTAL PATRIMONIO	**50.600**	**68,2%**	**59.450**	**65,8%**
TOTAL PASIVO Y PATRIMONIO	**74.200**	**100,0%**	**90.370**	**100,0%**

Del cuadro anterior se pueden sacar las siguientes conclusiones:

Gestión 2009

- El activo circulante y el activo fijo representan el 19% y 81% respectivamente del total del activo.

- El activo circulante esta conformado principalmente por inventarios, que representan el 11,6% del total del activo, las cuentas por cobrar representan el 4,9% y el efectivo el 2,5%.

- Los activos han sido financiados en un 31,8% por deudas y en un 68,2% con patrimonio neto.

- El pasivo a corto y largo plazo representan el 16,1% y 15,7% respectivamente del total del pasivo y patrimonio neto.

- El patrimonio neto esta conformado principalmente por las utilidades acumuladas de gestiones anteriores, las cuales representan el 48,0% del total del pasivo y patrimonio neto.

Gestión 2010

- Se ha modificado levemente la estructura del activo. El activo circulante representa el 20,3% del total del activo y el activo fijo el 79,7%.

- Se ha incrementado el nivel de endeudamiento de la empresa. El porcentaje del pasivo respecto al total del activo ha aumentado de 31,8% a 34,2%, mientras que la relación del patrimonio neto respecto al total del activo ha disminuido de 68,2% a 65,8%.

- El pasivo circulante representan el 13,7% del total del pasivo y patrimonio neto, inferior a la registrada en la gestión anterior.

- La deuda a largo plazo representa el 20,5% del total del pasivo y patrimonio neto, superior a la registrada en la gestión anterior.

Brandal S.A.

ESTADO DE RESULTADOS
Al 31 de diciembre de 2010
En dólares americanos

	Monto	%
Ventas	86.380	100,0%
(-) Costo de ventas	58.510	67,7%
Utilidad bruta	27.870	32,3%
(-) Gastos de operación	7.630	8,8%
(-) Depreciación	5.520	6,4%
Utilidad antes de intereses e impuestos (EBIT)	14.720	17,0%
(-) Intereses	1.720	2,0%
Utilidad antes de impuestos (EBT)	13.000	15,0%
(-) Impuesto a las utilidades (25%)	3.250	3,8%
Utilidad neta	9.750	11,3%

Del cuadro anterior se concluye lo siguiente:

- El costo de ventas representa el 67,7% de las ventas, los gastos de operación el 8,8%, la depreciación el 6,4% y los intereses el 3,7%.

- La utilidad bruta representa el 53,1% de las ventas, la utilidad antes de intereses e impuestos el 24,7% y la utilidad neta el 2%.

Análisis vertical gráfico

A partir de los porcentajes calculados en el cuadro del análisis vertical se puede elaborar el gráfico del balance general, el cual se realiza en un rectángulo dividido en dos partes iguales, el lado izquierdo para representar el activo y el lado derecho el pasivo y el patrimonio neto, introduciendo los porcentajes calculados considerando que la altura del rectángulo es 100%.

El gráfico del estado de resultados se realiza en un solo rectángulo, considerando que la altura es de 100%, e introduciendo todas las partidas de gastos en términos porcentuales.

Estos gráficos permiten tener una visión más clara de la estructura del balance general y el estado de resultados, como se ilustra en la figura 4.3.

Figura 4.3. Análisis vertical gráfico

La representación gráfica del análisis vertical de la empresa Brandal S.A. para la gestión 2010 es la siguiente:

BALANCE GENERAL
Al 31 de diciembre de 2010

Activo circulante 20,3%	Pasivo circulante 13,7%
	Pasivo a largo plazo 20,5%
Activo fijo 79,7%	Patrimonio neto 65,8%

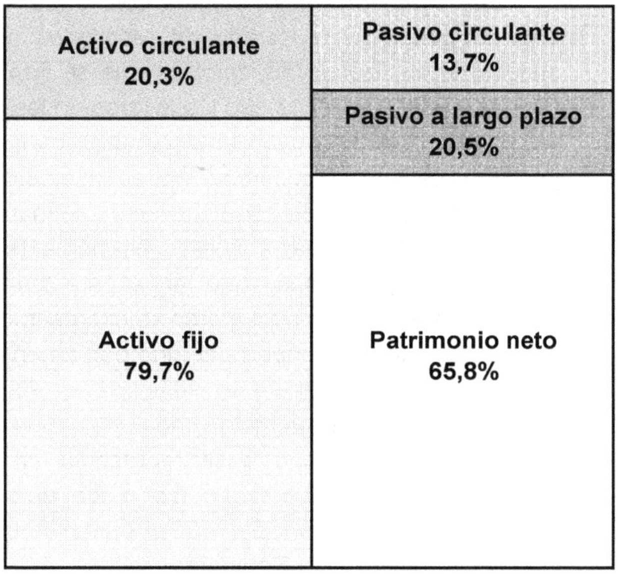

ESTADO DE RESULTADOS
Al 31 de diciembre de 2010

Costo de ventas	67,7%
Gastos de operación	8,8%
Depreciación	6,4%
Intereses	2,0%
Impuestos	3,8%
Utilidad neta	11,3%

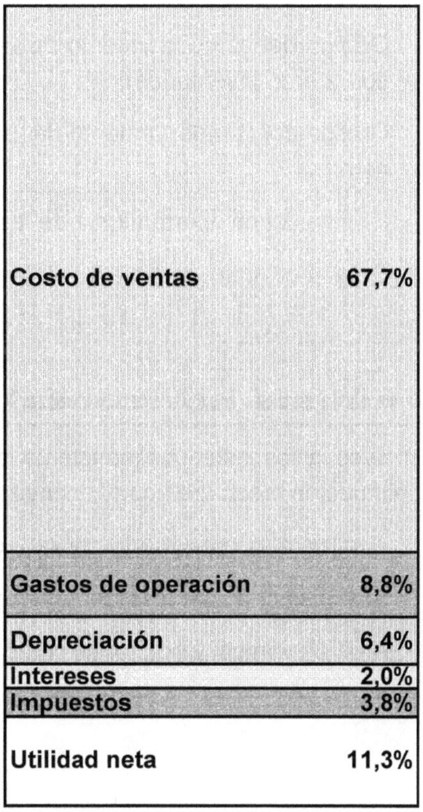

4.6.   Análisis horizontal

El análisis horizontal consiste en la comparación de estados financieros en distintos períodos de tiempo.

Esta comparación se efectúa colocando los valores de las distintas cuentas del balance general y el estado de resultados de dos o mas gestiones en columnas sucesivas, analizando los cambios que se han producido en cada cuenta o grupo de cuentas de un ejercicio a otro y a lo largo de los años.

Puede llevarse a cabo una comparación de los estados financieros de dos o más gestiones calculando el cambio interanual en cifras absolutas y relativas.

Cuando se trata de comparar estados financieros que cubren más de tres años, la mejor forma de efectuar el análisis es mediante número índices. Este método exige la elección de un año base que tenga para todas las partidas un índice de 100. Las partidas para los años posteriores se expresan como un índice en relación con ese año. Para ello, se toma el importe de una partida en un año, se divide por el importe de ese concepto en el año base y se multiplica por 100. De esta forma se puede comparar el crecimiento o decrecimiento de cada una de las partidas.

Puesto que el año base representa un marco de referencia para todas las comparaciones, se debe elegir un año que, en cuanto a condiciones de actividad, sea lo más típico o normal posible. Si el primer año de la serie que se va a comparar no cumple tal requisito, se elegirá otro.

Para ilustrar gráficamente el comportamiento de las distintas partidas de los estados financieros a lo largo del tiempo, será útil elaborar las siguientes graficas:

- Grafica del comportamiento del activo circulante, activo fijo y total del activo.

- Grafica del comportamiento de las partidas del activo circulante (efectivo, cuentas por cobrar, inventarios).

- Grafica del comportamiento del pasivo circulante, pasivo a largo plazo y patrimonio neto.

- Grafica del comportamiento de las ventas.

- Gráfica del comportamiento de la utilidad bruta, utilidad operativa y utilidad neta.

Ejemplo 4.3. **Análisis horizontal de estados financieros**

En base a los estados financieros de la empresa Pramer Corp. que se presenta a continuación efectuaremos el análisis horizontal en tres formatos diferentes:

- Análisis horizontal mediante variaciones absolutas y relativas

- Análisis horizontal mediante número índices

- Análisis vertical y horizontal combinado

Pramer Corp.

BALANCE GENERAL
En dólares americanos

	2007	2008	2009		2007	2008	2009
ACTIVO CIRCULANTE				**PASIVO CIRCULANTE**			
Efectivo	6.732	4.644	2.424	Cuentas por pagar	22.344	35.328	43.356
Cuentas por cobrar	23.556	34.440	48.612	Prestamos bancarios	6.612	16.992	19.644
Inventarios	24.372	31.356	39.444		28.956	52.320	63.000
	54.660	70.440	90.480	**PASIVO A LARGO PLAZO**			
ACTIVO FIJO				Deuda a largo plazo	6.000	12.000	11.400
Edificaciones y equipo neto	30.972	53.160	52.368	TOTAL PASIVO	34.956	64.320	74.400
				PATRIMONIO NETO			
				Capital	42.000	42.000	42.000
				Utilidades acumuladas	8.676	17.280	26.448
				TOTAL PATRIMONIO	50.676	59.280	68.448
TOTAL ACTIVO	85.632	123.600	142.848	**TOTAL PASIVO Y PATRIM.**	85.632	123.600	142.848

Pramer Corp.

ESTADO DE RESULTADOS
En dólares americanos

	2007	2008	2009
Ventas	142.356	179.424	196.188
(-) Costo de ventas	102.444	133.488	144.192
Utilidad Bruta	39.912	45.936	51.996
(-) Gastos de operación	24.468	26.608	30.146
(-) Depreciación	3.160	4.250	4.320
Utilidad antes de intereses e impuestos (EBIT)	12.284	15.078	17.530
(-) Intereses	560	1.050	1.450
Utilidad antes de impuestos (EBT)	11.724	14.028	16.080
(-) Impuesto a las utilidades	2.931	3.507	4.020
Utilidad neta	8.793	10.521	12.060

1er Formato – Análisis horizontal mediante variaciones absolutas y relativas interanuales

Pramer Corp.

BALANCE GENERAL
En dólares americanos

	2007	2008	2009	VAR. 2007-2008		VAR. 2008-2009	
				ABSOLUTA	RELATIVA	ABSOLUTA	RELATIVA
ACTIVO							
CIRCULANTE							
Efectivo	6.732	4.644	2.424	-2.088	-31,0%	-2.220	-47,8%
Cuentas por cobrar	23.556	34.440	48.612	10.884	46,2%	14.172	41,1%
Inventarios	24.372	31.356	39.444	6.984	28,7%	8.088	25,8%
TOTAL ACTIVO CIRCULANTE	54.660	70.440	90.480	15.780	28,9%	20.040	28,4%
FIJO							
Edificaciones y equipo neto	30.972	53.160	52.368	22.188	71,6%	-792	-1,5%
TOTAL ACTIVO	85.632	123.600	142.848	37.968	44,3%	19.248	15,6%
PASIVO							
CIRCULANTE							
Cuentas por pagar	22.344	35.328	43.356	12.984	58,1%	8.028	22,7%
Prestamo bancario	6.612	16.992	19.644	10.380	157,0%	2.652	15,6%
TOTAL PASIVO CIRCULANTE	28.956	52.320	63.000	23.364	80,7%	10.680	20,4%
Deuda a largo plazo	6.000	12.000	11.400	6.000	100,0%	-600	-5,0%
TOTAL PASIVO	34.956	64.320	74.400	29.364	84,0%	10.080	15,7%
PATRIMONIO NETO							
Capital	42.000	42.000	42.000	0	0,0%	0	0,0%
Utilidades acumuladas	8.676	17.280	26.448	8.604	99,2%	9.168	53,1%
TOTAL PATRIMONIO	50.676	59.280	68.448	8.604	17,0%	9.168	15,5%
TOTAL PASIVO Y PATRIMONIO	85.632	123.600	142.848	37.968	44,3%	19.248	15,6%

Pramer Corp.

ESTADO DE RESULTADOS
En dólares americanos

	2007	2008	2009	VAR. 2007-2008		VAR. 2008-2009	
				ABSOLUTA	RELATIVA	ABSOLUTA	RELATIVA
Ventas	142.356	179.424	196.188	37.068	26,0%	16.764	9,3%
(-) Costo de ventas	102.444	133.488	144.192	31.044	30,3%	10.704	8,0%
Utilidad bruta	39.912	45.936	51.996	6.024	15,1%	6.060	13,2%
(-) Gastos de operación	24.468	26.608	30.146	2.140	8,7%	3.538	13,3%
(-) Depreciación	3.160	4.250	4.320	1.090	34,5%	70	1,6%
EBIT	12.284	15.078	17.530	2.794	22,7%	2.452	16,3%
(-) Intereses	560	1.050	1.450	490	87,5%	400	38,1%
EBT	11.724	14.028	16.080	2.304	19,7%	2.052	14,6%
(-) Impuesto a las utilidades	2.931	3.507	4.020	576	19,7%	513	14,6%
Utilidad neta	8.793	10.521	12.060	1.728	19,7%	1.539	14,6%

2do Formato – Análisis horizontal mediante números índices

2do Formato – Análisis horizontal mediante números índices

Pramer Corp.

BALANCE GENERAL
En dólares americanos

	IMPORTE			NUMEROS INDICES		
	2007	2008	2009	2007	2008	2009
ACTIVO						
CIRCULANTE						
Efectivo	6.732	4.644	2.424	100	69	36
Cuentas por cobrar	23.556	34.440	48.612	100	146	206
Inventarios	24.372	31.356	39.444	100	129	162
TOTAL ACTIVO CIRCULANTE	54.660	70.440	90.480	100	129	166
FIJO						
Edificaciones y equipo neto	30.972	53.160	52.368	100	172	169
TOTAL ACTIVO	85.632	123.600	142.848	100	144	167
PASIVO						
CIRCULANTE						
Cuentas por pagar	22.344	35.328	43.356	100	158	194
Prestamo bancario	6.612	16.992	19.644	100	257	297
TOTAL PASIVO CIRCULANTE	28.956	52.320	63.000	100	181	218
Deuda a largo plazo	6.000	12.000	11.400	100	200	190
TOTAL PASIVO	34.956	64.320	74.400	100	184	213
PATRIMONIO NETO						
Capital	42.000	42.000	42.000	100	100	100
Utilidades acumuladas	8.676	17.280	26.448	100	199	305
TOTAL PATRIMONIO	50.676	59.280	68.448	100	117	135
TOTAL PASIVO Y PATRIMONIO	85.632	123.600	142.848	100	144	167

Pramer Corp.

ESTADO DE RESULTADOS
En Dólares Americanos

	IMPORTE			NUMEROS INDICES		
	2007	2008	2009	2007	2008	2009
Ventas	142.356	179.424	196.188	100	126	138
(-) Costo de ventas	102.444	133.488	144.192	100	130	141
Utilidad bruta	39.912	45.936	51.996	100	115	130
(-) Gastos de operación	24.468	26.608	30.146	100	109	123
(-) Depreciación	3.160	4.250	4.320	100	134	137
EBIT	12.284	15.078	17.530	100	123	143
(-) Intereses	560	1.050	1.450	100	188	259
EBT	11.724	14.028	16.080	100	120	137
(-) Impuesto a las utilidades	2.931	3.507	4.020	100	120	137
Utilidad neta	8.793	10.521	12.060	100	120	137

Para el análisis mediante números índices se ha elegido como año base el año 2007. Para determinar los números índices de los años 2008 y 2009 se ha dividido el importe de cada partida entre el año base y se ha multiplicado por 100.

Los número índices superiores a 100 indican incremento de la partida y los número índices menores a 100 indican decremento de la partida. Por ejemplo el número índice 126 en la partida ventas de la gestión 2008 indica que las ventas se han incrementado en 26% respecto al año 2007. El número índice 138 en la partida ventas de la gestión 2009 indica que las ventas se han incrementado en 38% respecto a la gestión 2007.

3er Formato – Análisis combinado (Análisis vertical y horizontal)

Pramer Corp.

BALANCE GENERAL
En dólares americanos

	Al 31 Dic. 2007		Al 31 Dic. 2008		Al 31 Dic. 2009		VAR. 2007-2008		VAR. 2008-2009	
	MONTO	%	MONTO	%	MONTO	%	ABSOLUTA	RELATIVA	ABSOLUTA	RELATIVA
ACTIVO										
CIRCULANTE										
Efectivo	6.732	7,9%	4.644	3,8%	2.424	1,7%	-2.088	-31,0%	-2.220	-47,8%
Cuentas por cobrar	23.556	27,5%	34.440	27,9%	48.612	34,0%	10.884	46,2%	14.172	41,1%
Inventarios	24.372	28,5%	31.356	25,4%	39.444	27,6%	6.984	28,7%	8.088	25,8%
TOTAL ACTIVO CIRCULANTE	**54.660**	**63,8%**	**70.440**	**57,0%**	**90.480**	**63,3%**	**15.780**	**28,9%**	**20.040**	**28,4%**
FIJO										
Edificaciones y equipo neto	30.972	36,2%	53.160	43,0%	52.368	36,7%	22.188	71,6%	-792	-1,5%
TOTAL ACTIVO	**85.632**	**100,0%**	**123.600**	**100,0%**	**142.848**	**100,0%**	**37.968**	**44,3%**	**19.248**	**15,6%**
PASIVO										
CIRCULANTE										
Cuentas por pagar	22.344	26,1%	35.328	28,6%	43.356	30,4%	12.984	58,1%	8.028	22,7%
Prestamo bancario	6.612	7,7%	16.992	13,7%	19.644	13,8%	10.380	157,0%	2.652	15,6%
TOTAL PASIVO CIRCULANTE	**28.956**	**33,8%**	**52.320**	**42,3%**	**63.000**	**44,1%**	**23.364**	**80,7%**	**10.680**	**20,4%**
Deuda a largo plazo	6.000	7,0%	12.000	9,7%	11.400	8,0%	6.000	100,0%	-600	-5,0%
TOTAL PASIVO	**34.956**	**40,8%**	**64.320**	**52,0%**	**74.400**	**52,1%**	**29.364**	**84,0%**	**10.080**	**15,7%**
PATRIMONIO NETO										
Capital	42.000	49,0%	42.000	34,0%	42.000	29,4%	0	0,0%	0	0,0%
Utilidades acumuladas	8.676	10,1%	17.280	14,0%	26.448	18,5%	8.604	99,2%	9.168	53,1%
TOTAL PATRIMONIO	**50.676**	**59,2%**	**59.280**	**48,0%**	**68.448**	**47,9%**	**8.604**	**17,0%**	**9.168**	**15,5%**
TOTAL PASIVO Y PATRIMONIO	**85.632**	**100,0%**	**123.600**	**100,0%**	**142.848**	**100,0%**	**37.968**	**44,3%**	**19.248**	**15,6%**

Pramer Corp.

ESTADO DE RESULTADOS
En dólares americanos

	Al 31 Dic. 2007		Al 31 Dic. 2008		Al 31 Dic. 2009		VAR. 2007-2008		VAR. 2008-2009	
	MONTO	%	MONTO	%	MONTO	%	ABSOLUTA	RELATIVA	ABSOLUTA	RELATIVA
Ventas	142.356	100,0%	179.424	100,0%	196.188	100,0%	37.068	26,0%	16.764	9,3%
(-) Costo de ventas	102.444	72,0%	133.488	74,4%	144.192	73,5%	31.044	30,3%	10.704	8,0%
Utilidad bruta	39.912	28,0%	45.936	25,6%	51.996	26,5%	6.024	15,1%	6.060	13,2%
(-) Gastos de operación	24.468	17,2%	26.608	14,8%	30.146	15,4%	2.140	8,7%	3.538	13,3%
(-) Depreciación	3.160	2,2%	4.250	2,4%	4.320	2,2%	1.090	34,5%	70	1,6%
EBIT	12.284	8,6%	15.078	8,4%	17.530	8,9%	2.794	22,7%	2.452	16,3%
(-) Intereses	560	0,4%	1.050	0,6%	1.450	0,7%	490	87,5%	400	38,1%
EBT	11.724	8,2%	14.028	7,8%	16.080	8,2%	2.304	19,7%	2.052	14,6%
(-) Impuesto a las utilidades	2.931	2,1%	3.507	2,0%	4.020	2,0%	576	19,7%	513	14,6%
Utilidad neta	8.793	6,2%	10.521	5,9%	12.060	6,1%	1.728	19,7%	1.539	14,6%

En base a la anterior información se ha elaborado un cuadro resumen del comportamiento de las principales partidas del balance general y el estado de resultados y se han elaborado las siguientes gráficas:

- Grafica del comportamiento del activo circulante, activo fijo y total del activo.

- Grafica del comportamiento del efectivo, cuentas por cobrar e inventarios.

- Grafica del comportamiento del pasivo circulante, pasivo a largo plazo y patrimonio neto.

- Grafica del comportamiento de las ventas.

ANÁLISIS VERTICAL

Concepto	2007	2008	2009
Estructura del activo			
Activo circulante / Activo	63,8%	57,0%	63,3%
Activo fijo neto / Activo	36,2%	43,0%	36,7%
Estructura del pasivo			
Pasivo circulante / Activo	33,8%	42,3%	44,1%
Pasivo largo plazo / Activo	7,0%	9,7%	8,0%
Pasivo total / Activo	40,8%	52,0%	52,1%
Patrimonio neto / Activo	59,2%	48,0%	47,9%
Estructura de costos			
Costo de ventas / Ventas	72,0%	74,4%	73,5%
Gastos de operación / Ventas	17,2%	14,8%	15,4%
Depreciación / Ventas	2,2%	2,4%	2,2%
Intereses / Ventas	0,4%	0,6%	0,7%
Impuestos / Ventas	2,1%	2,0%	2,0%
Margenes de utilidad			
Utilidad bruta / Ventas	28,0%	25,6%	26,5%
Utilidad operativa / Ventas	8,6%	8,4%	8,9%
Utilidad neta / Ventas	6,2%	5,9%	6,1%

ANÁLISIS HORIZONTAL

Concepto	2008	2009
Partidas del balance general		
Incremento del activo circulante	28,9%	28,4%
Incremento del activo fijo neto	71,6%	-1,5%
Incremento del activo total	44,3%	15,6%
Incremento del pasivo circulante	80,7%	20,4%
Incremento del pasivo a largo plazo	100,0%	-5,0%
Incremento del pasivo total	84,0%	15,7%
Incremento del patrimonio neto	17,0%	15,5%
Partidas del estado de resultados		
Incremento ventas	26,0%	9,3%
Incremento costo de ventas	30,3%	8,0%
Incremento gastos de operación	8,7%	13,3%
Incremento utilidad bruta	15,1%	13,2%
Incremento utilidad operativa	22,7%	16,3%
Incremento utilidad neta	19,7%	14,6%

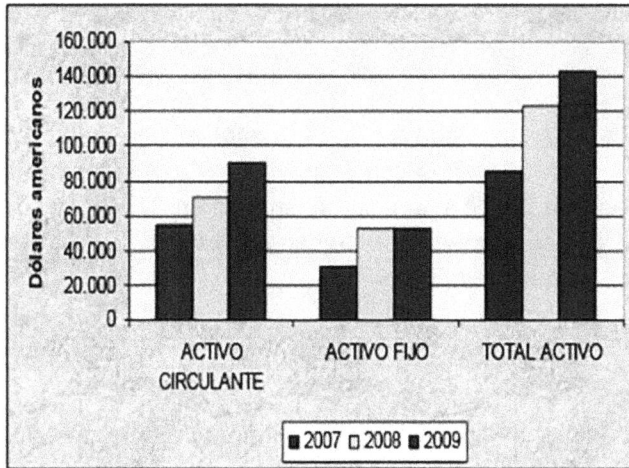

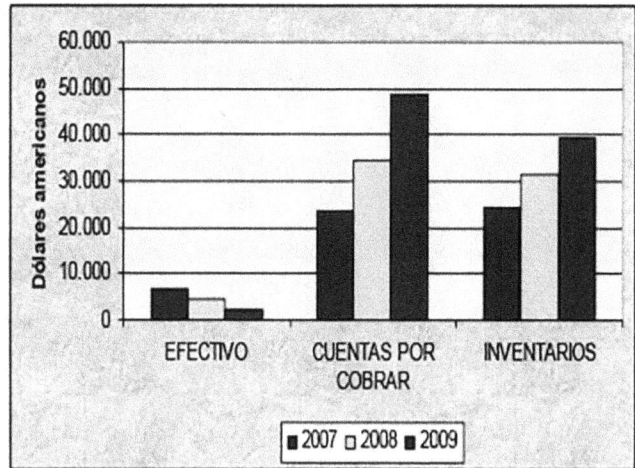

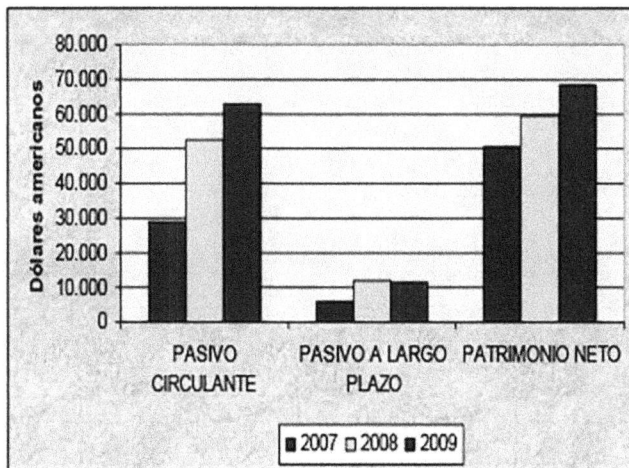

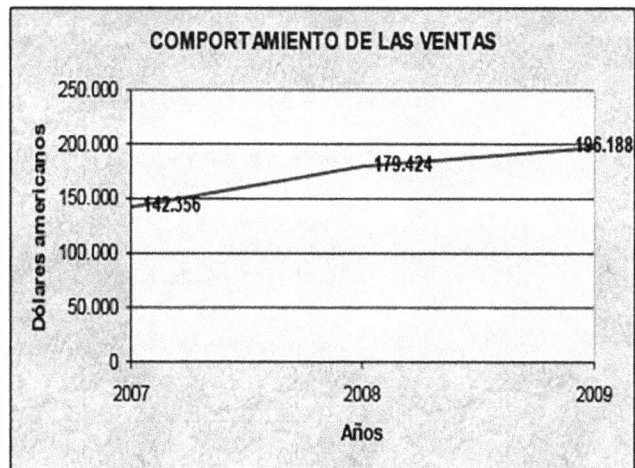

De los cuadros anteriores se pueden concluir lo siguiente:

Gestión 2007 – 2008

- El activo circulante se ha incrementado en 28,9%, el activo fijo ha aumentado en 71,6% y el total del activo se ha incrementado en 44,3%.

- El incremento del activo ha sido financiado principalmente por deuda. El pasivo se ha incrementado en 84,0% y el patrimonio neto en 17,0%.

- Se ha incrementado el nivel de endeudamiento de la empresa, aumentando la proporción del pasivo respecto al activo del 40,8% a 52,0%.

- El pasivo a largo plazo se ha incrementado en mayor proporción que el pasivo circulante. El primero se ha incrementado en 100% y el segundo en 80,7%.

- El incremento en el patrimonio neto se ha dado por la reinversión de utilidades. En la gestión 2008 la empresa ha reinvertido el 81,8% de la utilidad neta.

- Las ventas se han incrementado en 26,0% y el costo de ventas en 30,3%, por lo que se ha reducido el margen de utilidad bruta. Esta situación se podría haber dado por tres aspectos: (1) Reducción del precio de venta de los productos, que podría haberse dado para vender el mayor volumen de producción, (2) Incremento del costo de ventas, (3) Incremento de ventas de nuevos productos con menores márgenes de utilidad.

- Los gastos de operación se han incrementado en 8,7%, menor al incremento en ventas debido a que la mayor parte de estos son costos fijos.   Sin embargo la depreciación se ha incrementado en 34,5% y el costo financiero en 87,5%, lo que ha afectado a la utilidad neta, que si bien se ha incrementado en 19,7%, esta es menor que el incremento en ventas que fue del 26,0%.

Gestión 2008 – 2009

- El total del activo se ha incrementado en 15,6%, aumento menor al registrado en la gestión anterior.   Este incremento se debe al incremento en el activo circulante.   El activo fijo neto se ha reducido en 1,5%.

- El incremento del activo ha sido financiado en proporciones iguales entre pasivo y patrimonio neto, es decir se ha mantenido la estructura de capital de la empresa.

- La empresa ha reinvertido el 76% de la utilidad neta generada en la gestión 2009.

- Las ventas se han incrementado en 9,3% y el costo de ventas en 8%, por lo que se ha incrementado el margen de utilidad bruta de 25,6% en la gestión 2008 al 26,5% en la gestión 2009.

- Los gastos de operación se han incrementado en 13,3%, mayor al incremento en ventas del 9,3%, pero al no incrementarse la depreciación la utilidad operativa ha aumentado en 16,3% y la utilidad neta en 14,6%.

Comparación de estados financieros estandarizados

Las comparaciones también se pueden efectuar de estados financieros estandarizados a lo largo de los años, es decir de estados financieros expresados en porcentajes, las cuales muestran el cambio de proporciones de los componentes en grupos de activos, pasivos, gastos u otras categorías de los estados financieros.

Ejemplo 4.4. **Comparación de estados financieros estandarizados**

	Año 1	Año 2	Año 3
Cuentas por cobrar	50.000	50.000	50.000
Total del activo	500.000	750.000	1.000.000
Cuentas por cobrar / Total activo	10,0%	6,7%	5,0%

Se puede observar que aunque el importe de las cuentas por cobrar ha permanecido invariable, el aumento del activo total ha hecho que esta partida represente una proporción cada vez menor del activo total.

4.7. Análisis de razones financieras

Este método consiste en determinar relaciones entre las diferentes partidas contables de los estados financieros.

Una razón o ratio expresa la relación matemática entre dos valores. La razón de 50 a 200 se expresa como 0,25 o en porcentaje como 25%.

Al realizar este tipo de análisis, es necesario tener un parámetro de comparación, como las razones financieras de la misma empresa de años anteriores, las razones financieras de otras empresas de la misma industria, con promedios de la industria o algún estándar preestablecido.

Las razones financieras también pueden ser calculadas para los estados financieros proyectados y compararlos con las razones presentes y pasadas.

Las razones financieras están agrupadas en las siguientes categorías:

1. **Indicadores de liquidez**
    Miden la capacidad de la empresa para cumplir con sus obligaciones a corto plazo.

2. **Indicadores de endeudamiento y de cobertura de deuda**
    Miden el grado en que una empresa ha sido financiada mediante deudas y la capacidad o solvencia de la empresa para cubrir sus obligaciones financieras a largo plazo.

3. **Indicadores de eficiencia o de rotación de activos**
    Miden la eficiencia con que una empresa utiliza sus activos y administra sus operaciones.

4. **Indicadores de rentabilidad**
    Mide el rendimiento de los recursos invertidos en una empresa.

5. **Indicadores bursátiles**
    Estos indicadores se utilizan en empresas que cotizan en la bolsa de valores.

6. **Indicadores multidimensionales**
    Estos indicadores permiten una evaluación global de la situación económica financiera de una empresa, con la utilización simultanea de varias razones financieras.

4.8. Indicadores de liquidez

Los indicadores de liquidez o llamados también indicadores de solvencia a corto plazo, miden la capacidad de una empresa para cumplir con sus obligaciones a corto plazo.

La liquidez de una empresa se mide por el grado en el que pueden cumplir sus obligaciones a corto plazo con activos líquidos, por lo que estas razones se centran en los activos y pasivos circulantes.

Capital de trabajo neto (CTN)

El capital de trabajo neto o llamado también fondo de maniobra es la diferencia entre el activo circulante y el pasivo circulante.

Capital de trabajo neto = Activo circulante - Pasivo circulante

El capital de trabajo neto debe ser positivo, ya que si es negativo significará que el activo circulante es menor al pasivo circulante, indicando falta de solvencia para cubrir sus obligaciones a corto plazo.

El capital de trabajo neto ha de ser positivo ya que si no, se daría la circunstancia de que los activos fijos están siendo financiados con pasivos a corto plazo.

Generalmente se admite que el activo fijo y otros activos a largo plazo no deben financiarse mediante préstamos a corto plazo. El financiamiento mas apropiado de estos activos es el patrimonio neto y/o la deuda a largo plazo.

Desde el punto de vista del financiamiento, el capital de trabajo neto es aquella parte del activo circulante que es financiado con deuda a largo plazo o con el aporte de los accionistas (patrimonio neto).

Razón del capital de trabajo neto

El capital de trabajo neto de una empresa guarda cierta relación con las ventas y el total del activo, por lo que es necesario relacionar este indicador con estas variables.

La razón del capital de trabajo neto relaciona el capital de trabajo neto con el total del activo.

$$\text{Razón del capital de trabajo neto} = \frac{\text{Capital de trabajo neto}}{\text{Activo}}$$

Expresar el capital de trabajo neto en relación al total del activo es útil cuando se trata de comparar el capital de trabajo de dos empresas de distinto tamaño o de una misma empresa en distintos periodos de tiempo. Por ejemplo analicemos el capital de trabajo neto de dos empresas de las que se tiene la siguiente información:

	Empresa A	Empresa B
Activo total	500.000	2.000.000
Activo circulante	300.000	1.200.000
Pasivo circulante	100.000	1.000.000
Capital de trabajo neto	200.000	200.000
Razón del capital de trabajo neto	0,40	0,10

Ambas empresa tienen el mismo capital de trabajo neto, pero la empresa B es de mayor tamaño por el nivel de activos, por lo que proporcionalmente tiene un menor capital de trabajo neto que la empresa A, lo cual se mide con la razón del capital de trabajo neto.

Razón circulante

La razón circulante mide el grado en que el activo circulante cubre el pasivo circulante, la que se determina de la siguiente manera:

$$\text{Razón circulante} = \frac{\text{Activo circulante}}{\text{Pasivo circulante}}$$

Esta razón se puede expresar en términos de unidades monetarias o en términos de número de veces que el activo circulante cubre el pasivo circulante.

Cuanto mas alta sea la razón circulante mayor garantía hay de que puedan pagarse los pasivos circulantes, pero también puede indicar un uso ineficiente de los activos circulantes. En condiciones normales esperaríamos encontrar una razón circulante de por lo menos uno, porque si fuera menor significaría que el capital de trabajo neto es negativo.

La razón circulante mide la capacidad de una empresa para cubrir sus obligaciones a corto plazo, como margen de seguridad, frente a la incertidumbre a las que están sujetos los flujos de efectivo de una empresa. Acontecimientos imprevisibles como huelgas o paros pueden detener o reducir temporalmente la entrada de fondos.

Ejemplo 4.5.   Efectos en la razón circulante

Una empresa cancela una parte de sus cuentas por pagar a proveedores y sus prestamos bancarios a corto plazo, que sucede con la razón circulante?

Si la razón circulante es mayor a uno su valor aumentará, si la razón circulante es menor a uno su valor disminuirá.

Esto se explica si consideramos una empresa que tiene activos circulantes por US$ 4.000 y pasivos circulantes por US$ 2.000, es decir tiene una razón circulante de 2. Si paga sus pasivos por US$ 1.000 disminuye el activo circulante y el pasivo circulante en el mismo monto, lo que aumenta la razón circulante a 3. Si por el contrario la empresa tiene activos circulantes por US$ 2.000 y pasivos circulante por US$ 4.000, es decir una razón circulante de 0,50 y cancela pasivos circulantes por US$ 1.000, disminuye la razón circulante a 0,33.

Una empresa compra inventarios en efectivo, que pasa con la razón circulante?

No ocurre nada con la razón circulante porque el efectivo disminuye mientras el inventario aumenta, es decir el activo circulante no se ve afectado.

Una empresa vende una parte de sus inventarios, que sucede con la razón circulante?

La razón circulante aumentará porque el inventario se muestra al costo y la venta se realiza a una cantidad superior al costo, la diferencia es el margen de utilidad. El incremento, ya sea en efectivo o cuentas por cobrar será mayor que el decremento en inventarios. Esto aumenta los activos circulantes y por ende la razón circulante.

Prueba ácida

Esta razón es más estricta que la razón circulante. Resta el valor de los inventarios del activo circulante por considerar la posible dificultad de convertirlos en efectivo. Es una forma conservadora o pesimista de medir la solvencia de la empresa para cubrir sus obligaciones a corto plazo.

$$\text{Prueba ácida} = \frac{\text{Activo circulante - Inventarios}}{\text{Pasivo circulante}}$$

Razón de efectivo

Es una medida más exigente de liquidez, ya que mide la proporción del pasivo circulante que sería posible atender con el efectivo.

$$\text{Razón de efectivo} = \frac{\text{Efectivo}}{\text{Pasivo circulante}}$$

Ejemplo 4.6.   Cálculo de indicadores de liquidez

A continuación se presenta el balance general de la empresa Brandal S.A., a efectos de determinar los indicadores de liquidez para la gestión 2010.

Brandal S.A.

BALANCE GENERAL
En dólares americanos

	2009	2010		2009	2010
ACTIVO CIRCULANTE			PASIVO CIRCULANTE		
Efectivo	1.840	2.560	Cuentas por pagar	6.850	8.920
Cuentas por cobrar	3.620	4.850	Prestamos bancarios	5.100	3.500
Inventarios	8.640	10.930		11.950	12.420
	14.100	18.340	PASIVO A LARGO PLAZO		
ACTIVO FIJO			Deuda a largo plazo	11.650	18.500
Edificaciones y equipo neto	60.100	72.030	TOTAL PASIVO	23.600	30.920
			PATRIMONIO NETO		
			Capital	15.000	18.000
			Utilidades acumuladas	35.600	41.450
			TOTAL PATRIMONIO	50.600	59.450
TOTAL ACTIVO	74.200	90.370	TOTAL PASIVO Y PATRIM.	74.200	90.370

Capital de trabajo neto = Activo circulante - Pasivo circulante   =   18.340   -   12.420 = 5.920

Este indicador nos dice que el activo circulante excede al pasivo circulante en US$ 5.920.

$$\text{Razón del capital de trabajo neto} = \frac{\text{Capital de trabajo neto}}{\text{Activo total}} = \frac{5.920}{90.370} = 6{,}55\%$$

Esta razón nos indica que el capital de trabajo neto de la empresa representa el 6,55% del total del activo.

$$\text{Razón circulante} = \frac{\text{Activo circulante}}{\text{Pasivo circulante}} = \frac{18.340}{12.420} = 1{,}48$$

Esta razón indica que la empresa tiene US$ 1,48 en activos circulantes por cada dólar de pasivo circulante, ó que el activo circulante cubre 1,48 veces su pasivo circulante.

$$\text{Prueba ácida} = \frac{\text{Activo circulante - Inventarios}}{\text{Pasivo circulante}} = \frac{7.410}{12.420} = 0,60$$

Esta razón nos indica que la empresa tiene US$ 0,60 en efectivo y cuentas por cobrar por cada dólar de pasivo circulante.

$$\text{Razón de efectivo} = \frac{\text{Efectivo}}{\text{Pasivo circulante}} = \frac{2.560}{12.420} = 0,21$$

Esta razón indica que la empresa tiene US$ 0,21 en efectivo por cada dólar de pasivo circulante ó por cada dólar que debe pagar en el corto plazo, cuenta con US$ 0,21 en efectivo.

4.9.   Indicadores de endeudamiento y de cobertura de deuda

Los indicadores de endeudamiento miden el grado en que una empresa utiliza deudas para financiar los activos.

Existen tres indicadores de endeudamiento, la razón deuda activos, la razón deuda patrimonio y el apalancamiento financiero.

Razón deuda activos

La razón deuda activos relaciona el total del pasivo con el total del activo e indica la proporción del activo que ha sido financiado con deudas.

$$\text{Razón deuda activos} = \frac{\text{Pasivo}}{\text{Activo}}$$

Razón deuda patrimonio

La razón deuda patrimonio relaciona el total del pasivo con el patrimonio neto e indica la proporción que representa la deuda del patrimonio neto.

$$\text{Razón deuda patrimonio} = \frac{\text{Pasivo}}{\text{Patrimonio neto}}$$

Apalancamiento financiero

El apalancamiento financiero, denominado también multiplicador del capital relaciona el activo con el patrimonio neto y es igual a uno mas la razón deuda patrimonio.

$$\text{Apalancamiento financiero} = \frac{\text{Activo}}{\text{Patrimonio neto}}$$

Estas tres razones indican el nivel de endeudamiento de una empresa de distinta manera. Dada cualquiera de estas tres razones se pueden calcular las otras dos.

Los indicadores de cobertura de deuda miden la capacidad de la empresa para cubrir sus obligaciones financieras. En este grupo están la razón de cobertura de intereses, razón de cobertura de efectivo y la razón de cobertura de la deuda.

Razón de cobertura de intereses

La razón de cobertura de intereses indica la capacidad o solvencia de la empresa para cubrir los intereses de la deuda, expresando el número de veces que la utilidad antes de intereses e impuestos (EBIT) cubre los intereses.

$$\text{Razón de cobertura de intereses} = \frac{\text{EBIT}}{\text{Intereses}}$$

Razón de cobertura de efectivo

La razón de cobertura de efectivo considera el efectivo que realmente dispone una empresa para cubrir los intereses de la deuda, añadiendo a la utilidad antes de intereses e impuestos la depreciación, que es un gasto que no representa una salida de efectivo. Esta razón es una medida de la capacidad de la empresa para cubrir su costo financiero con el efectivo proveniente de las operaciones de la empresa.

$$\text{Razón de cobertura de efectivo} = \frac{\text{EBIT + Depreciación}}{\text{Intereses}}$$

Razón de cobertura de la deuda

La razón de cobertura de la deuda indica la capacidad de la empresa para cubrir la deuda a corto plazo con costo financiero con el flujo de caja de operaciones de la empresa.

$$\text{Razón de cobertura de la deuda} = \frac{\text{Utilidad neta + Depreciación}}{\text{Pasivo circulante con costo}}$$

Costo promedio de la deuda

En el análisis del endeudamiento de una empresa es útil conocer el costo de la deuda. El costo promedio de la deuda es el costo financiero de la deuda bancaria y financiera de la empresa a corto y largo plazo, el cual se calcula dividiendo los intereses anuales entre el pasivo promedio con costo financiero.

$$\text{Costo promedio de la deuda} = \frac{\text{Intereses}}{\text{Pasivo promedio con costo}}$$

El pasivo promedio con costo se obtiene sumando el saldo de la deuda bancaria y financiera a corto y largo plazo de principio del periodo y fin del periodo, dividido entre dos.

Cálculo de indicadores de endeudamiento y de cobertura de la deuda

Determinar los indicadores de endeudamiento y de cobertura de la deuda de la empresa Brandal S.A. para la gestión 2010, en base a los estados financieros que se presenta a continuación.

Brandal S.A.

BALANCE GENERAL
En dólares americanos

	2009	2010		2009	2010
ACTIVO CIRCULANTE			PASIVO CIRCULANTE		
Efectivo	1.840	2.560	Cuentas por pagar	6.850	8.920
Cuentas por cobrar	3.620	4.850	Prestamos bancarios	5.100	3.500
Inventarios	8.640	10.930		11.950	12.420
	14.100	18.340	PASIVO A LARGO PLAZO		
ACTIVO FIJO			Deuda a largo plazo	11.650	18.500
Edificaciones y equipo neto	60.100	72.030	TOTAL PASIVO	23.600	30.920
			PATRIMONIO NETO		
			Capital	15.000	18.000
			Utilidades acumuladas	35.600	41.450
			TOTAL PATRIMONIO	50.600	59.450
TOTAL ACTIVO	74.200	90.370	TOTAL PASIVO Y PATRIM.	74.200	90.370

Brandal S.A.

ESTADO DE RESULTADOS
Al 31 de diciembre de 2010
En dólares americanos

Ventas	86.380
(-) Costo de ventas	58.510
Utilidad bruta	27.870
(-) Gastos de operación	7.630
(-) Depreciación	5.520
Utilidad antes de intereses e impuestos (EBIT)	14.720
(-) Intereses	1.720
Utilidad antes de impuestos (EBT)	13.000
(-) Impuesto a las utilidades (25%)	3.250
Utilidad neta	9.750
Dividendos	3.900
Reinversión de utilidades	5.850

$$\text{Razón deuda activos} = \frac{\text{Pasivo}}{\text{Activo}} = \frac{30.920}{90.370} = 0,34 = 34\%$$

Esta razón nos indica que el pasivo representa el 34% del activo, es decir que el 34% del activo ha sido financiado con deuda y el 66% con patrimonio neto. Esto también se interpreta como que la empresa tiene US$ 0,34 de deuda por cada dólar de activo.

$$\text{Razón deuda patrimonio} = \frac{\text{Pasivo}}{\text{Patrimonio neto}} = \frac{30.920}{59.450} = 0,52 = 52\%$$

Esta razón nos indica que el pasivo representa el 52% del patrimonio neto, o que por cada dólar de patrimonio neto, se ha recurrido a financiamiento mediante deuda por US$ 0,52.

$$\text{Apalancamiento financiero} = \frac{\text{Activo}}{\text{Patrimonio neto}} = \frac{90.370}{59.450} = 1,52$$

Esta razón es igual a uno mas la razón deuda patrimonio y expresa que la deuda representa el 52% del patrimonio neto.

$$\text{Razón de cobertura de intereses} = \frac{\text{EBIT}}{\text{Intereses}} = \frac{14.720}{1.720} = 8,56$$

Esta razón indica que la empresa tiene una capacidad para cubrir 8,56 veces el interés con la utilidad proveniente de las operaciones de la empresa.

$$\text{Razón de cobertura de efectivo} = \frac{\text{EBIT} + \text{Depreciación}}{\text{Intereses}} = \frac{20.240}{1.720} = 11,77$$

Esta razón indica que la empresa tiene una capacidad de cubrir 11,77 veces el interés, con el efectivo proveniente de las operaciones de la empresa.

$$\text{Razón de cobertura de la deuda} = \frac{\text{Utilidad neta} + \text{Depreciación}}{\text{Pasivo circulante con costo}} = \frac{15.270}{3.500} = 4,36$$

Esta razón nos indica que el flujo de caja de operaciones anual de la empresa cubre 4,36 veces el monto de la deuda a corto plazo con costo financiero, incluyendo los intereses.

$$\text{Pasivo promedio con costo} = \frac{(5.100 + 11.650) + (3.500 + 18.500)}{2} = \frac{38.750}{2} = 19.375$$

$$\text{Costo promedio de la deuda} = \frac{\text{Intereses}}{\text{Pasivo promedio con costo}} = \frac{1.720}{19.375} = 8,88\%$$

Esta razón nos indica que el costo financiero promedio de la deuda bancaria y financiera es 8,88% anual.

4.10. Indicadores de eficiencia

Los indicadores de eficiencia o denominados también de rotación de activos, que miden la eficiencia con la cual una empresa utiliza sus activos y administra sus operaciones.

Rotación del activo

Esta razón nos indica la eficiencia relativa con la que una empresa utiliza sus activos para generar ventas, la cual se determina de la siguiente manera:

$$\text{Rotación del activo} = \frac{\text{Ventas}}{\text{Activo}}$$

Este indicador se puede desglosar en las siguientes razones:

$$\text{Rotación del activo fijo} = \frac{\text{Ventas}}{\text{Activo fijo}}$$

$$\text{Rotación del activo circulante} = \frac{\text{Ventas}}{\text{Activo circulante}}$$

Al analizar la rotación del activo fijo será útil determinar el porcentaje de utilización de la capacidad instalada y la antigüedad media del activo fijo, que se calculan de la siguiente manera:

$$\text{Utilización capacidad instalada} = \frac{\text{Volumen de producción}}{\text{Capacidad instalada}}$$

$$\text{Antigüedad media activo fijo} = \frac{\text{Depreciación acumulada}}{\text{Depreciación anual}}$$

Rotación de inventarios

La razón de rotación de inventarios mide la velocidad media a la que los inventarios entran y salen de la empresa, es decir nos indica la rapidez con que se venden los productos de la empresa, la cual se calcula de la siguiente manera:

$$\text{Rotación de inventarios} = \frac{\text{Costo de ventas}}{\text{Inventario promedio}}$$

Donde el inventario promedio se determina sumando el inventario inicial y el inventario final, dividido entre dos.

$$\text{Inventario promedio} = \frac{\text{Inventario inicial} + \text{Inventario final}}{2}$$

La rotación de inventarios nos indica el número de veces que el inventario rota al año. Entre más alta sea esta razón, mas eficiente será la administración del inventario.

Esta razón se puede expresar también en número de días obteniendo así el periodo del inventario.

$$\text{Período del inventario} = \frac{365}{\text{Rotación de inventarios}}$$

El periodo del inventario nos indica el número de días que se necesita para vender los inventarios.

Alternativamente este indicador se puede calcular de la siguiente manera:

$$\text{Periodo del inventario} = \frac{\text{Inventario promedio}}{\text{Costo de ventas}} \times 365$$

Si se trata de una empresa industrial y se necesita determinar el periodo de la materia prima, productos en proceso y productos terminados, se divide el saldo del inventario correspondiente entre el costo de la materia prima o costo de producción anual, multiplicado por 365 días que tiene el año.

$$\text{Periodo de la materia prima} = \frac{\text{Inventario materia prima}}{\text{Costo materia prima anual}} \times 365$$

$$\text{Periodo productos en proceso} = \frac{\text{Inventario productos en proceso}}{\text{Costo de producción anual}} \times 365$$

$$\text{Periodo productos terminados} = \frac{\text{Inventario productos terminados}}{\text{Costo de producción anual}} \times 365$$

En el análisis debe considerarse que una empresa necesita mantener cierto nivel de inventarios para generar un determinado nivel de ventas. Si el nivel de inventarios esta por debajo del nivel adecuado, el volumen de ventas estará por debajo del nivel que podría alcanzarse. El exceso de inventarios, por el contrario, supone una inmovilización de fondos y expone a la empresa a gastos de almacenaje, seguros, riesgos de pérdida de valor por obsolescencia y deterioro físico.

Una disminución de la rotación de inventarios a lo largo del tiempo o inferior al promedio del sector indicará inventarios de difícil venta ya sea porque están obsoletos, pasados de moda o no tienen demanda.

Rotación de cuentas por cobrar

La rotación de cuentas por cobrar indica cuantas veces, en promedio, se han cobrado las cuentas por cobrar durante un año, la cual se determina de la siguiente manera:

$$\text{Rotación de cuentas por cobrar} = \frac{\text{Ventas a crédito}}{\text{Cuentas por cobrar}}$$

La cifra de ventas debe ser la de ventas a crédito, porque las ventas al contado no generan cuentas por cobrar.

Como en los estados financieros no se hace la distinción entre ventas al contado y a crédito, se tendrá que calcular este indicador suponiendo que las ventas al contado no son significativas. Si no lo son se introducirá cierto grado de distorsión en la razón. Sin embargo, si la proporción de las ventas al contado respecto a las ventas totales permanece constante, las comparaciones interanuales de este indicador son válidas.

Si bien la cifra de rotación de cuentas por cobrar indica la velocidad de los cobros y es útil a efectos de comparación, no es directamente comparable con las condiciones comerciales que normalmente conceden las empresas. Para esta comparación es mejor convertir la cifra de rotación en periodo de cobro.

$$\text{Periodo de cobro} = \frac{365}{\text{Rotación de cuentas por cobrar}}$$

Esta razón indica el plazo promedio a la que una empresa vende sus productos a crédito, es decir el numero de días necesarios para cobrar las cuentas por cobrar.

La rotación de las cuentas por cobrar o el período de cobro se puede comparar con promedios del sector o con las condiciones de crédito concedidas por la empresa.

Cuando se compara el período de cobro con las condiciones de venta ofrecidas por la empresa, puede evaluarse el grado de cumplimiento de los clientes. Por ejemplo, si las condiciones promedio de venta fueran de 30 días, un período de cobro de 45 días reflejaría lo siguiente:

a) Incumplimiento de la política de ventas

b) Cuentas por cobrar en mora por incumplimiento de los clientes

c) Cuentas por cobrar en mora por mala gestión de cobro

También podría ocurrir que el período de cobro de 45 días no represente un retraso generalizado de los pagos de los clientes, sino que se deba a retrasos de algunos clientes importantes.

Una forma de profundizar el análisis es clasificar las cuentas por cobrar por su antigüedad, como se indica a continuación.

ESTRUCTURA DE CUENTAS POR COBRAR POR PLAZO

Antiguedad de la cuenta	Monto (US$)	Porcentaje
0 - 30 días	40.000	50%
31 - 60 días	20.000	25%
61 - 90 días	12.000	15%
Más de 90 días	8.000	10%
	80.000	100%

Si la política de crédito comercial de la empresa que tiene el anterior reporte fuera de ventas a crédito a 60 días plazo, el 25% de las cuentas por cobrar estarían en mora.

En el análisis de las cuentas por cobrar será importante obtener el índice de mora de las cuentas por cobrar, que se calcula de la siguiente manera:

$$\text{Indice de morosidad} = \frac{\text{Cuentas por cobrar vencidas}}{\text{Cuentas por cobrar}}$$

Un aumento de este indicador a lo largo del tiempo revelará el deterioro de la cobrabilidad de las cuentas por cobrar. Una disminución de este indicador llevará a la conclusión opuesta.

Otro aspecto que se debe evaluar es si la empresa efectúa previsión para cuentas incobrables, obteniendo el índice de previsión para cuentas incobrables, que se calcula de la siguiente manera:

$$\text{Indice de previsión cuentas incobrables} = \frac{\text{Previsión cuentas incobrables}}{\text{Cuentas por cobrar}}$$

En el análisis debe considerarse también la política de ventas de la empresa. Por ejemplo, una empresa podría ser más flexible en su política de créditos en los siguientes casos:

a) Introducción de un nuevo producto al mercado.

b) Aumento de utilización de la capacidad instalada.

c) Circunstancias especiales de competencia dentro el sector.

Rotación de cuentas por pagar

La rotación de cuentas por pagar indica cuantas veces en promedio se han pagado a los proveedores, la cual se calcula de la siguiente manera:

$$\text{Rotación de cuentas por pagar} = \frac{\text{Costo de ventas}}{\text{Cuentas por pagar}}$$

Esta razón puede expresarse también en número de días, obteniendo el periodo de pago.

$$\text{Periodo de pago} = \frac{365}{\text{Rotación de cuentas por pagar}}$$

Esta razón indica que tiempo, en promedio, requiere una empresa para pagar sus cuentas a proveedores.

Ejemplo 4.8. Cálculo de indicadores de eficiencia

Determinar los indicadores de eficiencia de la empresa Brandal S.A. para la gestión 2010, en base a los estados financieros que se presenta a continuación.

Brandal S.A.

BALANCE GENERAL
En dólares americanos

	2009	2010		2009	2010
ACTIVO CIRCULANTE			PASIVO CIRCULANTE		
Efectivo	1.840	2.560	Cuentas por pagar	6.850	8.920
Cuentas por cobrar	3.620	4.850	Prestamos bancarios	5.100	3.500
Inventarios	8.640	10.930		11.950	12.420
	14.100	18.340	PASIVO A LARGO PLAZO		
ACTIVO FIJO			Deuda a largo plazo	11.650	18.500
Edificaciones y equipo neto	60.100	72.030	TOTAL PASIVO	23.600	30.920
			PATRIMONIO NETO		
			Capital	15.000	18.000
			Utilidades acumuladas	35.600	41.450
			TOTAL PATRIMONIO	50.600	59.450
TOTAL ACTIVO	74.200	90.370	TOTAL PASIVO Y PATRIM.	74.200	90.370

Brandal S.A.

ESTADO DE RESULTADOS
Al 31 de diciembre de 2010
En dólares americanos

Ventas	86.380
(-) Costo de ventas	58.510
Utilidad bruta	27.870
(-) Gastos de operación	7.630
(-) Depreciación	5.520
Utilidad antes de intereses e impuestos (EBIT)	14.720
(-) Intereses	1.720
Utilidad antes de impuestos (EBT)	13.000
(-) Impuesto a las utilidades (25%)	3.250
Utilidad neta	9.750
Dividendos	3.900
Reinversión de utilidades	5.850

$$\text{Rotación del activo} = \frac{\text{Ventas}}{\text{Activo}} = \frac{86.380}{90.370} = 0,96$$

Esta razón nos indica que por cada dólar de activos, la empresa genera US$ 0,96 en ventas.

$$\text{Inventario promedio} = \frac{\text{Inventario inicial} + \text{Inventario final}}{2} = \frac{8.640 + 10.930}{2} = 9.785$$

$$\text{Rotación de inventarios} = \frac{\text{Costo de ventas}}{\text{Inventario promedio}} = \frac{58.510}{9.785} = 5,98$$

$$\text{Período del inventario} = \frac{365}{\text{Rotación de inventarios}} = \frac{365}{5,98} = 61,04$$

La rotación de inventarios indica que la empresa vendió o rotó sus inventarios 5,98 veces al año.

El período del inventario señala que en promedio los inventarios se venden cada 61 días.

$$\text{Rotación cuentas por cobrar} = \frac{\text{Ventas}}{\text{Cuentas por cobrar}} = \frac{86.380}{4.850} = 17,81$$

$$\text{Periodo de cobro} = \frac{365}{\text{Rotación cuentas por cobrar}} = \frac{365}{17,81} = 20,49$$

La rotación de cuentas por cobrar indica que la empresa cobró sus cuentas por cobrar y volvió a conceder crédito 17,81 veces durante el año.

El período de cobro señala que la empresa cobra sus ventas a crédito cada 20 días.

$$\text{Rotación cuentas por pagar} = \frac{\text{Costo de ventas}}{\text{Cuentas por pagar}} = \frac{58.510}{8.920} = 6,56$$

$$\text{Periodo de pago} = \frac{365}{\text{Rotación cuentas por pagar}} = \frac{365}{6,56} = 55,65$$

La rotación de cuentas por pagar indica que las cuentas por pagar rotan 6,56 veces durante el año.

El período de pago señala que la empresa paga en promedio a sus proveedores cada 56 días.

Ciclo operativo y ciclo de efectivo

El ciclo operativo es el período que se requiere para adquirir un inventario, venderlo y luego hacer el cobro respectivo.

Este ciclo tiene dos componentes. La primera parte es el plazo que se requiere para adquirir y vender el inventario, el cual se denomina período del inventario. La segunda parte es el plazo que se requiere para cobrar la venta, el cual se denomina período de cobro.

Ciclo operativo = Período del inventario + Periodo de cobro

El ciclo de efectivo es el número de días que transcurren antes que cobremos el efectivo proveniente de una venta, medido desde la fecha en la que realmente pagamos el inventario.

El ciclo de efectivo es la diferencia entre el ciclo operativo y el período de pago.

Ciclo de efectivo = Ciclo operativo – Periodo de pago

En la figura 4.4. se tiene una representación gráfica del ciclo operativo y el ciclo de efectivo.

Figura 4.4. Ciclo operativo y ciclo de efectivo

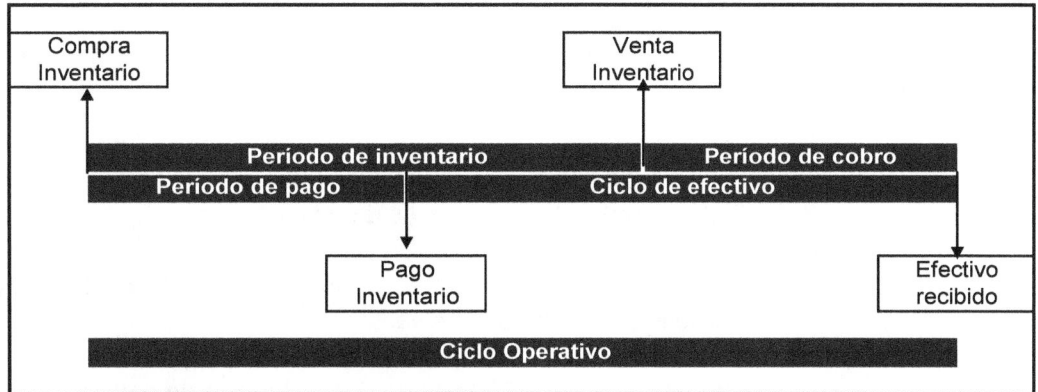

El intervalo que transcurre entre los flujos de salida y entrada de efectivo a corto plazo tiene que ser financiado de alguna manera.

Este período puede acortarse si se modifica el período del inventario, el período de cobro o el período de pago.

El ciclo de efectivo aumenta a medida que el período de inventario y el período de cobro se alargan. Disminuye cuando la empresa puede diferir el pago de la cuentas por pagar. Mientras mas prolongado sea el ciclo de efectivo, mayor será el tiempo del financiamiento requerido.

Mientras mas corto sea el ciclo operativo, mas baja será la inversión en inventarios y en cuentas por cobrar. Como resultado de ello, los activos de la empresa serán más bajos mientras que la rotación del activo será más alta.

Ejemplo 4.9. Determinación del ciclo operativo y el ciclo de efectivo

Con la información extraída de los estados financieros de la empresa Hazzar S.A., que se indica a continuación, calcular el ciclo operativo y el ciclo de efectivo.

En dólares americanos

Partida	Inicial	Final	Promedio
Inventario	28.000	35.000	31.500
Cuentas por cobrar	20.000	24.000	22.000
Cuentas por pagar	8.000	12.000	10.000
Ventas netas	148.000		
Costo de ventas	121.000		

$$\text{Rotación del inventario} = \frac{\text{Costo de ventas}}{\text{Inventario promedio}} = \frac{121.000}{31.500} = 3,84 \text{ veces}$$

$$\text{Rotación cuentas por cobrar} = \frac{\text{Ventas}}{\text{Cuentas por cobrar}} = \frac{148.000}{22.000} = 6,73 \text{ veces}$$

$$\text{Rotación cuentas por pagar} = \frac{\text{Costo de ventas}}{\text{Cuentas por pagar}} = \frac{121.000}{10.000} = 12,10 \text{ veces}$$

$$\text{Período del inventario} = \frac{365}{3,84} = 95 \quad \text{días}$$

$$\text{Período de cobro} = \frac{365}{6,73} = 54 \quad \text{días}$$

$$\text{Período de pago} = \frac{365}{12,10} = 30 \quad \text{días}$$

Ciclo operativo = Período del inventario + Periodo de cobro

Ciclo operativo = 95 días + 54 días = 149 días

Esto nos indica que en promedio transcurren 149 días entre el momento que adquirimos el inventario y cobramos las ventas.

Ciclo de efectivo = Ciclo operativo – Periodo de pago

Ciclo efectivo = 149 días – 30 días = 119 días

Esto nos indica que en promedio, existe 119 días entre el momento en que pagamos los inventarios y el momento en que cobramos las ventas.

4.11.   Indicadores de rentabilidad

La rentabilidad desempeña un papel central en el análisis de estados financieros. Esto se debe a que es el área de mayor interés para los accionistas y porque los excedentes generados por las operaciones garantizan el cumplimiento de las obligaciones adquiridas a corto y largo plazo.

Los índices de rentabilidad tienen como finalidad medir el rendimiento de los recursos invertidos en una empresa.

Margen de utilidad bruta

El margen de utilidad bruta expresa la relación entre la utilidad bruta y las ventas.

$$\text{Margen de utilidad bruta} = \frac{\text{Utilidad bruta}}{\text{Ventas}}$$

Esta razón nos indica cuantas unidades monetarias se obtiene de utilidad bruta por cada unidad monetaria de ventas o el porcentaje de utilidad bruta obtenida respecto a las ventas.

Margen de utilidad operativa

El margen de utilidad operativa expresa la relación entre la utilidad antes de intereses e impuestos (EBIT) y las ventas. Indica el margen de utilidad proveniente de la actividad principal de la empresa sin considerar el costo financiero ni los impuestos.

$$\text{Margen de utilidad operativa} = \frac{\text{EBIT}}{\text{Ventas}}$$

Margen de utilidad neta

El margen de utilidad neta expresa la relación entre la utilidad neta y las ventas.

$$\text{Margen de utilidad neta} = \frac{\text{Utilidad neta}}{\text{Ventas}}$$

Este indicador también se lo conoce como rendimiento respecto a las ventas (ROS – Return on sales).

Rendimiento sobre las inversiones (ROI – Return on investments

El rendimiento sobre las inversiones indica la relación entre la utilidad antes de intereses e impuesto (EBIT) y el total del activo.

$$\text{Rendimiento sobre las inversiones (ROI)} = \frac{\text{EBIT}}{\text{Activo}}$$

El ROI mide la utilidad generada por el activo independientemente de cómo se financie el mismo, es decir sin tomar en cuenta los intereses de la deuda.

Rendimiento sobre los activos (ROA – Return on assets)

El rendimiento sobre los activos indica la relación entre la utilidad neta y el total de la inversión de una empresa, es decir el total del activo.

$$\text{Rendimiento sobre los activos (ROA)} = \frac{\text{Utilidad neta}}{\text{Activo}}$$

El rendimiento obtenido por una empresa durante un determinado período de tiempo se puede asociar con la inversión que, en promedio, ha estado realmente disponible para la empresa a lo largo de ese tiempo. Así, salvo que el activo total no experimente cambios significativos durante el período, será necesario calcular un promedio del mismo, el cual se obtiene sumando el activo total al inicio del período con el activo total al final del mismo y dividiendo entre dos. Cuando se dispone de datos, un cálculo más exacto, es el promedio de los saldos a final de mes, que se obtiene sumando el activo total al final de cada mes y dividido el total entre doce o también se puede obtener un promedio trimestral.

$$\text{Rendimiento sobre los activos (ROA)} = \frac{\text{Utilidad neta}}{\text{Activo promedio}}$$

El rendimiento sobre los activos se puede dividir en dos razones, multiplicando por ventas el numerador y denominador y variando el orden de los factores.

$$ROA = \frac{Utilidad\ neta}{Activo} \times \frac{Ventas}{Ventas}$$

$$ROA = \frac{Utilidad\ neta}{Ventas} \times \frac{Ventas}{Activo}$$

ROA = Margen de utilidad neta x Rotación del activo

Esta expresión nos indica que el rendimiento sobre los activos depende de dos factores, del margen de utilidad neta y de la rotación del activo.

El margen de utilidad neta mide los resultados de explotación. La rotación del activo es una medida para determinar con que eficiencia se utilizan los activos.

De acuerdo a esta relación, hay dos maneras de aumentar la rentabilidad de una empresa:

* Vender productos a precios elevados que aunque tengan una baja rotación tengan un alto margen de utilidad neta, es el caso de las prendas de vestir de alta calidad o las perfumerías.

* Vender el mayor número de unidades que permitan una alta rotación pero un bajo margen de utilidad neta, es el caso de los supermercados.

Los sectores con utilización intensiva de capital, como la fabricación de automóviles o la industria química, que tienen altas inversiones y en consecuencia baja de rotación de activos, deben obtener altos márgenes de utilidad neta para obtener una rentabilidad adecuada.

Ejemplo 4.10. **Descomposición del ROA**

A continuación se presenta información de tres empresas, con diferentes márgenes de utilidad neta y rotación del activo, pero que tienen el mismo rendimiento sobre los activos.

	Empresa A	Empresa B	Empresa C
Ventas	50.000	100.000	100.000
Utilidad neta	5.000	5.000	8.000
Activo total	50.000	50.000	80.000
Margen de utilidad neta	10%	5%	8%
Rotación del activo	1	2	1,25
ROA	10%	10%	10%

Las tres empresas tienen un rendimiento sobre los activos del 10%. La empresa A tiene un margen de utilidad neta relativamente alto y una baja rotación de activos. La empresa B tiene un margen de utilidad neta que es la mitad de la empresa A y el doble de rotación de activos. La empresa C obtiene un ROA de 10% con una margen de utilidad neta y rotación de activos diferentes a las otras empresas.

Ejemplo 4.11. Descomposición del ROA

Se cuenta con la siguiente información de dos empresas del mismo sector.

	Empresa A	Empresa B
Ventas	10.000	50.000
Utilidad neta	1.000	1.000
Activo total	100.000	100.000
Margen de utilidad neta	10%	2%
Rotación del activo	0,1	0,5
ROA	1%	1%

Ambas empresas tienen un bajo rendimiento sobre los activos. Si se trata de mejorar el rendimiento sobre los activos, las medidas que deberían adoptar cada empresa serán diferentes.

En el caso de la empresa A se tendría que averiguar porque es tan baja la rotación del activo, si existen activos improductivos o activos con bajo rendimiento. Esta empresa puede incrementar la rentabilidad si se concentra en mejorar la rotación del activo (aumentando las ventas y/o reduciendo el activo) que si trata de elevar el margen de utilidad neta.

En el caso de la empresa B se tendría que averiguar las razones del bajo margen de utilidad neta, que puede ser por ineficiencia de los equipos o métodos de producción que ocasionan altos costos de producción, líneas de productos no rentables, baja utilización de la capacidad instalada o gastos de administración y de comercialización excesivos.

Ejemplo 4.12. Descomposición del ROA

Se cuenta con la siguiente información de una empresa, sobre la descomposición del rendimiento sobre los activos.

Año	$\dfrac{\text{Utilidad neta}}{\text{Ventas}}$	x	$\dfrac{\text{Ventas}}{\text{Activo}}$	=	ROA
2011	12,80%	x	1,25	=	16,00%
2012	11,50%	x	1,20	=	13,80%

Se puede observar que el ROA ha disminuido a causa de un menor margen de utilidad neta y una menor rotación del activo.

Para aumentar el ROA se podría aumentar el precio de venta y/o reducir los costos y así incrementar el margen de utilidad neta. Otra alternativa sería aumentar la rotación del activo vendiendo más y/o reduciendo el activo.

Rendimiento sobre el capital (ROE – Return on equity)

El rendimiento sobre el capital indica la relación entre la utilidad neta y el patrimonio neto.

$$\text{Rendimiento sobre el capital (ROE)} = \frac{\text{Utilidad neta}}{\text{Patrimonio neto}}$$

La diferencia entre el ROA y el ROE es el reflejo del uso del financiamiento mediante deuda o apalancamiento financiero. La relación que existe entre estos dos indicadores se determina multiplicando el numerador y denominador de la formula del ROE por el total de activos y variando el orden de los factores.

$$ROE = \frac{\text{Utilidad neta}}{\text{Patrimonio neto}}$$

$$ROE = \frac{\text{Utilidad neta}}{\text{Patrimonio neto}} \times \frac{\text{Activo}}{\text{Activo}}$$

$$ROE = \frac{\text{Utilidad neta}}{\text{Activo}} \times \frac{\text{Activo}}{\text{Patrimonio neto}}$$

$$ROE = ROA \times \text{Apalancamiento financiero}$$

$$ROE = ROA \times (1 + \text{Pasivo} / \text{Patrimonio neto})$$

$$ROE = ROA \times (1 + D/E)$$

Ejemplo 4.13.   Cálculo de indicadores de rentabilidad

Determinar los indicadores de rentabilidad de la empresa Brandal S.A. para la gestión 2010, en base a los estados financieros que se presenta a continuación.

Brandal S.A.

BALANCE GENERAL
En dólares americanos

	2009	2010		2009	2010
ACTIVO CIRCULANTE			PASIVO CIRCULANTE		
Efectivo	1.840	2.560	Cuentas por pagar	6.850	8.920
Cuentas por cobrar	3.620	4.850	Prestamos bancarios	5.100	3.500
Inventarios	8.640	10.930		11.950	12.420
	14.100	18.340	PASIVO A LARGO PLAZO		
ACTIVO FIJO			Deuda a largo plazo	11.650	18.500
Edificaciones y equipo neto	60.100	72.030	TOTAL PASIVO	23.600	30.920
			PATRIMONIO NETO		
			Capital	15.000	18.000
			Utilidades acumuladas	35.600	41.450
			TOTAL PATRIMONIO	50.600	59.450
TOTAL ACTIVO	74.200	90.370	TOTAL PASIVO Y PATRIM.	74.200	90.370

Brandal S.A.

ESTADO DE RESULTADOS
Al 31 de diciembre de 2010
En dólares americanos

Ventas		86.380
(-) Costo de ventas		58.510
Utilidad bruta		27.870
(-) Gastos de operación		7.630
(-) Depreciación		5.520
Utilidad antes de intereses e impuestos (EBIT)		14.720
(-) Intereses		1.720
Utilidad antes de impuestos (EBT)		13.000
(-) Impuesto a las utilidades (25%)		3.250
Utilidad neta		9.750
Dividendos	3.900	
Reinversión de utilidades	5.850	

$$\text{Margen de utilidad bruta} = \frac{\text{Utilidad bruta}}{\text{Ventas}} = \frac{27.870}{86.380} = 0,3226 = 32,26\%$$

Esta razón indica que por cada dólar de venta la empresa obtiene una utilidad bruta de US$ 0,32 ó que la empresa genera una utilidad bruta de 32,26% respecto a las ventas.

$$\text{Margen de utilidad operativa} = \frac{\text{EBIT}}{\text{Ventas}} = \frac{14.720}{86.380} = 0,1704 = 17,04\%$$

Esta razón indica que por cada dólar de venta la empresa obtiene una utilidad antes de intereses e impuestos de US$ 0,17 ó que la empresa genera una utilidad operativa de 17,04% respecto a las ventas.

$$\text{Margen de utilidad neta} = \frac{\text{Utilidad neta}}{\text{Ventas}} = \frac{9.750}{86.380} = 0,1129 = 11,29\%$$

Esta razón indica que por cada dólar de venta la empresa genera una utilidad neta de de US$ 0,11 ó que la empresa genera una utilidad neta de 11,29% respecto a las ventas.

$$\text{Rendimiento sobre las inversiones (ROI)} = \frac{\text{EBIT}}{\text{Activo}} = \frac{14.720}{90.370} = 0,1629 = 16,29\%$$

Este indicador señala que la utilidad operativa representa el 16,29% del total del activo.

$$\text{Rendimiento sobre los activos (ROA)} = \frac{\text{Utilidad neta}}{\text{Activo}} = \frac{9.750}{90.370} = 0,1079 = 10,79\%$$

Este indicador señala que la utilidad neta representa el 10,79% del total del activo.

$$\text{Rendimiento sobre el capital (ROE)} = \frac{\text{Utilidad neta}}{\text{Patrimonio neto}} = \frac{9.750}{59.450} = 0,1640 = 16,40\%$$

Este indicador señala que la utilidad neta representa el 16,40% del patrimonio neto.

4.12. Modelo Du Pont

Podemos descomponer aun más el ROE, multiplicando el numerador y denominador por las ventas y variando el orden de los factores.

$$\text{ROE} = \frac{\text{Utilidad neta}}{\text{Activo}} \times \frac{\text{Activo}}{\text{Patrimonio neto}} \times \frac{\text{Ventas}}{\text{Ventas}}$$

$$\text{ROE} = \frac{\text{Utilidad neta}}{\text{Ventas}} \times \frac{\text{Ventas}}{\text{Activo}} \times \frac{\text{Activo}}{\text{Patrimonio neto}}$$

$$\text{ROE} = \text{Margen utilidad neta} \times \text{Rotación del activo} \times \text{Apalancamiento financiero}$$

Esta relación se la conoce como Modelo Du Pont, el cual nos indica que el ROE se ve afectado por tres aspectos:

1) Eficiencia operativa, que se mide por el margen de utilidad neta.

2) Eficiencia en el uso de los activos, que se mide por la rotación del activo.

3) Nivel de endeudamiento, que se mide por el apalancamiento financiero.

La descomposición del ROE es una forma sistemática de enfocar el análisis de rentabilidad. Si el ROE resulta insatisfactorio, el modelo Du Pont nos indica donde buscar el porqué. Si el ROE ha disminuido, sería importante saber cual de estos factores han influido en esta caída.

Si se quiere aumentar el ROE se puede considerar las siguientes alternativas:

*   Aumentar el margen de utilidad neta, incrementando los precios, reduciendo los costos, potenciando la venta de productos que tengan mayor margen o una combinación de estos.

*   Aumentar la rotación del activo, incrementando las ventas, reduciendo el activo o ambos.

*   Aumentar el apalancamiento financiero, es decir incrementar la deuda, siempre y cuando el rendimiento sobre las inversiones (ROI) sea mayor al costo financiero de la deuda bancaria y financiera.

4.13. Indicadores bursátiles

Los indicadores bursátiles o denominados también indicadores de mercado se utilizan en empresas que cotizan en la bolsa de valores.

Los indicadores bursátiles más importantes son los siguientes:

$$\text{Utilidad por acción (EPS)} = \frac{\text{Utilidad neta}}{\text{Numero de acciones}}$$

$$\text{Dividendo por acción (DPS)} = \frac{\text{Dividendo total}}{\text{Numero de acciones}}$$

$$\text{Razón precio utilidad (PER)} = \frac{\text{Precio por acción}}{\text{Utilidad por acción}}$$

$$\text{Valor en libros por acción} = \frac{\text{Patrimonio neto}}{\text{Numero de acciones}}$$

$$\text{Razón valor de mercado a valor en libros} = \frac{\text{Valor de mercado}}{\text{Valor en libros}}$$

Donde:
EPS - Earnings per share
DPS - Dividends per share
PER - Price earning ratio

4.14. Indicadores multidimensionales

Los indicadores multidimensionales son indicadores que han sido desarrollados en base a datos estadísticos.

Este tipo de indicadores permite una evaluación global de la situación económica financiera de una empresa, con la utilización simultanea de varias razones financieras.

Entre los estudios de este tipo el más conocido es el Modelo Z de Altman. Este modelo se basa en un índice compuesto por varias razones financieras que permite diferenciar las empresas en buena situación de las empresas con problemas financieros.

Este modelo se construyó a través de la investigación de un gran número de empresas, obteniéndose un índice que señala la probabilidad que tiene una empresa de incumplimiento de pagos.

El Modelo de Altman relaciona el posible incumplimiento de pagos con varias causas, con la liquidez de la empresa, la política de reinversión de utilidades, la rentabilidad de la inversión, el respaldo patrimonial y la rotación de activos.

El índice Z de Altman se calcula con la siguiente formula:

$$Z = 1,20\,\frac{\text{C.T.N.}}{\text{Activo}} + 1,40\,\frac{\text{Utilidades retenidas}}{\text{Activo}} + 3,30\,\frac{\text{EBIT}}{\text{Activo}} + 0,60\,\frac{\text{Patrimonio neto}}{\text{Pasivo}} + 1\,\frac{\text{Ventas}}{\text{Activo}}$$

Indicador de liquidez	Indicador de reinversión utilidades	Indicador de rentabilidad	Indicador de endeudamiento	Indicador de eficiencia

Mientras más alto sea el valor de Z mejor es la salud financiera de una empresa.

Si Z > 3	No hay peligro de incumplimiento de pagos
Si 1,8 < Z < 3	La situación es dudosa
Si Z < 1,8	Existe alta probabilidad de incumplimiento de pagos

Ejemplo 4.14. **Cálculo de indicadores bursátiles y multidimensiones**

Determinar los indicadores bursátiles y el índice Z de Altman de la empresa Akrom S.A. para la gestión 2009, cuyos estados financieros son los siguientes:

Akrom S.A.

BALANCE GENERAL
En dólares americanos

	2008	2009		2008	2009
ACTIVO CIRCULANTE			PASIVO CIRCULANTE		
Efectivo	10.736	15.337	Cuentas por pagar	38.344	66.259
Cuentas por cobrar	46.012	53.681	Prestamos bancarios	72.086	69.018
Inventarios	70.552	70.552		110.429	135.277
	127.301	139.571	PASIVO A LARGO PLAZO		
ACTIVO FIJO			Bonos por pagar	10.736	18.405
Edificaciones y equipo neto	165.644	202.454	TOTAL PASIVO	121.166	153.682
			PATRIMONIO NETO		
			Capital	85.000	85.000
			Prima emisión de acciones	30.092	30.092
			Utilidades acumuladas	56.687	73.251
			TOTAL PATRIMONIO	171.779	188.343
TOTAL ACTIVO	292.945	342.025	TOTAL PASIVO Y PATR.	292.945	342.025

Akrom S.A.

ESTADO DE RESULTADOS
Al 31 de diciembre de 2009
En dólares americanos

Ventas	337.423
(-) Costo de ventas	199.387
Utilidad bruta	138.037
(-) Gastos de operación	64.417
(-) Depreciación	23.006
Utilidad antes de intereses e impuestos (EBIT)	50.613
(-) Intereses	13.804
Utilidad antes de impuestos (EBT)	36.810
(-) Impuesto a las utilidades (25%)	9.202
Utilidad neta	27.607

Dividendos (40%)	11.043
Utilidades retenidas (60%)	16.564
Numero de acciones en circulación	10.000
Valor de mercado de las acciones	20

$$\text{Utilidad por acción (EPS)} = \frac{\text{Utilidad neta}}{\text{Numero de acciones}} = \frac{27.607}{10.000} = 2,76$$

$$\text{Dividendo por acción (DPS)} = \frac{\text{Dividendo total}}{\text{Numero de acciones}} = \frac{11.043}{10.000} = 1,10$$

$$\text{Razón precio utilidad (PER)} = \frac{\text{Precio por acción}}{\text{Utilidad por acción}} = \frac{20}{2,76} = 7,24$$

$$\text{Valor en libros por acción} = \frac{\text{Patrimonio neto}}{\text{Numero de acciones}} = \frac{188.343}{10.000} = 18,83$$

$$\text{Razón valor de mercado a valor en libros} = \frac{\text{Valor de mercado}}{\text{Valor en libros}} = \frac{20}{18,83} = 1,06$$

El índice Z de Altman se calcula de la siguiente manera:

$$Z = 1,20\frac{\text{CTN}}{\text{Activo}} + 1,40\frac{\text{Utilidades retenidas}}{\text{Activo}} + 3,30\frac{\text{EBIT}}{\text{Activo}} + 0,60\frac{\text{Patrimonio neto}}{\text{Pasivo}} + 1\frac{\text{Ventas}}{\text{Activo}}$$

$$Z = 1,20\frac{4.293}{342.025} + 1,40\frac{73.251}{342.025} + 3,30\frac{50.613}{342.025} + 0,60\frac{188.343}{153.682} + 1\frac{337.423}{342.025}$$

$$Z = 2,53$$

4.15. Análisis financiero integral

Para efectuar un análisis financiero integral se debe utilizar los métodos e indicadores financieros que se han expuesto, que se resume en lo siguiente:

- Análisis vertical de los estados financieros, determinando los porcentajes de cada partida respecto al total del activo en el balance general y respecto a las ventas en el estado de resultados.

- Análisis horizontal de los estados financieros, determinando las variaciones absolutas y relativas de una gestión a otra.

- Análisis de razones financieras, determinando los indicadores financieros de liquidez, endeudamiento, eficiencia, rentabilidad, bursátiles y multidimensionales.

- Efectuar comparaciones con datos de otras empresas del sector o con el promedio del sector.

- Elaborar graficas para ilustrar el comportamiento de los distintos indicadores financieros.

Modelo de análisis financiero

El modelo de análisis financiero que se presenta a continuación permite un análisis integral de la situación económica financiera de una empresa.

ANALISIS DE ESTADOS FINANCIEROS

NOMBRE / RAZÓN SOCIAL:	FECHA INICIO DE ACTIVIDADES:
TIPO DE SOCIEDAD:	REGISTRO TRIBUTARIO:
ACTIVIDAD:	REGISTRO MUNICIPAL:

BALANCE GENERAL
En dólares americanos

CONCEPTO	31 de Diciembre de 2010		31 de Diciembre de 2011		31 de Diciembre de 2012		VARIACIÓN 2010-2011		VARIACIÓN 2011-2012	
	MONTO	%	MONTO	%	MONTO	%	ABSOLUTA	RELATIVA	ABSOLUTA	RELATIVA
ACTIVO										
ACTIVO CIRCULANTE	0	0,0%	0	0,0%	0	0,0%	0	0,0%	0	0,0%
Efectivo		0,0%		0,0%		0,0%	0	0,0%	0	0,0%
Inversiones temporarias		0,0%		0,0%		0,0%	0	0,0%	0	0,0%
Cuentas por cobrar		0,0%		0,0%		0,0%	0	0,0%	0	0,0%
Inventarios		0,0%		0,0%		0,0%	0	0,0%	0	0,0%
Otros activos circulantes		0,0%		0,0%		0,0%	0	0,0%	0	0,0%
ACTIVO FIJO	0	0,0%	0	0,0%	0	0,0%	0	0,0%	0	0,0%
Activo fijo bruto		0,0%		0,0%		0,0%	0	0,0%	0	0,0%
(-) Depreciación acumulada		0,0%		0,0%		0,0%	0	0,0%	0	0,0%
OTROS ACTIVOS	0	0,0%	0	0,0%	0	0,0%	0	0,0%	0	0,0%
Inversiones permanentes		0,0%		0,0%		0,0%	0	0,0%	0	0,0%
Gastos pagados por anticipado		0,0%		0,0%		0,0%	0	0,0%	0	0,0%
Gastos diferidos		0,0%		0,0%		0,0%	0	0,0%	0	0,0%
Otros activos		0,0%		0,0%		0,0%	0	0,0%	0	0,0%
TOTAL ACTIVO	0	0,0%	0	0,0%	0	0,0%	0	0,0%	0	0,0%
PASIVO										
PASIVO CIRCULANTE	0	0,0%	0	0,0%	0	0,0%	0	0,0%	0	0,0%
Cuentas por pagar		0,0%		0,0%		0,0%	0	0,0%	0	0,0%
Deudas bancarias y financieras		0,0%		0,0%		0,0%	0	0,0%	0	0,0%
Porción corriente deuda L.P.		0,0%		0,0%		0,0%	0	0,0%	0	0,0%
Intereses por pagar		0,0%		0,0%		0,0%	0	0,0%	0	0,0%
Deudas fiscales y sociales		0,0%		0,0%		0,0%	0	0,0%	0	0,0%
Otros pasivos circulantes		0,0%		0,0%		0,0%	0	0,0%	0	0,0%
PASIVO LARGO PLAZO	0	0,0%	0	0,0%	0	0,0%	0	0,0%	0	0,0%
Deudas bancarias y financieras		0,0%		0,0%		0,0%	0	0,0%	0	0,0%
Previsión para indemnizaciones		0,0%		0,0%		0,0%	0	0,0%	0	0,0%
Otros pasivos a largo plazo		0,0%		0,0%		0,0%	0	0,0%	0	0,0%
TOTAL PASIVO	0	0,0%	0	0,0%	0	0,0%	0	0,0%	0	0,0%
PATRIMONIO NETO										
Capital		0,0%		0,0%		0,0%	0	0,0%	0	0,0%
Superávit emisión de acciones		0,0%		0,0%		0,0%	0	0,0%	0	0,0%
Reservas		0,0%		0,0%		0,0%	0	0,0%	0	0,0%
Ajuste del patrimonio		0,0%		0,0%		0,0%	0	0,0%	0	0,0%
Utilidades acumuladas		0,0%		0,0%		0,0%	0	0,0%	0	0,0%
TOTAL PATRIMONIO NETO	0	0,0%	0	0,0%	0	0,0%	0	0,0%	0	0,0%
TOTAL PASIVO Y PATRIMONIO	0	0,0%	0	0,0%	0	0,0%	0	0,0%	0	0,0%

ESTADO DE RESULTADOS
En dólares americanos

CONCEPTO	31 de Diciembre de 2010		31 de Diciembre de 2011		31 de Diciembre de 2012		VARIACIÓN 2010-2011		VARIACIÓN 2011-2012	
	MONTO	%	MONTO	%	MONTO	%	ABSOLUTA	RELATIVA	ABSOLUTA	RELATIVA
Ingreso por ventas		0,0%		0,0%		0,0%	0	0,0%	0	0,0%
(-) Costo de ventas		0,0%		0,0%		0,0%	0	0,0%	0	0,0%
UTILIDAD BRUTA	0	0,0%	0	0,0%	0	0,0%	0	0,0%	0	0,0%
(-) GASTOS DE OPERACIÓN	0	0,0%	0	0,0%	0	0,0%	0	0,0%	0	0,0%
Gastos de administración		0,0%		0,0%		0,0%	0	0,0%	0	0,0%
Gastos de comercialización		0,0%		0,0%		0,0%	0	0,0%	0	0,0%
Depreciación		0,0%		0,0%		0,0%	0	0,0%	0	0,0%
UTILIDAD OPERATIVA (EBIT)	0	0,0%	0	0,0%	0	0,0%	0	0,0%	0	0,0%
(-) Intereses		0,0%		0,0%		0,0%	0	0,0%	0	0,0%
(+) Otros ingresos		0,0%		0,0%		0,0%	0	0,0%	0	0,0%
(-) Otros gastos		0,0%		0,0%		0,0%	0	0,0%	0	0,0%
UTILIDAD ANTES DE IMPTOS	0	0,0%	0	0,0%	0	0,0%	0	0,0%	0	0,0%
Impuesto a las utilidades		0,0%		0,0%		0,0%	0	0,0%	0	0,0%
UTILIDAD NETA	0	0,0%	0	0,0%	0	0,0%	0	0,0%	0	0,0%

INDICADORES FINANCIEROS

INDICADOR	FORMULA	ANOS 2010	2011	2012	PROMEDIO INDUSTRIA	EVALUACIÓN A	M	B
INDICADORES DE LIQUIDEZ								
Capital de trabajo neto	Activo circulante - Pasivo circul.	0	0	0				
Razón del capital de trabajo neto	Capital de trabajo neto / Activo	0,00	0,00	0,00				
Razón circulante	Activo circulante / Pasivo circulante	0,00	0,00	0,00				
Prueba ácida	Activo circulante - Inventarios / Pasivo circulante	0,00	0,00	0,00				
Razón de efectivo	Efectivo / Pasivo circulante	0,00	0,00	0,00				
INDICADORES DE ENDEUDAMIENTO								
Razón deuda activos	Pasivo / Activo	0,00	0,00	0,00				
Razón deuda patrimonio	Pasivo / Patrimonio neto	0,00	0,00	0,00				
Apalancamiento financiero	Activo / Patrimonio neto	0,00	0,00	0,00				
Razón de cobertura de intereses	EBIT / Intereses	0,00	0,00	0,00				
Razón de cobertura de efectivo	EBIT + Depreciación / Intereses	0,00	0,00	0,00				
Razón de cobertura de la deuda	Utilidad neta + Depreciación / Pasivo circulante con costo	0,00	0,00	0,00				
Costo promedio de la deuda	Intereses / Pasivo promedio con costo	0,00%	0,00%	0,00%				
INDICADORES DE EFICIENCIA								
Rotación del activo	Ventas / Activo	0,00	0,00	0,00				
Rotación del activo fijo	Ventas / Activo fijo	0,00	0,00	0,00				
Rotación del activo circulante	Ventas / Activo circulante	0,00	0,00	0,00				
Rotación de cuentas por cobrar	Ventas / Cuentas por cobrar	0,00	0,00	0,00				
Periodo de cobro (dias)	365 / Rotación cuentas por cobrar	0,00	0,00	0,00				
Rotación de inventarios	Costo de ventas / Inventario promedio	0,00	0,00	0,00				
Período del inventario (dias)	365 / Rotación de inventarios	0,00	0,00	0,00				
Rotación de cuentas por pagar	Costo de ventas / Cuentas por pagar	0,00	0,00	0,00				
Periodo de pago (dias)	365 / Rotación cuentas por pagar	0,00	0,00	0,00				
Ciclo operativo	Periodo invent. + Periodo cobro	0,00	0,00	0,00				
Ciclo de efectivo	Ciclo operativo - Periodo pago	0,00	0,00	0,00				
Indice de morosidad	Cuentas por cobrar vencidas / Cuentas por cobrar							
Indice de previsión cuentas incobrables	Previsión cuentas incobrables / Cuentas por cobrar							

(*) Marque con X según el indicador del ultimo año sea alto (A), medio (M) o bajo (B) con respecto al promedio de la industria o al estandar establecido

INDICADORES FINANCIEROS

INDICADOR	FORMULA	ANOS			PROMEDIO INDUSTRIA	EVALUACIÓN		
		2010	2011	2012		A	M	B
INDICADORES DE RENTABILIDAD:								
Margen de utilidad bruta	Utilidad bruta / Ventas	0,00%	0,00%	0,00%				
Margen de utilidad operativa	EBIT / Ventas	0,00%	0,00%	0,00%				
Margen de utilidad neta	Utilidad neta / Ventas	0,00%	0,00%	0,00%				
Rendimiento sobre las inversiones - ROI	EBIT / Activo	0,00%	0,00%	0,00%				
Rendimiento sobre los activos - ROA	Utilidad neta / Activo	0,00%	0,00%	0,00%				
Rendimiento sobre el capital - ROE	Utilidad neta / Patrimonio neto	0,00%	0,00%	0,00%				
INDICADORES MULTIDIMENSIONALES								
Indice Z de Altman	1,2 CTN/Activo + 1,4 Utilidades acum/Activos + 3,3 EBIT/Activo + 0,6 Patrimonio/Pasivo + 1,0 Ventas/Activo	0,00	0,00	0,00				
INDICADORES BURSATILES								
Utilidad por acción - EPS	Utilidad neta / Numero de acciones							
Dividendo por acción - DPS	Dividendo total / Numero de acciones							
Razón precio utilidad - PER	Precio por acción / Utilidad por acción							
Razón valor de mercado a valor libros	Valor de mercado por acción / Valor en libros por acción							
OTROS INDICADORES								
% Utilización capacidad instalada	Volumen de producción / Capacidad instalada							
Antigüedad media del activo fijo	Depreciación acumulada / Depreciación anual	0,00	0,00	0,00				
Crecimiento de las ventas	Ventas año n / Ventas año n - 1 − 1		0,00%	0,00%				
Punto de equilibrio (unid. monetarias)	Costo fijo / 1 - (Costo variable / Ventas)							
Cobertura del punto de equilibrio	Ventas / Punto de equilibrio	0,00	0,00	0,00				

(*) Marque con X según el indicador del ultimo año sea alto (A), medio (M) o bajo (B) con respecto al promedio de la industria o al estandar establecido

DESCOMPOSICIÓN DEL ROE

Año	ROE =	Utilidad neta / Ventas	x	Ventas / Activo	x	Activo / Patrimonio neto
2010	=		x		x	
2011	=		x		x	
2012	=		x		x	

Medidas para mejorar la situación económica financiera de una empresa

Efectuado el diagnóstico de la situación económica financiera de una empresa será importante recomendar medidas para solucionar los problemas que se han identificado y mejorar la situación de la empresa.

A continuación se presenta una lista de las posibles medidas que se pueden adoptar:

Medidas para optimizar inversiones

a) Reducción de activos fijos

- Venta de activos improductivos
- Subcontratar etapas del proceso productivo

b) Reducción de inventarios

- Reducción del periodo del inventario
- Liquidar mercaderías deterioradas, obsoletas o pasadas de moda
- Aumentar la frecuencia de aprovisionamiento de materias primas
- Comprar solo lo que se necesita
- Adoptar el sistema de inventarios justo a tiempo (just in time)
- Almacenar materia prima en instalaciones del proveedor

c) Reducción de cuentas por cobrar

- Reducir el plazo de venta a crédito (reducción del periodo de cobro)
- Aplicar descuentos por pronto pago
- Utilizar el factoring de cuentas por cobrar
- Seleccionar clientes
- No pagar comisiones a los vendedores hasta que se cobre de los clientes
- Ajustar la política de cobranza

d) Optimizar gestión de tesorería

- Reducir número de cuentas bancarias
- Negociar mejores condiciones con los bancos
- Conectarse informáticamente con los bancos

Medidas para optimizar el financiamiento

a) Selección de fuentes de financiamiento mas baratas

b) Incremento de capital para recompra de la deuda

c) Aumentar el porcentaje de reinversión de utilidades

d) Utilizar financiamiento mediante líneas de crédito en lugar de préstamos

e) Ampliar el periodo de pago a proveedores

Medidas para optimizar costos

a) Incrementar ventas para diluir el efecto de los costos fijos, buscando economías de escala

b) Reducción del costo de ventas o costo de producción

- Negociar condiciones óptimas con los proveedores
- Simplificar proceso productivo
- Evaluación del diseño de los productos
- Capacitar al personal en el uso de maquinas y materias primas
- Optimizar embalaje y envíos de mercadería
- Optimización y control del transporte de materia prima
- Cargar a los clientes los costos de transporte

c) Optimización costos del personal

- Revisión de las funciones del personal
- Eliminar los cargos o puestos innecesarios
- Crear centros de responsabilidad
- Implementar plan de incentivos para el personal por incremento de la productividad
- Evitar reuniones ineficaces
- Preparar las reuniones con antelación para rentabilizarlas
- Hacer los viajes estrictamente necesarios
- Utilizar videoconferencias para reducir costos de viajes y tiempos de desplazamiento

d) Reducción de gastos de operación

- Renegociar alquileres con los propietarios
- Alquilar espacios no utilizados
- Alquilar maquinaria y equipo que no están siendo utilizados
- Control del material de oficina
- Asignar el material de oficina y fotocopias a centros de responsabilidad
- Instalar centrales telefónicas que controlen las llamadas que hacen los empleados
- Evaluar y controlar los gastos legales
- Diseño o revisión del sistema de control interno

Estudio de caso – Empresa de telecomunicaciones S.A.

A continuación se presenta los estados financieros de una empresa dedicada a telecomunicaciones, a efectos de analizar su situación económica financiera.

BALANCE GENERAL
En dólares americanos

DETALLE	2009	2010	DETALLE	2009	2010
ACTIVO			**PASIVO**		
ACTIVO CORRIENTE	**386.464.571**	**356.472.603**	**PASIVO CORRIENTE**	**62.921.804**	**61.312.652**
Disponibilidades	14.788.654	9.437.986	Deudas comerciales	29.114.975	31.964.881
Inversiones temporarias	275.273.661	256.356.082	Deudas fiscales y sociales	20.166.597	12.263.384
Cuentas por cobrar comerciales	71.541.277	68.529.137	Previsiones y provisiones	4.034.002	3.951.172
Otras cuentas por cobrar	19.376.866	18.625.014	Otras cuentas por pagar	9.388.606	13.075.247
Inventarios	5.484.112	3.524.384	Prestamos bancarios	217.624	57.969
Telefonos celulares y accesorios	3.691.865	2.676.706	**PASIVO LARGO PLAZO**	**6.816.432**	**5.790.638**
Materiales y repuestos red fija	2.554.851	1.516.658	Prestamos bancarios	56.906	0
Teléfonos red fija y accesorios	1.393.155	1.025.009	Previsiones para indemnizaciones	6.759.526	5.790.638
(-) Previsión para obsolescencia	2.155.758	1.693.990	**TOTAL PASIVO**	**69.738.236**	**67.103.290**
ACTIVO FIJO	**372.943.093**	**392.046.808**	**PATRIMONIO NETO**		
Activo fijo neto	372.943.093	392.046.808	Capital pagado	176.675.697	176.675.697
OTROS ACTIVOS	**21.355.213**	**18.307.851**	Prima de emisión	323.938.014	323.938.014
Anticipo a proveedores	2.308.196	935.736	Ajuste global del patrimonio	174.606.415	173.215.912
Inversiones permanentes	13.293.668	11.559.122	Reserva legal	8.705.401	10.060.357
Cargos diferidos	2.828.048	3.820.633	Resultados acumulados	27.099.114	15.833.993
Derecho de llave	2.925.300	1.992.360	**TOTAL PATRIMONIO NETO**	**711.024.641**	**699.723.973**
TOTAL ACTIVO	**780.762.877**	**766.827.263**	**TOTAL PASIVO Y PATRIMONIO**	**780.762.877**	**766.827.263**

ESTADO DE RESULTADOS
En dólares americanos

DETALLE	2009	2010
INGRESOS		
Servicio telefónico	149.813.243	138.418.477
Servicio telegrafico y telex	22.425	11.867
Venta de celulares	1.438.311	1.801.277
Servicios especiales	14.883.101	15.726.583
Otros servicios	699.698	799.598
Participación interconexión internacional	28.724.146	26.192.977
TOTAL INGRESO BRUTO	**195.580.924**	**182.950.779**
(-) GASTOS OPERATIVOS	**175.973.018**	**170.506.982**
Particip.interconexiones y comisiones	40.801.510	39.819.519
Costo de venta de equipos celulares	4.802.775	3.442.784
Servicios personales	21.784.264	17.131.920
Servicios no personales	45.246.201	45.425.075
Depreciación y amortización	50.950.148	51.021.148
Deudores incobrables	8.596.869	10.870.203
Otros costos de operación	279.657	223.976
Otros gastos	3.511.595	2.572.358
UTILIDAD OPERATIVA	**19.607.905**	**12.443.797**
(+) OTROS INGRESOS	18.928.122	12.149.199
Ingresos y egresos financieros netos	18.928.122	12.149.199
(-) OTROS GASTOS	3.839.500	3.355.450
Otros egresos netos	2.401.897	1.894.695
Ajuste por inflación	1.437.603	1.460.755
UTILIDAD ANTES DE IMPUESTOS	**34.696.528**	**21.237.546**
(-) Impuestos a las Utilidades	5.504.019	5.403.553
UTILIDAD ANTES DEL INTERES MIN.	**29.192.509**	**15.833.993**
(-) Interes minoritario	272.673	0
UTILIDAD NETA	**28.919.836**	**15.833.993**

ESTADO DE FLUJO DE EFECTIVO
En dólares americanos

	2009	2010
FLUJO DE EFECTIVO DE ACTIVIDADES OPERATIVAS		
Utilidad neta del ejercicio	28.919.836	15.833.993
Cargos y abonos a resultados que no producen movimiento de efectivo		
Depreciación y amortización	50.950.148	51.021.148
Previsión para obsolescencia y desvalorización de inventarios	735.991	766.553
Provisión de servicios profesionales	15.936.035	13.991.645
Provisión para apoyo solidario	3.524.563	1.270.782
Previsión para indemnizaciones, neta de pagos	-1.040.691	-968.888
Devengamiento de ingresos diferidos	-86.042	
Castigo de cargos diferidos		777.154
Ajuste de la reexpresión de los dividendos pagados	-3.459.906	-1.390.502
Cambios en activos y pasivos que originan movimiento de efectivo		
Disminución en cuentas por cobrar	7.032.395	3.763.992
Incremento (Disminución) en inventarios	-1.285.686	1.193.175
Disminución (Incremento) en deudas comerciales	-6.738.947	2.849.906
Disminución de deudas fiscales y sociales	-1.532.364	-9.173.995
Disminución en provisiones y previsiones y otras cuentas por pagar	-2.867.690	-186.362
Pago a acreedores por know how	-17.719.185	-10.201.472
Total flujo de efectivo originado en actividades de operación	72.368.457	69.547.127
FLUJO DE EFECTIVO DE ACTIVIDADES DE INVERSIÓN		
Movimiento neto de títulos, valores e inversiones permanentes	13.899.719	20.652.126
Movimiento neto de activo fijo	-47.847.493	-69.589.202
Total flujo de efectivo aplicado a actividades de inversión	-33.947.774	-48.937.076
FLUJO DE EFECTIVO DE ACTIVIDADES DE FINANCIAMIENTO		
Pago de préstamos	-193.858	-216.561
Pago de dividendos	-29.361.150	-25.744.158
Total flujo de efectivo aplicado a actividades de financiamiento	-29.555.008	-25.960.719
Movimiento neto de efectivo antes de interés minoritario	8.865.675	-5.350.668
Interes minoritario	-800.054	
Disponibilidades al inicio del ejercicio	6.723.034	14.788.654
Disponibilidades al cierre del ejercicio	14.788.654	9.437.986

NOTAS A LOS ESTADOS FINANCIEROS

Inversiones temporarias

Corresponden a depósitos a plazo fijo colocado en bancos e instituciones financieras del exterior, a una tasa de interés anual que varia entre 1,78% y 4,45%, con vencimiento que varían entre 1 y 4 meses.

Cuentas por cobrar comerciales	2009	2010
Cuentas por cobrar por servicios	96.410.845	101.756.114
Cuentas por cobrar por interconexión	12.552.682	12.519.116
	108.963.527	114.275.229
Previsión para cuentas incobrables	37.422.250	45.746.092
	71.541.277	68.529.137

Este caso ha sido preparado con fines académicos y no pretende ilustrar el manejo correcto o incorrecto de la gestión administrativa. Las circunstancias e información son de una empresa real que han sido modificados.

ANALISIS DE ESTADOS FINANCIEROS

NOMBRE / RAZÓN SOCIAL:	Empresa de telecomunicaciones S.A.	FECHA INICIO DE ACTIVIDADES:	
TIPO DE SOCIEDAD:	Sociedad anónima	REGISTRO TRIBUTARIO:	
ACTIVIDAD:	Servicios de telecomunicación	REGISTRO MUNICIPAL:	

BALANCE GENERAL
En dólares americanos

CONCEPTO	31 de Diciembre de 2009		31 de Diciembre de 2010				VARIACIÓN 2009-2010		VARIACIÓN 2010-2011	
	MONTO	%	MONTO	%	MONTO	%	ABSOLUTA	RELATIVA	ABSOLUTA	RELATIVA
ACTIVO										
ACTIVO CIRCULANTE	386.464.571	49,5%	356.472.603	46,5%	0	0,0%	-29.991.967	-7,8%	0	0,0%
Efectivo	14.788.654	1,9%	9.437.986	1,2%		0,0%	-5.350.668	-36,2%	0	0,0%
Inversiones temporarias	275.273.661	35,3%	256.356.082	33,4%		0,0%	-18.917.580	-6,9%	0	0,0%
Cuentas por cobrar	71.541.277	9,2%	68.529.137	8,9%		0,0%	-3.012.140	-4,2%	0	0,0%
Inventarios	5.484.112	0,7%	3.524.384	0,5%		0,0%	-1.959.728	-35,7%	0	0,0%
Otros activos circulantes	19.376.866	2,5%	18.625.014	2,4%		0,0%	-751.852	-3,9%	0	0,0%
ACTIVO FIJO	372.943.093	47,8%	392.046.808	51,1%	0	0,0%	19.103.716	5,1%	0	0,0%
Activo fijo bruto		0,0%		0,0%		0,0%	0	0,0%	0	0,0%
(-) Depreciación acumulada		0,0%		0,0%		0,0%	0	0,0%	0	0,0%
OTROS ACTIVOS	21.355.213	2,7%	18.307.851	2,4%	0	0,0%	-3.047.362	-14,3%	0	0,0%
Inversiones permanentes	13.293.668	1,7%	11.559.122	1,5%		0,0%	-1.734.546	-13,0%	0	0,0%
Gastos pagados por anticipado	2.308.196	0,3%	935.736	0,1%		0,0%	-1.372.460	-59,5%	0	0,0%
Gastos diferidos	2.828.048	0,4%	3.820.633	0,5%		0,0%	992.585	35,1%	0	0,0%
Otros activos	2.925.300	0,4%	1.992.360	0,3%		0,0%	-932.940	-31,9%	0	0,0%
TOTAL ACTIVO	780.762.877	100,0%	766.827.263	100,0%	0	0,0%	-13.935.614	-1,8%	0	0,0%
PASIVO										
PASIVO CIRCULANTE	62.921.804	8,1%	61.312.652	8,0%	0	0,0%	-1.609.152	-2,6%	0	0,0%
Cuentas por pagar	29.114.975	3,7%	31.964.881	4,2%		0,0%	2.849.906	9,8%	0	0,0%
Deudas bancarias y financieras	217.624	0,0%	57.969	0,0%		0,0%	-159.655	-73,4%	0	0,0%
Porción corriente deuda L.P.		0,0%		0,0%		0,0%	0	0,0%	0	0,0%
Intereses por pagar		0,0%		0,0%		0,0%	0	0,0%	0	0,0%
Deudas fiscales y sociales	20.166.597	2,6%	12.263.384	1,6%		0,0%	-7.903.213	-39,2%	0	0,0%
Otros pasivos circulantes	13.422.608	1,7%	17.026.419	2,2%		0,0%	3.603.811	26,8%	0	0,0%
PASIVO LARGO PLAZO	6.816.432	0,9%	5.790.638	0,8%	0	0,0%	-1.025.794	-15,0%	0	0,0%
Deudas bancarias y financieras	56.906	0,0%	0	0,0%		0,0%	-56.906	-100,0%	0	0,0%
Previsión para indemnizaciones	6.759.526	0,9%	5.790.638	0,8%		0,0%	-968.888	-14,3%	0	0,0%
Otros pasivos a largo plazo		0,0%		0,0%		0,0%	0	0,0%	0	0,0%
TOTAL PASIVO	69.738.236	8,9%	67.103.290	8,8%	0	0,0%	-2.634.946	-3,8%	0	0,0%
PATRIMONIO NETO										
Capital	176.675.697	22,6%	176.675.697	23,0%		0,0%	0	0,0%	0	0,0%
Superávit emisión de acciones	323.938.014	41,5%	323.938.014	42,2%		0,0%	0	0,0%	0	0,0%
Reservas	8.705.401	1,1%	10.060.357	1,3%		0,0%	1.354.956	15,6%	0	0,0%
Ajuste del patrimonio	174.606.415	22,4%	173.215.912	22,6%		0,0%	-1.390.502	-0,8%	0	0,0%
Utilidades acumuladas	27.099.114	3,5%	15.833.993	2,1%		0,0%	-11.265.121	-41,6%	0	0,0%
TOTAL PATRIMONIO NETO	711.024.641	91,1%	699.723.973	91,2%	0	0,0%	-11.300.667	-1,6%	0	0,0%
TOTAL PASIVO Y PATRIMONIO	780.762.877	100,0%	766.827.263	100,0%	0	0,0%	-13.935.614	-1,8%	0	0,0%

ESTADO DE RESULTADOS
En dólares americanos

CONCEPTO	31 de Diciembre de 2009		31 de Diciembre de 2010				VARIACIÓN 2009-2010		VARIACIÓN 2010-2011	
	MONTO	%	MONTO	%	MONTO	%	ABSOLUTA	RELATIVA	ABSOLUTA	RELATIVA
Ingreso por ventas	195.580.924	100,0%	182.950.779	100,0%		0,0%	-12.630.145	-6,5%	0	0,0%
(-) Costo de ventas	112.634.750	57,6%	105.819.298	57,8%		0,0%	-6.815.452	-6,1%	0	0,0%
UTILIDAD BRUTA	82.946.174	42,4%	77.131.481	42,2%	0	0,0%	-5.814.693	-7,0%	0	0,0%
(-) GASTOS DE OPERACIÓN	63.338.268	32,4%	64.687.684	35,4%	0	0,0%	1.349.416	2,1%	0	0,0%
Gastos de administración	12.388.121	6,3%	13.666.536	7,5%		0,0%	1.278.415	10,3%	0	0,0%
Gastos de comercialización		0,0%		0,0%		0,0%	0	0,0%	0	0,0%
Depreciación	50.950.148	26,1%	51.021.148	27,9%		0,0%	71.001	0,1%	0	0,0%
UTILIDAD OPERATIVA (EBIT)	19.607.905	10,0%	12.443.797	6,8%	0	0,0%	-7.164.108	-36,5%	0	0,0%
(-) Intereses		0,0%		0,0%		0,0%	0	0,0%	0	0,0%
(+) Otros ingresos	18.928.122	9,7%	12.149.199	6,6%		0,0%	-6.778.923	-35,8%	0	0,0%
(-) Otros gastos	3.839.500	2,0%	3.355.450	1,8%		0,0%	-484.050	-12,6%	0	0,0%
UTILIDAD ANTES DE IMPTOS	34.696.528	17,7%	21.237.546	11,6%	0	0,0%	-13.458.982	-38,8%	0	0,0%
Impuesto a las utilidades	5.776.692	3,0%	5.403.553	3,0%		0,0%	-373.139	-6,5%	0	0,0%
UTILIDAD NETA	28.919.836	14,8%	15.833.993	8,7%	0	0,0%	-13.085.842	-45,2%	0	0,0%

INDICADORES FINANCIEROS

INDICADOR	FORMULA	2009	2010	2011	PROMEDIO INDUSTRIA	A	M	B
INDICADORES DE LIQUIDEZ								
Capital de trabajo neto	Activo circulante - Pasivo circul.	323.542.767	295.159.951	0		X		
Razón del capital de trabajo neto	Capital de trabajo neto / Activo	0,41	0,38	0,00		X		
Razón circulante	Activo circulante / Pasivo circulante	6,14	5,81	0,00		X		
Prueba ácida	Activo circulante - Inventarios / Pasivo circulante	6,05	5,76	0,00		X		
Razón de efectivo	Efectivo / Pasivo circulante	0,24	0,15	0,00		X		
INDICADORES DE ENDEUDAMIENTO								
Razón deuda activos	Pasivo / Activo	8,93%	8,75%	0,00%				X
Razón deuda patrimonio	Pasivo / Patrimonio neto	9,81%	9,59%	0,00%				X
Apalancamiento financiero	Activo / Patrimonio neto	1,10	1,10	0,00				X
Razón de cobertura de intereses	EBIT / Intereses	sin dato de intereses	0,00	0,00				
Razón de cobertura de efectivo	EBIT + Depreciación / Intereses	sin dato de intereses	0,00	0,00				
Razón de cobertura de la deuda	Utilidad neta + Depreciación / Pasivo circulante con costo	367,01	1.153,30	0,00		X		
Costo promedio de la deuda	Intereses / Pasivo promedio con costo	sin dato de intereses	0,00%	0,00%				
INDICADORES DE EFICIENCIA								
Rotación del activo	Ventas / Activo	0,25	0,24	0,00				X
Rotación del activo fijo	Ventas / Activo fijo	0,52	0,47	0,00				X
Rotación del activo circulante	Ventas / Activo circulante	0,51	0,51	0,00				X
Rotación de cuentas por cobrar	Ventas / Cuentas por cobrar	2,73	2,67	0,00		X		
Periodo de cobro (dias)	365 / Rotación cuentas por cobrar	133,51	136,72	0,00		X		
Rotación de inventarios	Costo de ventas / Inventario promedio	20,54	23,49	0,00				
Período del inventario (dias)	365 / Rotación de inventarios	17,77	15,54	0,00				
Rotación de cuentas por pagar	Costo de ventas / Cuentas por pagar	3,87	3,31	0,00		X		
Periodo de pago (dias)	365 / Rotación cuentas por pagar	94,35	110,26	0,00		X		
Ciclo operativo	Periodo invent. + Periodo cobro	151,28	152,26	0,00		X		
Ciclo de efectivo	Ciclo operativo - Periodo pago	56,94	42,00	0,00		X		
Indice de morosidad	Cuentas por cobrar vencidas / Cuentas por cobrar							
Indice de previsión cuentas incobrables	Previsión cuentas incobrables / Cuentas por cobrar	34,34%	40,03%			X		

(*) Marque con X según el indicador del ultimo año sea alto (A), medio (M) o bajo (B) con respecto al promedio de la industria o al estandar establecido

INDICADORES FINANCIEROS								
INDICADOR	**FORMULA**	**ANOS**			**PROMEDIO**	**EVALUACIÓN**		
		2009	2010	2011	**INDUSTRIA**	A	M	B
INDICADORES DE RENTABILIDAD:								
Margen de utilidad bruta	$\frac{\text{Utilidad bruta}}{\text{Ventas}}$	42,41%	42,16%	0,00%			X	
Margen de utilidad operativa	$\frac{\text{EBIT}}{\text{Ventas}}$	10,03%	6,80%	0,00%				X
Margen de utilidad neta	$\frac{\text{Utilidad neta}}{\text{Ventas}}$	14,79%	8,65%	0,00%			X	
Rendimiento sobre las inversiones - ROI	$\frac{\text{EBIT}}{\text{Activo}}$	2,51%	1,62%	0,00%				X
Rendimiento sobre los activos - ROA	$\frac{\text{Utilidad neta}}{\text{Activo}}$	3,70%	2,06%	0,00%				X
Rendimiento sobre el capital - ROE	$\frac{\text{Utilidad neta}}{\text{Patrimonio neto}}$	4,07%	2,26%	0,00%				X
INDICADORES MULTIDIMENSIONALES								
Indice Z de Altman	1,2 CTN/Activo + 1,4 Utilidades acum/Activos + 3,3 EBIT/Activo + 0,6 Patrimonio/Pasivo + 1,0 Ventas/Activo	7,00	7,04	0,00		X		
INDICADORES BURSATILES								
Utilidad por acción - EPS	$\frac{\text{Utilidad neta}}{\text{Numero de acciones}}$	sin datos	sin datos					
Dividendo por acción - DPS	$\frac{\text{Dividendo total}}{\text{Numero de acciones}}$	sin datos	sin datos					
Razón precio utilidad - PER	$\frac{\text{Precio por acción}}{\text{Utilidad por acción}}$	sin datos	sin datos					
Razón valor de mercado a valor libros	$\frac{\text{Valor de mercado por acción}}{\text{Valor en libros por acción}}$	sin datos	sin datos					
OTROS INDICADORES								
% Utilización capacidad instalada	$\frac{\text{Volumen de producción}}{\text{Capacidad instalada}}$	sin datos	sin datos					
Antiguedad activo fijo	$\frac{\text{Depreciación acumulada}}{\text{Depreciación anual}}$	sin datos	sin datos					
Crecimiento de las ventas	$\frac{\text{Ventas año n}}{\text{Ventas año n - 1}} - 1$	sin datos	-6,46%					
Punto de equilibrio (unid. monetarias)	$\frac{\text{Costo fijo}}{1 - (\text{Costo variable / Ventas})}$	sin datos	sin datos					
Cobertura del punto de equilibrio	$\frac{\text{Ventas}}{\text{Punto de equilibrio}}$	sin datos	sin datos					

(*) Marque con X según el indicador del ultimo año sea alto (A), medio (M) o bajo (B) con respecto al promedio de la industria o al estandar establecido

DESCOMPOSICIÓN DEL ROE

Año	ROE =	$\frac{\text{Utilidad neta}}{\text{Ventas}}$	x	$\frac{\text{Ventas}}{\text{Activo}}$	x	$\frac{\text{Activo}}{\text{Patrimonio neto}}$
2009	4,07% =	14,79%	x	0,25	x	1,10
2010	2,26% =	8,65%	x	0,24	x	1,10

ANÁLISIS ECONOMICO FINANCIERO
EMPRESA DE TELECOMUNICACIONES S.A.

Análisis vertical

- En la gestión 2009 el activo circulante representaba el 49,5% del total del activo, el activo fijo el 47,8% y otros activos el 2,7%. En la gestión 2010 se modificaron levemente estos porcentajes, disminuyendo la participación del activo circulante y aumentando la participación del activo fijo. Esta estructura no es normal en una empresa de telecomunicaciones, existe un elevado monto en activos circulantes, principalmente en inversiones temporarias que no están siendo utilizadas en el giro principal del negocio. Estas inversiones en la gestión 2010 ascendían a 256,3 millones de dólares, que representa el 33,4% del total del activo.

- En cuanto a la estructura de capital, la empresa tiene bajo nivel de endeudamiento. La razón deuda activos era de 8,93% en la gestión 2009, la que se redujo a 8,75% en la siguiente gestión. La deuda es principalmente a corto plazo. La partida contable que más disminuyó fueron las utilidades acumuladas, lo que indica que la empresa distribuyó dividendos con cargo a utilidades de gestiones anteriores. En la estructura de patrimonio neto resalta la partida de "prima de emisión de acciones", lo que indica que la empresa emitió acciones por encima del valor nominal.

- En la gestión 2009 la utilidad bruta representaba el 42,4% de las ventas, los gastos de operación el 32,4%, la utilidad operativa el 10,0% y la utilidad neta el 14,8%. En la gestión 2010 se mantuvo la relación de la utilidad bruta a las ventas, pero se incrementaron los gastos de operación respecto a las ventas a 35,4%, disminuyendo la relación de la utilidad operativa a las ventas a 6,8% y la relación de la utilidad neta a las ventas a 8,7%.

Análisis horizontal

- La empresa tenía activos por 780,7 millones de dólares en la gestión 2009, los que se redujeron a 766,8 millones de dólares en la gestión 2010, lo que representa una disminución de 13,9 millones de dólares. El activo circulante se redujo en 29,9 millones de dólares, donde la reducción más significativa se dio en las inversiones temporarias que bajaron en 18,9 millones de dólares. los activos fijos netos se incrementaron en 19,1 millones de dólares y los otros activos disminuyeron en 3,0 millones de dólares.

- En lo que respeta a las fuentes de financiamiento, la empresa redujo sus pasivos en 2,6 millones de dólares y su patrimonio en 11,3 millones de dólares.

- En lo que respecta al estado de resultados se nota que el ingreso por ventas disminuyó en 6,5% y el costo de ventas en 6,1%, lo que dio lugar a que la utilidad bruta disminuya en 7%. Los gastos de administración se incrementaron en 10,2%, pese a que la empresa redujo la planilla de sueldos (despidió trabajadores), como se puede observar en la partida se servicios personales, permaneciendo constante la depreciación que representa un 27,9% del total de ventas. Como consecuencia de estos cambios disminuyó la utilidad operativa en la gestión 2010 en 36,5%. Los "otros ingresos" proveniente de intereses por las inversiones temporarias se redujo en 35,8%, resultando al final una reducción de la utilidad neta en 13,0 millones de dólares que representa una disminución del 45,2%.

Análisis de liquidez

*   En la gestión 2010 la empresa registra un capital de trabajo neto de 295,1 millones de dólares y una razón circulante de 5,81, que indican un elevado nivel de liquidez, alta capacidad para cubrir sus obligaciones a corto plazo, pero también indican ineficiencia en el uso de recursos.

Análisis de endeudamiento y cobertura de deuda

*   En la gestión 2010 la empresa tenía una razón deuda activos de 8,75% y una razón deuda patrimonio de 9,59%, que indican bajo nivel de endeudamiento, indicadores similares de la gestión 2009.

*   El indicador de cobertura de deuda indica una alta capacidad para cubrir sus obligaciones a largo plazo.

Análisis de eficiencia

*   Los indicadores de eficiencia indican baja rotación del total de activo, alta rotación de inventarios, alto periodo de cobro y alto periodo de pago a proveedores, lo que se refleja en un alto ciclo operativo.

*   Las cuentas por cobrar de la empresa tienen un periodo promedio de cobro de 137 días, inusual en una empresa de telecomunicación, lo cual indica un alto porcentaje de mora de sus cuentas por cobrar. Asimismo, se observa un alto porcentaje de previsión para cuentas incobrables (40%). En el estado de resultados se consigna la partida de deudores incobrables por 10,8 millones de dólares, que representa el 5,9% de las ventas y que afecta de manera importante el resultado de la gestión.

*   Si bien se observa altas tasas rotación de inventarios, es porque se esta relacionando con el total del costo de ventas. Los inventarios que se reflejan en el balance son de celulares que es un negocio marginal de la empresa. Si separamos esta información y analizamos la relación de los inventarios con la venta de celulares, se muestra una situación deficitaria, con bajas tasas de rotación de inventarios, como se muestra en el siguiente cuadro:

	2009	2010
Venta de celulares	1.438.311	1.801.277
Costo de venta de celulares	4.802.775	3.442.784
Pérdida en venta de celulares	-3.364.463	-1.641.507
Inventario de celulares	3.691.865	2.676.706
Rotación de inventarios	1,30	1,29
Periodo del inventario (dias)	281	284

Análisis de rentabilidad

*   Empresa con alto margen de utilidad bruta, pero bajo margen de utilidad operativa y bajo margen de utilidad neta.

*   El margen de utilidad bruta, margen de utilidad operativa y margen de utilidad neta en la gestión 2010 se redujeron respecto a la gestión 2009, debido a que los ingresos se redujeron en mayor proporción que el costo de ventas y que los gastos de administración se incrementaron, además de que se redujo los otros ingresos por concepto de rendimiento de inversiones temporarias.

*   El rendimiento sobre las inversiones (ROI), rendimiento sobre los activos (ROA) y el rendimiento sobre el capital (ROE) se han reducido en la gestión 2010 respecto a la gestión 2009.

- Analizando la descomposición del ROE se advierte que el rendimiento sobre el capital disminuyó debido a que se redujo el margen de utilidad neta. Esta disminución también se dio por la reducción de la rotación del activo.

- Las inversiones temporarias tienen un rendimiento promedio de 4,6% mayor al rendimiento sobre las inversiones (ROI) que es 1,62%. El rendimiento promedio se ha calculado dividiendo los ingresos financieros netos consignados en el estado de resultados entre el promedio de las inversiones temporarias.

Análisis multidimensional

- El índice Z de Altman es de 7,04, lo que indica que la empresa no tiene problemas de incumplimiento de pagos.

Conclusiones

La empresa tiene altos indicadores de liquidez, bajo nivel de endeudamiento, baja rotación de activos, alto periodo de cobro, baja rotación de inventarios, alto periodo de pago y bajos índices de rentabilidad.

Caso para resolver – Empresa de cemento S.A.

A continuación se presenta los estados financieros de una empresa dedicada a la fabricación de cemento, a efectos de analizar su situación económica financiera.

BALANCE GENERAL
Al 31 de marzo de 2009
En dólares americanos

DETALLE	MONTO	DETALLE	MONTO
ACTIVO		**PASIVO**	
ACTIVO CIRCULANTE	**12.268.659**	**PASIVO CIRCULANTE**	**18.004.753**
Disponibilidades	811.384	Deudas comerciales	6.572.456
Inversiones temporarias	894.903	Deudas bancarias y financieras	10.540.153
Cuentas por cobrar comerciales	5.236.176	Impuestos por pagar	602.307
Otras cuentas por cobrar	1.228.572	Deudas sociales y otras deudas	289.837
Inventarios	4.097.624	**PASIVO LARGO PLAZO**	**71.174.468**
ACTIVO FIJO	**94.233.105**	Deudas bancarias y financieras	69.836.983
Activo fijo neto	94.233.105	Previsión para indemnizaciones	1.337.485
OTROS ACTIVOS	**34.181.726**	**TOTAL PASIVO**	**89.179.221**
Gastos pagados por anticipado	787.794	**PATRIMONIO**	
Cuentas por cobrar comerciales	142.658	Capital pagado	25.870.342
Otras cuentas por cobrar	52.307	Aporte por capitalizar	139.212
Inversiones permanentes	16.339.571	Reservas	24.008.874
Cargos diferidos	2.344.377	Utilidades acumuladas	1.485.841
Valor llave	13.175.065	**TOTAL PATRIMONIO**	**51.504.269**
Impuesto diferido	1.339.953		
TOTAL ACTIVO	**140.683.490**	**TOTAL PASIVO Y PATRIMONIO**	**140.683.490**

ESTADO DE RESULTADOS
Al 31 de marzo de 2009
En dólares americanos

Ingreso por ventas	34.747.318
(-) Costo de ventas	18.637.625
Utilidad bruta	16.109.693
(-) Gastos de administración	4.851.543
(-) Gastos de comercialización	5.189.358
Utilidad antes de intereses e impuestos	6.068.792
(-) Gastos financieros	8.212.307
Utilidad despues de gastos financieros	-2.143.515
(+) Otros ingresos	
Rendimiento de inversiones	1.269.159
Ganancia neta por impuestos diferidos	336.863
Ingresos extraordinarios	239.490
(-) Otros gastos	
Ajuste por inflación	158.160
Utilidada neta antes de cambios contables	-456.163
(+) Efecto cambio normas contables	957.981
Utilidad neta	501.818
Depreciación	3.616.174

ESTADO DE FLUJO DE EFECTIVO
Al 31 de marzo de 2009
En dólares americanos

FLUJO DE EFECTIVO DE ACTIVIDADES OPERATIVAS

Utilidad neta del ejercicio	501.818

Ajustes para reconciliar la utilidad neta a los fondos originados en las operaciones

Depreciación de activos fijos	3.616.174
Efecto derivado de cambio en normas contables	-957.981
Rendimiento de inversiones	-1.205.125
Registro del impuesto diferido y otrros	-381.972
Previsión para incobrables	154.244
Previsión para indemnización neta de pagos	-213.658
Amortización de valor llave y cargos diferidos	1.277.769
	2.791.268

Cambios en activos y pasivos

Disminución en cuentas por cobrar comerciales y otras cuentas por cobrar	8.313
Incremento en inventarios	-673.723
Disminución en gastos pagados por anticipado	1.084
Incremento en cargos diferidos y valor llave	-404.787
Incremento en deudas comerciales	1.583.411
Incremento en impuestos por pagar	233.210
Disminución en otras deudas	-59.648
Total fondos originados en actividades operativas	3.479.128

FLUJO DE EFECTIVO DE ACTIVIDADES DE INVERSIÓN

Dividendos cobrados en efectivo	499.427
Movimiento neto de activo fijo	-822.769
Total fondos aplicados a actividades de inversión	-323.341

FLUJO DE EFECTIVO DE ACTIVIDADES DE FINANCIAMIENTO

Nuevas prestamos bancarios y financieros e intereses devengados neto de amortiz.	-7.994.102
Total fondos aplicados a actividades de financiamiento	-7.994.102
Disminución neta de fondos	-4.838.315
Disponibilidades e inversiones temporarias al inicio del ejercicio	6.544.602
Disponibilidades e inversiones temporarias al cierre del ejercicio	1.706.287

Caso para resolver – Empresa de electricidad S.A.

A continuación se presenta los estados financieros de una empresa de distribución de energía eléctrica, a efectos de analizar su situación económica financiera.

BALANCE GENERAL
En dólares americanos

DETALLE	2008	2009	DETALLE	2008	2009
ACTIVO			**PASIVO**		
ACTIVO CORRIENTE	**12.871.307**	**14.850.130**	**PASIVO CORRIENTE**	**12.903.180**	**12.995.517**
Disponibilidades	1.682.950	2.533.819	Deudas con empresas relacionadas	1.254.138	1.354.669
Inversiones temporarias	17.259	280.899	Cuentas por pagar	2.305.232	2.347.254
Deudores por ventas	7.360.717	7.647.272	Deudas bancarias	3.151.037	1.768.246
Otras cuentas por cobrar	1.484.609	1.352.410	Obligaciones con el público - Bonos	335.264	458.788
Impuestos por recuperar	1.890.113	2.319.703	Deudas fiscales y sociales	1.848.963	2.659.439
Cuentas por cobrar empresas relac.	82.616	53.291	Otras cuentas por pagar	3.476.368	2.895.624
Gastos pagados por adelantado	198.843	517.731	Provisiones	377.350	1.065.493
Materiales en tránsito	154.201	145.005	Otros pasivos corrientes	154.828	446.006
ACTIVO FIJO	**70.930.875**	**71.588.996**	**PASIVO LARGO PLAZO**	**35.419.360**	**33.378.399**
Activo fijo neto	70.930.875	71.588.996	Deudas bancarias	4.573.051	4.304.775
OTROS ACTIVOS	**10.480.147**	**7.081.937**	Obligaciones con el público - Bonos	21.541.747	21.787.449
Fondo de estabilización	3.451.327	1.527.994	Otros pasivos no corrientes	4.500.238	2.060.091
Existencias	2.974.774	2.297.461	Previsión para indemnizaciones	4.804.325	5.226.083
Inversiones	54.877	57.196	**TOTAL PASIVO**	**48.322.541**	**46.373.916**
Gastos pagados por adelantado	0	331.599	**PATRIMONIO NETO**		
Otros activos	3.999.169	2.867.688	Capital	19.689.818	19.689.798
			Capital donado	1.580.099	803.260
			Reservas	21.298.170	22.237.277
			Resultados acumulados	3.391.701	4.416.812
			TOTAL PATRIMONIO NETO	**45.959.788**	**47.147.147**
TOTAL ACTIVO	**94.282.328**	**93.521.063**	**TOTAL PASIVO Y PATRIMONIO**	**94.282.328**	**93.521.063**

ESTADO DE RESULTADOS
En dólares americanos

DETALLE	2008	2009
Ingresos por venta de servicios	49.280.342	48.971.616
TOTAL INGRESO BRUTO	**49.280.342**	**48.971.616**
(-) Costos de servicios prestados	33.658.144	32.114.431
UTILIDAD BRUTA	**15.622.198**	**16.857.184**
(-) Gastos de administración y ventas	3.418.206	3.336.139
(-) Depreciación	4.599.346	5.030.359
UTILIDAD OPERATIVA	**7.604.645**	**8.490.686**
(-) Gastos financieros	2.295.306	2.034.051
OTROS INGRESOS (GASTOS)		
Ingresos financieros	85.293	117.930
Otros ingresos	320.472	415.496
Otros egresos	-462.762	-1.265.072
Diferencia de cambio	-3.336.282	-600.888
Resultado por inflación	2.796.703	1.083.697
UTILIDAD ANTES DE IMPUESTOS	**4.712.764**	**6.207.799**
Impuesto a las utilidades	1.382.843	1.902.334
UTILIDAD NETA	**3.329.921**	**4.305.465**

ESTADO DE FLUJO DE EFECTIVO
En dólares americanos

	2008	2009
FLUJO DE EFECTIVO DE ACTIVIDADES OPERATIVAS		
Utilidad neta del ejercicio	3.329.921	4.305.465
Ajustes para reconciliar la utilidad neta al efectivo originado (aplicado) por operaciones		
Depreciación del periodo	4.599.346	5.030.359
Bajas netas del activo fijo	33.911	155.787
Previsión para beneficios sociales, neta de pagos	659.717	636.022
Diferencia de cambio por reexpresión de saldos iniciales	-2.294.329	-310.992
Previsión para cuentas incobrables	261.546	297.492
Intereses devengados por bonos	1.787.647	1.495.530
Cambios en activos y pasivos operativos		
Disminución (Incremento) en deudores por ventas y otras cuentas por cobrar	554.893	-451.848
Disminución en cuentas por cobrar a empresas relacionadas	2.083.752	29.325
Disminución fondo de estabilización	203.411	1.923.334
Incremento (disminución) en materiales e inventarios en general	-1.817.909	686.508
Disminución (Incremento) en inversiones	21.546	-2.319
Disminución en impuestos a recuperar, gastos pagados por anticipado y otros activos	2.866.427	51.404
Disminución (incremento) en cuentas por pagar	-578.374	42.022
Disminución (incremento) en cdeudas sociales	-711.166	810.476
Disminución en otras cuentas por pagar, provisiones y otros pasivos corrientes	-21.282	-2.041.570
Incremento en deudas con empresas relacionadas	1.214.886	100.531
Total flujo de efectivo originado en actividades de operación	12.193.945	12.757.524
FLUJO DE EFECTIVO DE ACTIVIDADES DE INVERSIÓN		
Compras de activo fijo	-6.524.007	-5.844.267
Total flujo de efectivo aplicado a actividades de inversión	-6.524.007	-5.844.267
FLUJO DE EFECTIVO DE ACTIVIDADES DE FINANCIAMIENTO		
Pago de dividendos	-3.598.706	-3.056.187
Movimiento neto de bonos	-4.722.333	-1.461.816
Movimiento neto de deudas financieras	1.809.529	-1.280.745
Total flujo de efectivo aplicado a actividades de financiamiento	-6.511.510	-5.798.748
Movimiento neto de efectivo	-841.572	1.114.509
Disponibilidades e inversiones temporarias al inicio del ejercicio	2.541.781	1.700.209
Disponibilidades e inversiones temporarias al cierre del ejercicio	1.700.209	2.814.718

Este caso ha sido preparado con fines académicos y no pretende ilustrar el manejo correcto o incorrecto de la gestión administrativa. Las circunstancias e información son de una empresa real que han sido modificados.

Caso para resolver – Aerolínea mundial

Los estados financieros que se presenta a continuación son de una línea aérea de transporte de pasajeros y carga internacional de los años 1999, 2000, 2001.

La empresa al igual que la industria de la aeronavegación en general, estaba sufriendo la mayor disminución en la demanda de pasajes en toda la historia de la aeronavegación comercial en el mundo.

La empresa reduciría sus inversiones en activos fijos durante el 2002 y eliminará todos los proyectos considerados no esenciales.

El mayor problema era detener el proceso de compra de nuevos aviones durante las siguientes gestiones en virtud de que las compras de los mismos fueron confirmadas hace tiempo atrás.

Pese a los esfuerzos que la empresa venia realizando, se espera que los costos directos e indirectos se mantengan en los mismos niveles principalmente por el alza en el precio de combustible y por el alza en los costos aeroportuarios.

Situación de la industria

El sector del transporte aéreo experimentó un índice de crecimiento de dos dígitos cada año durante más de 10 años. Este crecimiento estuvo relacionado con la producción de aviones principalmente de las fábricas Boeing en Estados Unidos y Airbus Industrie de la Unión europea.

La demanda por nuevos aviones durante ésta década fue tan grande, que las líneas aéreas en todo el mundo se peleaban para formar convenios de compra con ambos fabricantes, de tal modo que los aviones puedan ser fabricados ya con especificaciones del comprador. La confirmación de compra se realizaba dependiendo del modelo de la nave con dos a cinco años de anticipación.

El sector del transporte aéreo era altamente competitivo, por lo que ninguna de las líneas aéreas podía libremente incrementar el precio de los pasajes. Mas que a diferenciarse a nivel de precios, las empresas tendieron a diferenciarse por cobertura geográfica y frecuencia de vuelos. De esta manera se desarrollaron las alianzas mundiales que agrupan a las líneas aéreas más grandes del mundo para compartir beneficios, programas de acumulación de millas, conexiones y otros beneficios reales. Las más importantes alianzas globales eran Star Alliance y One World.

En general todas las líneas aéreas se encontraban afectadas por las condiciones del sector. Sólo se destacaba el desempeño financiero de aquellas líneas aéreas que pudieron reducir satisfactoriamente sus costos variables y sus costos fijos de manera sustancial. Por ejemplo, las aerolíneas que pudieron eliminar los servicios a bordo, las que reemplazaron a los agentes de venta por ventas por Internet, las que compraron aviones de segunda mano y las que tuvieron otras formas creativas de reducción de costos han tenido mejor desempeño financiero que el promedio.

ESTADO DE SITUACIÓN FINANCIERA
En miles de dólares americanos

DETALLE	2000	2001	DETALLE	2000	2001
ACTIVO			**PASIVO**		
ACTIVO CORRIENTE	**579.273**	**616.485**	**PASIVO CORRIENTE**	**788.970**	**977.697**
Caja y bancos	203.515	204.606	Notas por pagar	0	16.121
Inversiones temporarias	80.606	113.939	Porcion deuda largo plazo	20.606	147.515
Cuentas por cobrar	147.394	126.909	Obligaciones corrientes leasing	32.606	28.727
Combustible de avión, repuestos	51.394	39.879	Anticipo tickets prevendidos	176.242	143.394
Retorno de impuestos	13.333	21.091	Cuentas por pagar	144.000	153.697
Impuestos diferidos	27.273	32.970	Sueldos, salarios y beneficios por pagar	149.818	148.727
Gastos pagados por anticipado	55.758	77.091	Renta acumulada de aviones	101.818	109.455
ACTIVO FIJO	**1.980.970**	**2.037.333**	Otros pasivos	163.879	230.061
PROPIO	1.676.242	1.759.273	**PASIVO LARGO PLAZO**	**1.452.848**	**1.687.636**
Equipo de vuelo	1.804.606	1.787.273	Deuda a largo plazo	568.242	802.667
Anticipo por compra de equipo de vuelo	98.182	68.606	Obligaciones deuda a L.P. bajo Leasing	274.061	235.515
Otras propiedades y equipamiento	450.182	475.030	Deuda diferida de pensiones	16.485	150.424
(-) Depreciación acumulada y amortización	676.727	571.636	Beneficios sociales	188.727	204.848
LEASING	304.727	278.061	Ganancias diferidas	110.545	100.242
Equipo de vuelo	370.303	323.273	Rentas aviones acumulada	49.455	66.788
Otras propiedades y equipamiento	12.000	12.000	Impuestos diferidos	150.424	0
(-) Depreciación acumulada y amortización	77.576	57.212	Otros pasivos	94.909	127.152
OTROS ACTIVOS	**391.879**	**400.364**	**OBLIGACIONES CONTINGENTES**	**48.848**	**21.212**
Inversiones	52.727	33.697	Obligaciones en fideicomiso	12.000	11.879
Activos intangibles	81.333	119.273	Bonos preferentes	36.848	9.333
Depósito por leasing para aviones	86.061	80.848	**TOTAL PASIVO**	**2.290.667**	**2.686.545**
Gastos pagados por anticipado	68.727	45.333			
Impuestos diferidos	0	11.758	**PATRIMONIO NETO**		
Otros	103.030	109.455	Acciones comunes	121	121
			Capital invertido adicional	581.455	605.455
			Ganancias - perdidas acumuladas	242.182	-24.121
			Acciones en tesoreria		
			Acciones preferentes	-36.970	-36.970
			Acciones comunes	-142.909	-143.030
			Otras ingresos - perdidas acumuladas	18.424	-33.333
			Otros	-848	-485
			TOTAL PATRIMONIO NETO	**661.455**	**367.636**
TOTAL ACTIVO	**2.952.121**	**3.054.182**	**TOTAL PASIVO Y PATRIMONIO**	**2.952.121**	**3.054.182**

ESTADO DE RESULTADOS
En miles de dólares americanos

DETALLE	1999	2000	2001
INGRESOS			
Pasajeros	1.913.212	2.052.364	1.671.273
Carga	109.818	112.848	85.333
Otros ingresos operativos	162.061	180.485	199.515
TOTAL INGRESO BRUTO	**2.185.091**	**2.345.697**	**1.956.121**
(-) GASTOS OPERATIVOS	**2.016.485**	**2.266.424**	**2.413.212**
Sueldos y salarios	778.909	833.576	858.182
Gastos combustible	215.273	304.364	300.121
Comisiones	138.061	124.242	86.061
Servicios comprados	190.909	207.394	200.000
Renta de aviones	106.182	107.636	100.242
Costos de aterrizaje	115.030	116.242	122.303
Depreciación y amortización	103.030	119.758	124.364
Mantenimiento de aeronaves	83.515	84.606	84.970
Costo de ventas	72.970	128.606	155.152
Otros gastos operativos	210.545	223.152	208.727
Gastos especiales	2.061	16.848	173.091
UTILIDAD OPERATIVA	**168.606**	**79.273**	**-457.091**
(+) OTROS INGRESOS	106.424	34.788	132.970
Intereses capitalizados	9.091	9.333	9.576
Ingresos por intereses	8.242	12.242	12.727
Ganancia en venta de inversiones	89.091	13.212	31.636
Concesión por estabiliz.aerolinea	0	0	79.030
(-) OTROS GASTOS	39.636	61.818	82.788
Gastos por intereses	43.879	48.727	63.636
Perdidas y ganancias afiliados	-4.485	1.455	2.788
Cargos especiales no operacionales	0	7.394	5.939
Miscelaneos	242	4.242	10.424
UTILIDAD ANTES DE IMPUESTOS	**235.394**	**52.242**	**-406.909**
(-) Impuestos a las utilidades	84.727	19.394	148.606
UTILIDAD DESPUES DE IMPUESTOS	**150.667**	**32.848**	**-258.303**
(-) Dividendos preferentes	970	26.788	1.697
UTILIDAD NETA	**149.697**	**6.061**	**-260.000**

Preguntas y problemas

1. Indique como se define el balance general y el estado de resultados.

2. Indique como se clasifica y cual el criterio de ordenación del activo y el pasivo.

3. Que se entiende por liquidez?

4. Indique las normas internacionales de valoración de activos.

5. Indique como se clasifica el estado de resultados.

6. Indique como se clasifica el estado de flujo de efectivo

7. Como se define el capital de trabajo neto y la razón del capital de trabajo neto?

8. Como se define la razón circulante y la prueba ácida?

9. **Efectos en la razón circulante**

   En una empresa que tiene capital de trabajo positivo, que efectos tendrá las siguientes actividades en la razón circulante?
   a) Compra de inventarios a crédito
   b) Venta de inventarios al costo
   c) Un cliente paga anticipadamente su cuenta por cobrar
   d) Pago a proveedores
   e) Amortización de prestamos bancarios a corto plazo
   f) Amortización de la deuda a largo plazo

10. **Fuentes y usos de efectivo**
    Los estados financieros de la empresa Wallace Company reporta la siguiente información:
    Aumento en cuentas por cobrar   US$ 19.400
    Disminución de inventarios   US$ 8.600
    Disminución de cuentas por cobrar   US$ 5.590
    Aumento en préstamos por pagar   US$ 16.200
    Clasifique cada partida según sea fuente o uso de efectivo.

11. **Elaboración del estado de flujo de efectivo**
    En base a los estados financieros de la empresa Barker S.A. que se presenta a continuación elaborar el estado de flujo de efectivo de la gestión 2010.

    Barker S.A.

    BALANCE GENERAL
    En dólares americanos

	2009	2010		2009	2010
ACTIVO CIRCULANTE			PASIVO CIRCULANTE		
Efectivo	6.344	3.928	Cuentas por pagar	10.394	11.419
Cuentas por cobrar	17.714	23.253	Prestamos por pagar	5.405	7.784
Inventarios	37.930	36.051		15.799	19.203
	61.988	63.232	PASIVO A LARGO PLAZO		
ACTIVO FIJO			Deuda a largo plazo	38.027	30.500
Edificaciones y equipo neto	116.437	122.403	PATRIMONIO NETO		
			Capital	122.000	122.000
			Utilidades acumuladas	2.599	13.932
				124.599	135.932
TOTAL ACTIVO	178.425	185.635	TOTAL PASIVO Y PATRIM	178.425	185.635

Barker S.A.

ESTADO DE RESULTADOS
Al 31 de diciembre de 2010
En dólares americanos

Ventas	136.640
(-) Costo de ventas	39.060
Utilidad bruta	97.580
(-) Gastos de operación	8.520
(-) Depreciación	7.930
Utilidad antes de intereses e impuestos	81.130
(-) Intereses	7.137
Utilidad antes de impuestos	73.993
(-) Impuesto a las utilidades (25%)	18.498
Utilidad neta	55.495

Dividendos	44.162
Utilidades retenidas	11.333

12. Análisis vertical y horizontal de estados financieros

Los estados financieros de la empresa Clapper S.A. son los siguientes:

BALANCE GENERAL
En dólares americanos

	2009	2010		2009	2010
ACTIVO CIRCULANTE			PASIVO CIRCULANTE		
Efectivo	730	230	Cuentas por pagar	7.320	5.960
Cuentas por cobrar	2.210	2.380	Prestamos bancarios	3.400	1.840
Inventarios	4.580	6.030		10.720	7.800
	7.520	8.640	PASIVO A LARGO PLAZO		
ACTIVOS FIJOS			Deuda a largo plazo	5.000	5.300
Edificaciones y equipo neto	25.900	27.300	PATRIMONIO NETO		
			Capital	7.500	10.000
			Utilidades acumuladas	10.200	12.840
				17.700	22.840
TOTAL ACTIVO	33.420	35.940	TOTAL PASIVO Y PATRIM.	33.420	35.940

ESTADO DE RESULTADOS
En dólares americanos

	2009	2010
Ventas	16.870	18.750
(-) Costo de ventas	7.420	8.250
Utilidad bruta	9.450	10.500
(-) Gastos de operación	2.980	3.120
Depreciación	1.830	2.150
Utilidad antes de intereses e impuestos	4.640	5.230
(-) Intereses	920	830
Utilidad antes de impuestos	3.720	4.400
(-) Impuestos 25%	930	1.100
Utilidad neta	2.790	3.300
Dividendos		660
Reinversión de utilidades		2.640

Efectuar el análisis vertical y análisis horizontal de los estados financieros.

13. Estados financieros estandarizados

A continuación se presentan los balances generales en forma porcentual de diez empresas de diez industrias diferentes.

Se trata de identificar el balance que corresponde a cada de empresa, considerando la estructura de sus activos, pasivo y patrimonio neto y las características operativas y competitivas de cada sector industrial.

Las empresas que se tiene que identificar son las siguientes:

1. Fábrica de productos químicos

2. Empresa de electricidad

3. Supermercado

4. Joyerías (venta por menor, los locales son alquilados)

5. Empresa de producción y comercialización de tabaco

6. Grandes tiendas (los locales son de su propiedad)

7. Entidad bancaria

8. Empresa exportadora de cereales

9. Empresa ganadera

10. Fábrica de automóviles

BALANCES GENERALES ESTANDARIZADOS

	A	B	C	D	E	F	G	H	I	J
ACTIVO										
Efectivo	38,4%	10,7%	1,2%	8,5%	15,8%	1,4%	2,2%	1,3%	4,1%	15,0%
Cuentas por cobrar	59,4%	2,4%	3,3%	13,7%	20,8%	5,7%	8,6%	16,8%	21,3%	0,0%
Inventarios	0,0%	24,8%	10,3%	29,7%	10,2%	0,4%	28,9%	30,8%	61,2%	33,9%
Otros activos circulantes	0,0%	13,5%	1,7%	1,5%	5,2%	6,3%	10,0%	31,7%	0,2%	1,4%
Activos fijos netos	1,1%	38,4%	60,7%	38,5%	44,6%	77,9%	43,1%	14,6%	10,9%	47,9%
Otros activos	1,1%	10,2%	22,8%	8,1%	3,4%	8,3%	7,2%	4,8%	2,3%	1,8%
TOTAL ACTIVO	100,0%	100,0%	100,0%	100,0%	100,0%	100,0%	100,0%	100,0%	100,0%	100,0%
PASIVO Y PATRIMONIO										
Deuda bancaria a corto plazo	0,0%	0,0%	6,5%	8,6%	13,2%	5,9%	30,5%	10,8%	9,6%	8,2%
Cuentas por pagar	84,1%	3,3%	2,2%	18,0%	11,9%	2,6%	18,5%	35,4%	12,4%	36,2%
Provisiones	0,1%	4,2%	0,4%	2,7%	4,3%	1,7%	7,4%	5,2%	1,2%	9,8%
Impuestos por pagar	0,2%	36,2%	0,9%	11,9%	2,2%	0,7%	1,8%	12,1%	6,5%	1,5%
Deuda a largo plazo	1,6%	0,0%	2,0%	2,7%	3,0%	7,8%	0,1%	0,3%	1,5%	1,3%
Otras deudas a largo plazo	5,8%	10,7%	0,0%	0,7%	1,0%	27,0%	0,7%	1,3%	1,1%	4,8%
Capital y reservas	5,2%	45,6%	77,9%	30,8%	62,7%	45,0%	38,8%	31,5%	33,2%	38,0%
Utilidades acumuladas	3,0%	0,0%	10,1%	24,6%	1,7%	9,3%	2,2%	3,4%	34,5%	0,2%
TOTAL PASIVO Y PATRIMONIO	100,0%	100,0%	100,0%	100,0%	100,0%	100,0%	100,0%	100,0%	100,0%	100,0%

14. Cálculo de indicadores de liquidez

MBO Corporation tiene un capital de trabajo neto de US$ 7.500, pasivos circulantes de US$ 16.500 e inventarios de US$ 8.200. ¿Cuál es la razón circulante y la prueba ácida?

15. Cálculo de indicadores de liquidez, indicadores de endeudamiento y cobertura de deuda e indicadores de eficiencia

En base al balance general de la empresa Hooks Company que se presenta a continuación, calcular los siguientes indicadores financieros para la gestión 2010.

- El capital de trabajo neto, la razón del capital de trabajo neto, la razón circulante, la prueba ácida y la razón de efectivo.

- La razón deuda activos, razón deuda patrimonio, apalancamiento financiero, razón de cobertura de intereses, razón de cobertura de efectivo, razón de cobertura de la deuda y el costo promedio de la deuda.

- La rotación del activo, rotación de inventarios, periodo de inventario, rotación de cuentas por cobrar, periodo de cobre, rotación de cuentas por pagar, periodo de pago, el ciclo operativo y el ciclo de efectivo.

Hooks Company

BALANCE GENERAL
En dólares americanos

	2009	2010		2009	2010
ACTIVO CIRCULANTE			PASIVO CIRCULANTE		
Efectivo	860	270	Cuentas por pagar	6.632	7.033
Cuentas por cobrar	2.605	2.808	Prestamos bancarios	2.012	2.171
Inventarios	5.405	7.115		8.644	9.204
	8.870	10.194	PASIVO A LARGO PLAZO		
ACTIVOS FIJOS			Deuda a largo plazo	9.900	6.245
Edificaciones y equipo neto	30.560	32.206	PATRIMONIO NETO		
			Capital	8.850	11.800
			Utilidades acumuladas	12.036	15.151
				20.886	26.951
TOTAL ACTIVO	39.430	42.400	TOTAL PASIVO Y PATRIM.	39.430	42.400

Hooks Company

ESTADO DE RESULTADOS
En dólares americanos

	2009	2010
Ventas	19.907	22.125
(-) Costo de ventas	8.756	9.735
Utilidad bruta	11.151	12.390
(-) Gastos de operación	3.516	3.682
Depreciación	2.159	2.537
Utilidad antes de intereses e impuestos	5.475	6.171
(-) Intereses	1.086	979
Utilidad antes de impuestos	4.390	5.192
(-) Impuestos 25%	1.097	1.298
Utilidad neta	3.292	3.894
Dividendos		779
Reinversión de utilidades		3.115

16. Cálculo de indicadores de endeudamiento

Globex S.A. tiene una razón deuda activos de 0,36. ¿Cuál es la razón deuda patrimonio? ¿Cuál es el apalancamiento financiero?

17. Cálculo de la razón de cobertura de intereses

Las ventas de la gestión anterior de la empresa Pretzel S.A. ascendió a US$ 156.000, el costo de ventas y gastos de operación fue de US$ 51.000 y la depreciación US$ 15.000. La empresa tiene 10.000 acciones comunes en circulación y los dividendos por acción fueron de US$ 2. La reinversión de utilidades fue por US$ 25.000 La tasa del impuesto a las utilidades es 25%. Cual fue su razón de cobertura de intereses?

18. Cálculo de la razón de cobertura de efectivo

La utilidad neta de la empresa Dixie Corp. fue de US$ 45.000, los intereses de la deuda fueron por US$ 16.500 y la depreciación fue por US$ 10.870. La tasa del impuesto a las utilidades es 25%. Cual fue la razón de cobertura de efectivo de la empresa?

19. Cálculo de la rotación del inventario y del periodo del inventario

El inventario de mercadería de la empresa Nauset Corp. a principio de año fue de US$ 16.250 y de US$ 18.820 a final de año. El costo de ventas anual ascendió a US$ 142.200. Cual la rotación del inventarios? ¿Cuál el periodo del inventario?

20. Cálculo de la rotación de cuentas de cobrar y del periodo de cobro

Peak Corp. registra un saldo en cuentas por cobrar en sus estados financieros al 31 de diciembre de 2010 de US$ 86.200. Las ventas a crédito durante el año 2010 ascendieron a US$ 524.100. ¿Cuál la rotación de las cuentas por cobrar? ¿A que plazo promedio la empresa vendió sus productos a crédito?

21. Cálculo de la rotación de cuentas por pagar y del periodo de pago

En la gestión 2010, el costo de ventas anual de la empresa Xfera S.A. ascendió a US$ 32.520. Al final del año el saldo de las cuentas por pagar era de US$ 3.207. ¿En qué tiempo promedio la empresa canceló sus cuentas a proveedores?

22. Cálculo del ciclo operativo y ciclo de efectivo

Se cuenta con la siguiente información de la empresa Krone Company.

En dólares americanos

Partida	Inicial	Final
Inventario	28.015	30.520
Cuentas por cobrar	82.305	74.120
Cuentas por pagar	39.280	44.550
Ventas	324.500	
Costo de ventas	250.250	

Calcular el ciclo operativo y el ciclo de efectivo.

23. Cálculo de indicadores de rentabilidad

Calcular el margen de utilidad bruta, el margen de utilidad operativa, el margen de utilidad neta, el rendimiento sobre las inversiones, el rendimiento sobre los activos, el rendimiento sobre el capital y elabore el modelo Du Pont para la empresa Eprise S.A., cuyos estados financieros se presenta a continuación.

Eprise S.A.

BALANCE GENERAL
En dólares americanos

	2008	2009		2008	2009
ACTIVO CIRCULANTE			PASIVO CIRCULANTE		
Efectivo	15.100	18.160	Cuentas por pagar	39.860	49.018
Cuentas por cobrar	33.760	43.300	Prestamos bancarios	29.340	32.540
Inventarios	37.540	41.140		69.200	81.558
	86.400	102.600	PASIVO A LARGO PLAZO		
ACTIVO FIJO			Deuda a largo plazo	44.660	76.500
Activo fijo bruto	151.920	183.780	TOTAL PASIVO	113.860	158.058
(-) Depreciación acum.	31.500	40.320	PATRIMONIO NETO		
	120.420	143.460	Capital	100.000	100.000
OTROS ACTIVOS			Reservas	8.200	8.200
Otros activos	25.200	33.800	Utilidades acumuladas	9.960	13.602
			TOTAL PATRIMONIO	118.160	121.802
TOTAL ACTIVO	232.020	279.860	TOTAL PASIVO Y PATR.	232.020	279.860

Eprise S.A.

ESTADO DE RESULTADOS
En dólares americanos

	2008	2009
Ventas	316.980	374.036
(-) Costo de ventas	259.140	305.214
Utilidad bruta	57.840	68.822
(-) Gastos de operación	23.400	24.300
(-) Depreciación	7.980	8.820
Utilidad antes de intereses e impuestos (EBIT)	26.460	35.702
(-) Intereses	8.280	11.420
Utilidad antes de impuestos (EBT)	18.180	24.282
(-) Impuesto a las utilidades (25%)	4.545	6.071
Utilidad neta	13.635	18.212
Dividendos (80%)	10.908	14.569
Utilidades retenidas (20%)	2.727	3.642
Numero de acciones en circulación	10.000	10.000
Valor de mercado de las acciones	18	21

24. Cálculo de indicadores bursátiles y multidimensionales

En la empresa Eprise S.A. del problema anterior, determinar la utilidad por acción, el dividendo por acción, la razón precio utilidad, la razón valor de mercado a valor en libros y el índice Z de Altman.

25. Cálculo de indicadores de rentabilidad

Fuentelzas Company tiene una razón deuda patrimonio de 1,25, el rendimiento sobre los activos es 7,20% y el patrimonio neto asciende a US$ 138.600. ¿Cuál es el rendimiento sobre el capital? ¿Cuál es la utilidad neta?

26. Cálculo de indicadores de rentabilidad

Cimec S.A. tiene ventas anuales de US$ 32.500, activos totales de US$ 48.200 y un pasivo total de US$ 12.600. Si el margen de utilidad neta es 8%, ¿Cuál es el rendimiento sobre los activos y cual el rendimiento sobre el capital?

27. Modelo Du Pont

La empresa Tucker Corp. tiene una rotación de activos de 1,23, un apalancamiento financiero de 1,75 y un margen de utilidad neta de 12%. ¿Cuál es el rendimiento sobre el capital?

28. Modelo Du Pont

Hoover Corp. tiene un margen de utilidad neta de 9%, una rotación de activos de 1,92 y un ROE de 22,46%. ¿Cuál es la razón deuda patrimonio?

29. Apalancamiento financiero y rentabilidad

Glynn Corporation tiene un patrimonio neto de US$ 520.000, una razón deuda patrimonio de 1,32 y el rendimiento sobre los activos es de 7,25%. ¿Cuál es su apalancamiento financiero? ¿Cuál es el rendimiento sobre el capital? ¿Cuál la utilidad neta de la gestión?

5 Análisis del capital de trabajo

El capital de trabajo son los activos circulantes que requiere una empresa para llevar a cabo sus actividades de producción y venta.

La determinación del capital de trabajo requerido por una empresa es necesario para proyectar estados financieros. En este capítulo veremos distintos métodos para determinar el capital de trabajo de una empresa.

5.1. El capital de trabajo

El capital de trabajo debe garantizar la adquisición de materia prima e insumos, el pago de la mano de obra directa, los gastos indirectos de fabricación y los gastos de administración y comercialización, hasta que se venda el producto y se perciba el producto de la venta, el cual debe estar disponible para el siguiente ciclo operativo.

El capital de trabajo inicial puede verse aumentado o rebajado si se proyectan cambios en los niveles de ventas.

Para determinar el capital de trabajo que necesita una empresa se necesita estudiar previamente el ciclo operativo y el ciclo del efectivo.

El ciclo operativo es el período (en días) que transcurre desde que se compra la materia prima, se procesa la producción, se almacena, se vende y se cobra al cliente.

CICLO OPERATIVO =	Numero de dias de la materia prima en almacen	+	Numero de dias de los productos en proceso	+	Numero de dias del producto terminado en almacenes	+	Numero de dias de venta a crédito del producto

CICLO OPERATIVO =	Periodo materia prima	+	Periodo productos en proceso	+	Periodo productos terminados	+	Periodo de cobro

Si se trata de una empresa comercial, al no existir producción el ciclo operativo es igual al periodo del inventario más el período de cobro.

Ciclo operativo = Período del inventario + Periodo de cobro

El ciclo de efectivo es el plazo desde que se paga los inventarios hasta que se cobra al cliente, es decir es el intervalo en el cual la empresa solo invierte fondos en la compra de inventarios, sueldos, otros gastos hasta que recupera los fondos con los pagos del cliente por la venta a crédito.

El ciclo de efectivo se calcula por diferencia entre el ciclo operativo y el período de pago a proveedores.

Ciclo de efectivo = Ciclo operativo – Periodo de pago

El ciclo operativo y el ciclo de efectivo pueden aumentar o disminuir si se modifica el período del inventario, el período de cobro o el período de pago.

La representación gráfica del ciclo operativo y ciclo operativo de una empresa industrial se indica en la figura 5.1.

Figura 5.1. Ciclo operativo y ciclo de efectivo de una empresa industrial

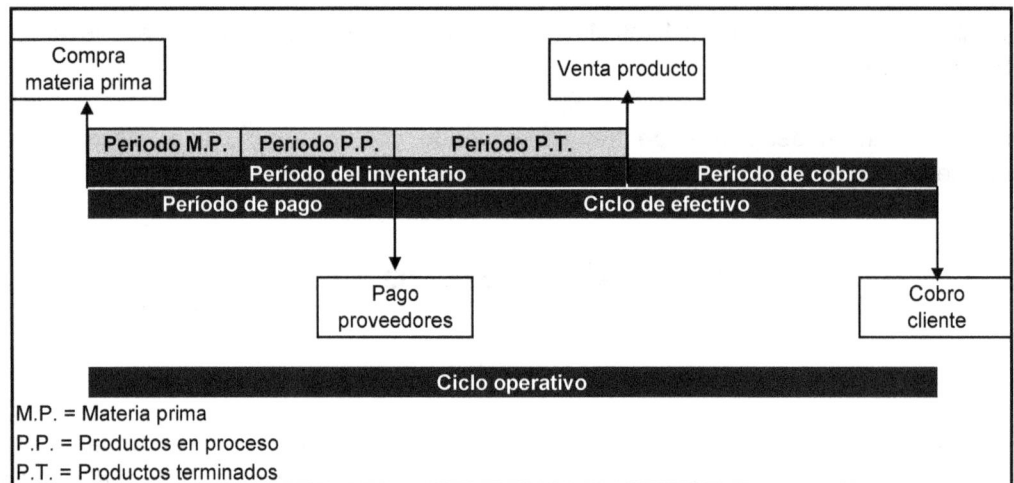

M.P. = Materia prima
P.P. = Productos en proceso
P.T. = Productos terminados

Ejemplo 5.1. Determinación del ciclo operativo y el ciclo de efectivo

Determinar el ciclo operativo y el ciclo de efectivo de la empresa Brink S.A. en base a la siguiente información:

Numero de días de las materias primas en almacén:	18
Numero de días que dura la producción	20
Numero de días de los productos terminados en almacén	30
Numero de días de venta a crédito	45
Plazo pago a proveedores	15

CICLO OPERATIVO = 18 + 20 + 30 + 45 = 113 días

CICLO DE EFECTIVO = 113 – 15 = 98 días

Los principales métodos para calcular el requerimiento de capital de trabajo son los siguientes:

- Método del ciclo de efectivo
- Método de razones financieras
- Método de razones financieras desagregado
- Método del déficit acumulado

5.2. Método del ciclo de efectivo

Este método consiste en determinar la cuantía de los costos de producción y gastos de operación que deben cubrir una empresa desde el momento en que se efectúa el primer pago por la adquisición de la materia prima hasta el momento en que se recauda el ingreso por la venta de los productos.

Este método establece que el capital de trabajo se determina dividiendo el costo total anual entre 365 días, obteniendo un costo diario que se multiplica por el ciclo de efectivo.

$$\text{Capital de trabajo} = \frac{\text{Costo total anual}}{365} \times \text{Ciclo de efectivo}$$

En el costo total no se debe incluir la depreciación, amortización de intangibles ni el costo financiero.

Ejemplo 5.2. Determinación del capital de trabajo

Determinar el monto del capital de trabajo por el método del ciclo de efectivo, en base a la siguiente información:

- El costo de producción y operación anual de un producto asciende a US$ 24.000 (no incluye depreciación, amortización de activos intangibles ni intereses).
- La materia prima e insumos se mantienen por un tiempo promedio de 7 días.
- El producto se produce en un periodo promedio de 10 días.
- El producto final se almacena durante 8 días.
- El producto se comercializa en un periodo de 7 días.
- El producto se vende a un plazo promedio de 30 días.
- Los proveedores de la materia prima otorgan crédito por 10 días.

Ciclo de efectivo = 7 + 10 + 8 + 7 + 30 - 10 = 52 días

$$\text{Capital de trabajo} = \frac{24.000}{365} \times 52 = 3.419,18$$

5.3. Método de razones financieras

Este método consiste en cuantificar la inversión para cada uno de los rubros del activo circulante, considerando que estos pueden financiarse por pasivos a corto plazo a través de crédito de proveedores, es decir se cuantifica el saldo mínimo de efectivo, el nivel de cuentas por cobrar, el nivel de inventarios y los niveles esperados de deudas con proveedores.

Para determinar el importe de las cuentas por cobrar, inventarios y cuentas por pagar se considera el periodo de cobro, el periodo del inventario y el periodo de pago a proveedores, utilizando las siguientes formulas:

$$\text{Cuentas por cobrar} = \frac{\text{Ventas}}{365} \times \text{Periodo de cobro}$$

$$\text{Inventarios} = \frac{\text{Costo de ventas}}{365} \times \text{Periodo del inventario}$$

$$\text{Cuentas por pagar} = \frac{\text{Costo de ventas}}{365} \times \text{Periodo de pago}$$

Estas formulas se determinan en base a los indicadores de rotación de cuentas por cobrar, rotación de inventarios y rotación de cuentas por pagar, período de cobro, período del inventario y período de pago, según se demuestra a continuación.

$$\text{Rotación de cuentas por cobrar} = \frac{\text{Ventas}}{\text{Cuentas por cobrar}} \qquad (1)$$

$$\text{Cuentas por cobrar} = \frac{\text{Ventas}}{\text{Rotación de cuentas por cobrar}} \qquad (2)$$

$$\text{Periodo de cobro} = \frac{365}{\text{Rotación de cuentas por cobrar}} \qquad (3)$$

$$\text{Cuentas por cobrar} = \frac{\text{Ventas}}{365 / \text{Periodo de cobro}} \qquad (3)\text{ en }(2)$$

$$\boxed{\text{Cuentas por cobrar} = \frac{\text{Ventas}}{365} \times \text{Periodo de cobro}}$$

$$\text{Rotación de inventarios} = \frac{\text{Costo de ventas}}{\text{Inventarios}} \qquad (1)$$

$$\text{Inventarios} = \frac{\text{Costo de ventas}}{\text{Rotación de inventarios}} \qquad (2)$$

$$\text{Periodo del inventario} = \frac{365}{\text{Rotación de inventarios}} \qquad (3)$$

$$\text{Inventarios} = \frac{\text{Costo de ventas}}{365 / \text{Periodo del inventario}} \qquad (3)\text{ en }(2)$$

$$\boxed{\text{Inventarios} = \frac{\text{Costo de ventas}}{365} \times \text{Periodo del inventario}}$$

$$\text{Rotación de cuentas por pagar} = \frac{\text{Costo de ventas}}{\text{Cuentas por pagar}} \qquad (1)$$

$$\text{Cuentas por pagar} = \frac{\text{Costo de ventas}}{\text{Rotación de cuentas por pagar}} \qquad (2)$$

$$\text{Periodo de pago} = \frac{365}{\text{Rotación de cuentas por pagar}} \qquad (3)$$

$$\text{Cuentas por pagar} = \frac{\text{Costo de ventas}}{365 / \text{Periodo de pago}} \qquad (3)\text{ en }(2)$$

$$\boxed{\text{Cuentas por pagar} = \frac{\text{Costo de ventas}}{365} \times \text{Periodo de pago}}$$

Ejemplo 5.3. **Determinación del capital de trabajo**

Se ha establecido los siguientes niveles de venta de un proyecto que se encuentra en estudio:

	Año 1	Año 2	Año 3
Ventas	10.000	12.000	15.000

El costo de ventas representa el 60% de las ventas.

Las ventas se realizarán a crédito a un plazo promedio de 90 días.

El periodo de pago a proveedores es de 60 días.

El periodo del inventario es de 45 días.

El requerimiento de efectivo para cubrir gastos generales y de administración es del 2% sobre ventas del periodo.

El capital de trabajo neto por el método de razones financieras sería el siguiente:

$$\text{Cuentas por cobrar} = \frac{\text{Ventas}}{365} \times 90$$

$$\text{Inventarios} = \frac{\text{Costo de ventas}}{365} \times 45$$

$$\text{Cuentas por pagar} = \frac{\text{Costo de ventas}}{365} \times 60$$

REQUERIMIENTO DE CAPITAL DE TRABAJO
En dólares americanos

	Año 1	Año 2	Año 3
Efectivo	200	240	300
Cuentas por cobrar	2.466	2.959	3.699
Inventarios	740	888	1.110
Cuentas por pagar	986	1.184	1.479
CAPITAL DE TRABAJO NETO	**2.419**	**2.903**	**3.629**

5.4. Método de razones financieras desagregado

Este método considera que el capital de trabajo esta en función de los periodos de la materia prima, productos en proceso, productos terminados, periodo de la venta a crédito a clientes, periodo de pago a proveedores y que la inversión en cada una de estas partidas va aumentando a medida que el proceso de producción y comercialización va avanzando, como se muestra la figura 5.2.

Este método consiste en cuantificar la inversión para cada uno de los rubros del activo circulante, desglosando los inventarios en materia prima, productos en proceso y productos terminados y considerando que estos pueden financiarse por pasivos a corto plazo a través de crédito de proveedores de la materia prima y de otros gastos, es decir se cuantifica el saldo mínimo de efectivo, el nivel de cuentas por cobrar, el nivel de inventarios de materia prima, productos en proceso, productos terminados y los niveles esperados de deudas con proveedores y otros acreedores.

Figura 5.2. **Ciclo operativo de una empresa industrial**

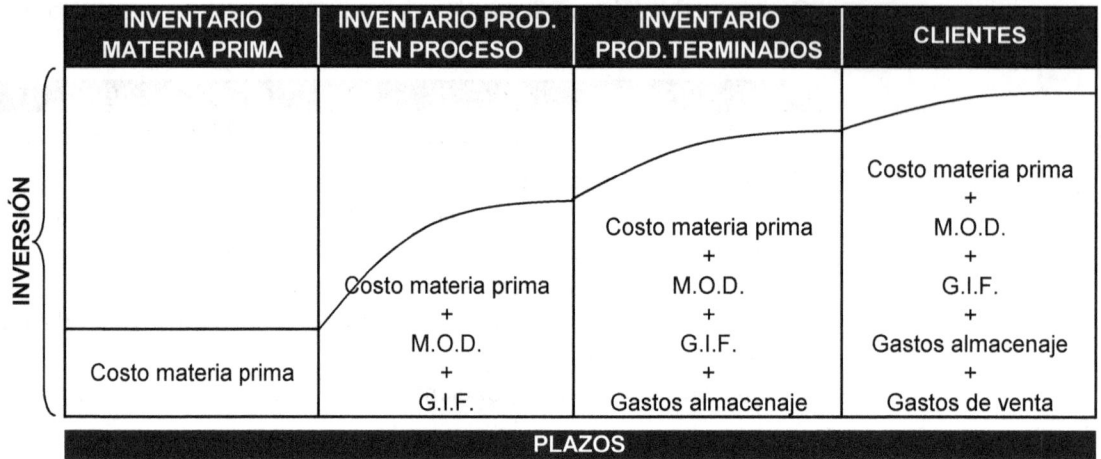

INVENTARIO MATERIA PRIMA	INVENTARIO PROD. EN PROCESO	INVENTARIO PROD.TERMINADOS	CLIENTES

INVERSIÓN

Costo materia prima

Costo materia prima
+
M.O.D.
+
G.I.F.

Costo materia prima
+
M.O.D.
+
G.I.F.
+
Gastos almacenaje

Costo materia prima
+
M.O.D.
+
G.I.F.
+
Gastos almacenaje
+
Gastos de venta

PLAZOS

MOD: Mano de obra directa
GIF: Gastos indirectos de fabricación

El monto de cada una de las partidas del activo circulante y el pasivo circulante se calcula de la siguiente manera:

PARTIDA	FORMULA

Efectivo = Costo total anual x Requerimiento mínimo de efectivo

$$\text{Inventario materia prima} = \frac{\text{Costo materia prima anual}}{365} \times \text{Periodo de la materia prima}$$

$$\text{Inventario prod. en proceso} = \frac{\text{Costo producción anual}}{365} \times \text{Periodo de productos en proceso}$$

$$\text{Inventario productos terminados} = \frac{\text{Costo producción anual}}{365} \times \text{Periodo de productos terminados}$$

$$\text{Cuentas por cobrar} = \frac{\text{Ventas}}{365} \times \text{Periodo de cobro}$$

$$\text{Cuentas por pagar materia prima} = \frac{\text{Costo materia prima anual}}{365} \times \text{Periodo de pago a proveedores}$$

$$\text{Cuentas por pagar gastos} = \frac{\text{MOD} + \text{GIF} + \text{GADM} + \text{GCOM}}{365} \times \text{Periodo de pago de gastos}$$

MOD: Mano de obra directa   GADM: Gastos de administración
GIF: Gastos indirectos de fabricación   GCOM: Gastos de comercialización

El monto de capital de trabajo será igual al efectivo más el inventario de materia prima, inventario de productos en proceso, inventario de productos terminados, cuentas por cobrar, menos las cuentas por pagar de la materia prima y cuentas por pagar de otros gastos.

Ejemplo 5.4.	**Determinación del capital de trabajo**

Calcular el capital de trabajo por el método de razones financieras desagregado, en base a la siguiente información de una empresa industrial:

- El costo de producción y operación anual (sin incluir depreciación ni intereses) asciende a US$ 200.000.
- Las ventas anuales ascienden a US$ 250.000.
- Periodo de la materia prima   10 días
- Periodo productos en proceso   20 días
- Periodo productos terminados   25 días
- Periodo de cobro a clientes   90 días
- Periodo de pago a proveedores   60 días
- Periodo promedio de pago sueldos y salarios, gastos indirectos de fabricación, gastos de administración y gastos de comercialización: 30 días
- La materia prima representa el 30% del costo de producción y operación anual.
- La mano de obra directa y gastos indirectos de fabricación representan el 50% del costo de producción y operación anual.
- Los gastos de administración y comercialización representan el 20% del costo de producción y operación anual.
- El requerimiento mínimo de efectivo es del 1% del costo de producción y operación anual.

Período de la materia prima (PMP):	10	Periodo de cobro (PC):	90
Período productos en proceso (PPP):	20	Periodo de pago materia prima (PP_{MP}):	60
Período productos terminados (PPT):	25	Periodo de pago gastos (PP_G):	30

REQUERIMIENTO DE CAPITAL DE TRABAJO NETO

PARTIDA	FORMULA	CALCULO	MONTO
Efectivo = Costo total anual x Requerimiento mínimo =		200.000 x 0,01 =	2.000
Inventario materia prima = $\dfrac{\text{Costo materia prima anual}}{365}$ x PMP =		$\dfrac{200.000 \times 0,30}{365}$ x 10 =	1.644
Inventario prod. en proceso = $\dfrac{\text{Costo producción anual}}{365}$ x PPP =		$\dfrac{200.000 \times 0,80}{365}$ x 20 =	8.767
Inventario prod. terminados = $\dfrac{\text{Costo producción anual}}{365}$ x PPT =		$\dfrac{200.000 \times 0,80}{365}$ x 25 =	10.959
Cuentas por cobrar = $\dfrac{\text{Ventas}}{365}$ x PC =		$\dfrac{250.000}{365}$ x 90 =	61.644
Cuentas por pagar mat. prima = $\dfrac{\text{Costo materia prima anual}}{365}$ x PP_{MP} =		$\dfrac{200.000 \times 0,30}{365}$ x 60 =	9.863
Cuentas por pagar gastos = $\dfrac{MOD + GIF + GADM + GCOM}{365}$ x PP_G =		$\dfrac{200.000 \times 0,70}{365}$ x 30 =	11.507
CAPITAL DE TRABAJO NETO			**63.644**

5.5.   Método del déficit acumulado

Este método consiste en calcular para cada mes, bimestre o trimestre los flujos de ingreso y egresos proyectados y determinar la cuantía del capital de trabajo como el equivalente al déficit acumulado máximo.

Ejemplo 5.5. Determinación del capital de trabajo

El flujo de efectivo proyectado por el primer año de operación de un proyecto en estudio es el siguiente:

FLUJO DE EFECTIVO PROYECTADO
En dólares americanos

	1	2	3	4	5	6	7	8	9	10	11	12
Ingresos	0	400	600	800	1.000	1.200	1.500	2.000	2.000	2.000	2.000	2.000
Egresos	320	480	640	800	960	1.200	1.600	1.600	1.600	1.600	1.600	1.600
Saldo	-320	-80	-40	0	40	0	-100	400	400	400	400	400
Saldo acumulado	-320	-400	-440	-440	-400	-400	-500	-100	300	700	1.100	1.500

El máximo déficit acumulado asciende a US$ 500, por lo que éste será la inversión que deberá efectuarse en capital de trabajo para financiar las operaciones del proyecto.

Ejemplo 5.6. Determinación del capital de trabajo

Determinar el capital de trabajo por el método del déficit acumulado de una empresa a constituirse, en base a la siguiente información:

PRONÓSTICO DE VENTAS
En dólares americanos

	1º TRIM.	2º TRIM.	3º TRIM.	4º TRIM.
Ventas	20.000	40.000	60.000	60.000

- Las ventas del quinto trimestre se estima en US$ 60.000.
- El período promedio de cobranza es de 60 días.
- Las compras de mercaderías en un trimestre son iguales a 75% de las ventas pronosticadas del siguiente trimestre.
- El período de pago a proveedores es de 36 días.
- Los sueldos, impuestos y otros gastos ascienden al 30% de las ventas del período.

Para elaborar el flujo de efectivo se debe calcular con carácter previo los ingresos y egresos en efectivo, elaborando los cuadros "Ingreso de efectivo por ventas" y "Egreso por pago a proveedores".

El cuadro de ingresos de efectivo por ventas considera el saldo inicial de cuentas por cobrar, las ventas del período, las cobranzas del período y el saldo final de cuentas por cobrar. El procedimiento de cálculo es el siguiente: Se consigna en principio el monto de las ventas proyectadas por período, para que en base al plazo promedio de ventas a crédito que se proyecta se determine el importe de las ventas que se cobrará en el período. En el presente caso como el periodo promedio de cobranza es de 60 días, la tercera parte de las ventas del período (30/90) se cobrará en este período y las dos terceras partes (60/90) se cobrará en el siguiente periodo, importe que se consigna como saldo final de cuentas por cobrar, que se constituirá en saldo inicial de cuentas por cobrar en el siguiente periodo. El ingreso de efectivo de cada período se determina sumando el saldo inicial de cuentas por cobrar del periodo y las cobranzas de las ventas del período, tal como se indica en el siguiente cuadro.

INGRESO DE EFECTIVO POR VENTAS
En dólares americanos

	1º TRIM.	2º TRIM.	3º TRIM.	4º TRIM.
Saldo inicial cuentas por cobrar	0	13.333	26.667	40.000
Ventas	20.000	40.000	60.000	60.000
Cobranza ventas del período	6.667	13.333	20.000	20.000
Saldo final cuentas por cobrar	13.333	26.667	40.000	40.000
INGRESO DE EFECTIVO POR VENTAS	**6.667**	**26.667**	**46.667**	**60.000**

El cuadro de egreso por pago a proveedores es similar al cuadro de ingreso de efectivo y el procedimiento de calculo es exactamente el mismo, con la diferencia de que en lugar de ventas se debe consignar las compras del periodo, en lugar de cuentas por cobrar se debe consigna cuentas por pagar y en lugar del periodo de cobro se debe utilizar el periodo de pago. En el presente caso como el periodo de pago a proveedores es de 36 días, el 60% de las compras (54/90) se pagará en el período y el 40% (36/90) se quedará como saldo final de cuentas por pagar que se cancelará en el siguiente periodo. Los cálculos respectivos se resumen en el siguiente cuadro:

EGRESO POR PAGO A PROVEEDORES
En dólares americanos

	1º TRIM.	2º TRIM.	3º TRIM.	4º TRIM.
Saldo inicial de cuentas por pagar	0	12.000	18.000	18.000
Compras	30.000	45.000	45.000	45.000
Cancelación compras del período	18.000	27.000	27.000	27.000
Saldo final cuentas por pagar	12.000	18.000	18.000	18.000
PAGO A PROVEEDORES	**18.000**	**39.000**	**45.000**	**45.000**

El flujo de efectivo proyectado se elabora en base a los dos cuadros anteriores, incluyendo los pagos por sueldos, impuestos y otros gastos, como se indica en el cuadro que se presenta a continuación. La diferencia entre los ingresos y egresos es el saldo de efectivo del periodo. El saldo acumulado es la suma de los saldos de efectivo de cada periodo.

FLUJO DE EFECTIVO PROYECTADO
En dólares americanos

	1º TRIM.	2º TRIM.	3º TRIM.	4º TRIM.
FLUJO DE INGRESO DE EFECTIVO				
Ingreso de efectivo por ventas	6.667	26.667	46.667	60.000
INGRESOS DE EFECTIVO	**6.667**	**26.667**	**46.667**	**60.000**
FLUJO DE SALIDA DE EFECTIVO				
Pago a proveedores	18.000	39.000	45.000	45.000
Sueldos, impuestos y otros gastos	6.000	12.000	18.000	18.000
EGRESOS DE EFECTIVO	**24.000**	**51.000**	**63.000**	**63.000**
SALDO	**-17.333**	**-24.333**	**-16.333**	**-3.000**
SALDO ACUMULADO	**-17.333**	**-41.667**	**-58.000**	**-61.000**

En el presente caso vemos que el flujo de efectivo proyectado arroja saldos acumulados negativos en cada periodo. El capital de trabajo neto requerido será el monto mayor del saldo negativo acumulado, en este caso US$ 61.000.

Preguntas y problemas

1. **Determinación del capital de trabajo neto**

   Se ha establecido los siguientes niveles de venta de un proyecto que se encuentra en estudio:

Concepto	Año 1	Año 2	Año 3
Volumen de ventas (unidades)	3.000	4.000	5.000

   El precio de venta unitario es de US$ 60.

   El costo de ventas representa el 70% de las ventas.

   Las ventas se realizaran a un plazo promedio de 60 días.

   El periodo del inventario es de 35 días.

   El periodo de pago a proveedores es de 45 días.

   El requerimiento mínimo de efectivo para cubrir gastos de operación es del 1,5% sobre las ventas del periodo.

   Determinar el capital de trabajo neto por el método de razones financieras.

2. **Determinación del capital de trabajo neto**

   Calcular el capital de trabajo neto por el método de razones financieras desagregado, en base a la siguiente información:

   - Periodo de la materia prima   15 días
   - Periodo productos en proceso   30 días
   - Periodo productos terminados   20 días
   - Periodo de cobro a clientes   30 días
   - Periodo de pago a proveedores   45 días
   - Periodo promedio de pago de la mano de obra, gastos indirectos de fabricación, gastos de administración y comercialización es 30 días
   - Costo de producción y operación anual (sin incluir depreciación ni intereses): US$ 100.000.
   - Las ventas anuales ascienden a US$ 140.000.
   - La materia prima representa el 25% del costo de producción y operación anual.
   - La mano de obra directa y los gastos indirectos de fabricación representan el 40% del costo de producción y operación anual.
   - Los gastos de administración y comercialización representan el 35% del costo de producción y operación anual.
   - El requerimiento mínimo de efectivo es del 0,5% del costo de producción y operación anual.

3. **Determinación del capital de trabajo neto**

   Calcular el capital de trabajo por el método del déficit acumulado en base a la siguiente información:

   PRONÓSTICO DE VENTAS
   En dólares americanos

	1° TRIM.	2° TRIM.	3° TRIM.	4° TRIM.
Ventas	14.000	12.000	16.000	18.000

   - Las ventas del quinto trimestre se estima en US$ 20.000.
   - El período promedio de cobranza es de 45 días.
   - Las compras de mercaderías en un trimestre son iguales a 70% de las ventas pronosticadas del siguiente trimestre.
   - El período de pago a proveedores es de 30 días.
   - Los sueldos, impuestos y otros gastos ascienden al 30% de las ventas del período.

6 Flujos de caja

En este capítulo veremos como se elabora los flujos de caja, término con el que nos referimos a los ingresos y egresos de efectivo de una empresa durante un determinado periodo de tiempo.

Expondremos los distintos flujos de caja que existen, sus componentes y sus aplicaciones prácticas.

El estado de flujo de efectivo que expusimos en el capítulo 2 es un estado contable que es totalmente diferente a lo que veremos en este capítulo.

6.1.   Flujo de caja de operación (FCO)

El flujo de caja de operación es el efectivo generado por la actividad principal de una empresa.

Para determinar el flujo de caja de operación de los ingresos les restamos los costos, pero no incluimos la depreciación porque no es flujo de salida de efectivo y tampoco los intereses porque no son un gasto operativo, pero si tomamos en cuenta los impuestos ya que estos se pagan en efectivo.

El flujo de caja de operación se obtiene a partir del estado de resultados, cuya estructura es la siguiente:

ESTADO DE RESULTADOS
Ventas
(-) Costo de ventas
Utilidad bruta
(-) Gastos de operación
(-) Depreciación
Utilidad antes de intereses e impuestos (EBIT)
(-) Intereses
Utilidad antes de impuestos (EBT)
(-) Impuestos
Utilidad neta

El flujo de caja de operación se determina a partir de la utilidad antes de intereses e impuestos (EBIT), sumando la depreciación y restando los impuestos.

EBIT
(+) Depreciación
(-) Impuestos
Flujo de caja de operación (FCO)

Existen dos formas alternativas de calcular el flujo de caja de operación, que se los denomina enfoque ascendente y enfoque descendente.

Enfoque ascendente
Utilidad neta
(+) Depreciación
(+) Intereses
Flujo de caja de operación (FCO)

Enfoque descendente
Ventas
(-) Costo de ventas y gastos de operación
(-) Impuestos
Flujo de caja de operación (FCO)

6.2. Gastos netos de capital (Inversiones fijas netas)

Los gastos netos de capital o inversiones fijas netas son el dinero invertido en activos fijos menos el dinero recibido por la venta de activos fijos, el cual se determina por la diferencia entre el activo fijo neto final y el activo fijo neto inicial sumando la depreciación.

Activo fijo neto final
(-) Activo fijo neto inicial
(+) Depreciación
Gastos netos de capital

6.3. Variaciones en el capital de trabajo neto

Una empresa además de invertir en activos fijos debe también invertir en activos circulantes.

La diferencia entre los activos circulantes de la empresa y sus pasivos circulantes recibe el nombre de capital de trabajo neto, el cual lo simbolizaremos por CTN. El capital de trabajo neto es positivo cuando los activos circulantes exceden a los pasivos circulantes, esto significa que el efectivo que estará disponible a lo largo de los doce meses siguientes excede al efectivo que tendrá que pagarse a lo largo del mismo período.

La variación en el CTN se determina por la diferencia entre las cifras del capital de trabajo neto final y el capital de trabajo neto inicial.

Capital de trabajo neto final
(-) Capital de trabajo neto inicial
Variaciones en el CTN

6.4. Flujo de caja libre y flujo de caja del accionista

El flujo de caja libre representa el efectivo que la empresa podrá distribuir entre acreedores y accionistas, ya que no lo necesitará para las inversiones en activos fijos o capital de trabajo neto.

El flujo de caja libre se calcula sin considerar el financiamiento de acreedores, es decir como si la empresa no tuviera ninguna deuda y en consecuencia sin costo financiero.

El flujo de caja libre es igual al flujo de caja de operación menos los gastos netos de capital y menos las variaciones en el capital de trabajo neto.

Utilidad antes de intereses e impuestos (E.B.I.T.)
(+) Depreciación
(-) Impuestos (sobre E.B.I.T.)
(-) Gastos netos de capital (Inversiones fijas)
(-) Variaciones en el CTN
_____
Flujo de caja libre (FCL)

El flujo de caja del accionista es el efectivo que la empresa podrá repartir entre los accionistas después de hacer el pago de todos los gastos generados por el proyecto, además del pago de la deuda tanto a capital como a intereses, es decir considerando el financiamiento de los acreedores.

El flujo de caja del accionista puede determinarse de tres maneras diferentes, partiendo ya sea de la utilidad antes de intereses e impuestos, la utilidad neta o las ventas.

Utilidad antes de intereses e impuestos (E.B.I.T.)
(+) Depreciación
(-) Impuestos (sobre E.B.T.)
(-) Gastos netos de capital (Inversiones fijas)
(-) Variaciones CTN
(+) Préstamo
(-) Amortización préstamo
(-) Intereses
_____
Flujo de caja del accionista (FCA)

Utilidad neta
(+) Depreciación
(-) Gastos netos de capital (Inversiones fijas)
(-) Variaciones en el CTN
(+) Préstamo
(-) Amortización préstamo
_____
Flujo de caja del accionista (FCA)

Ventas
(-) Costo de ventas
(-) Gastos de operación
(-) Impuestos (sobre E.B.T.)
(-) Gastos netos de capital (Inversiones fijas)
(-) Variaciones en el CTN
(+) Prestamo
(-) Amortización préstamo
(-) Intereses
_____
Flujo de caja del accionista (FCA)

Ejemplo 6.1. Determinación del flujo de caja libre y flujo de caja del accionista

La empresa Strive S.A. esta estudiando la factibilidad de una nueva línea de productos, cuyo volumen de ventas proyectado es el siguiente:

Concepto	Año 1	Año 2	Año 3	Año 4	Año 5
Volumen de ventas (unidades)	40.000	50.000	60.000	65.000	70.000

- El precio de venta unitario es US$ 10, el costo variable por unidad es US$ 6 y los costos fijos totales ascienden a US$ 28.000 por año.
- La inversión fija se ha estimado en US$ 600.000 y tiene una vida útil de 8 años.
- El capital de trabajo neto al inicio del proyecto es el siguiente: cuentas por cobrar US$ 15.000, inventarios US$ 45.000, cuentas por pagar US$ 20.000.
- Al final de cada año se proyecta que las cuentas por cobrar representarán el 5% de las ventas, los inventarios el 20% de las ventas y las cuentas por pagar el 10% de las ventas.
- El proyecto contempla un préstamo por US$ 200.000 a 5 años plazo, pagos anuales con cuotas fijas a capital, a la tasa de interés del 6% anual.
- La tasa del impuesto a las utilidades es 25%.
- La tasa de inflación es 0%.

Elaborar el estado de resultados proyectado, el flujo de caja libre y el flujo de caja del accionista por los tres enfoques (enfoque EBIT, enfoque ascendente, enfoque descendente).

INFORMACIÓN BÁSICA

Inversión fija	US$ 600.000.-	Precio de venta unitario	US$	10.-
Capital de trabajo neto inicial	US$ 40.000.-	Costo variable unitario	US$	6.-
Monto del préstamo	US$ 200.000.-	Costo fijo	US$	28.000.-
Plazo	5 años	Tasa impuesto a las utilidades		25%
Tasa de interés anual	6%			

PLAN DE AMORTIZACIÓN
En Dólares americanos

Período (Años)	Saldo préstamo	Capital	Interés	Capital e interés
1	200.000	40.000	12.000	52.000
2	160.000	40.000	9.600	49.600
3	120.000	40.000	7.200	47.200
4	80.000	40.000	4.800	44.800
5	40.000	40.000	2.400	42400
		200.000	36.000	236.000

PRONÓSTICO DE VENTAS
En dólares americanos

Detalle	Año 1	Año 2	Año 3	Año 4	Año 5
Volumen de ventas (unidades)	40.000	50.000	60.000	65.000	70.000
Precio de venta unitario	10	10	10	10	10
INGRESO BRUTO POR VENTAS	**400.000**	**500.000**	**600.000**	**650.000**	**700.000**

COSTO VARIABLE TOTAL
En dólares americanos

Detalle	Año 1	Año 2	Año 3	Año 4	Año 5
Volumen de ventas (unidades)	40.000	50.000	60.000	65.000	70.000
Costo variable unitario	6	6	6	6	6
COSTO VARIABLE TOTAL	**240.000**	**300.000**	**360.000**	**390.000**	**420.000**

REQUERIMIENTO DE CAPITAL DE TRABAJO NETO (CTN)
En dólares americanos

Detalle	Año 0	Año 1	Año 2	Año 3	Año 4	Año 5
Cuentas por cobrar (5%)	15.000	20.000	25.000	30.000	32.500	35.000
Inventarios (20%)	45.000	80.000	100.000	120.000	130.000	140.000
Cuentas por pagar (10%)	20.000	40.000	50.000	60.000	65.000	70.000
CAPITAL DE TRABAJO NETO	40.000	60.000	75.000	90.000	97.500	105.000
VARIACIONES EN EL CTN	**40.000**	**20.000**	**15.000**	**15.000**	**7.500**	**7.500**

ESTADO DE RESULTADOS PROYECTADO
En dólares americanos

Detalle	Año 1	Año 2	Año 3	Año 4	Año 5
Ventas	400.000	500.000	600.000	650.000	700.000
(-) Costos variables	240.000	300.000	360.000	390.000	420.000
(-) Costos fijos	28.000	28.000	28.000	28.000	28.000
(-) Depreciación	75.000	75.000	75.000	75.000	75.000
Utilidad antes de intereses e impuestos (EBIT)	57.000	97.000	137.000	157.000	177.000
(-) Intereses	12.000	9.600	7.200	4.800	2.400
Utilidad antes de impuestos (EBT)	45.000	87.400	129.800	152.200	174.600
(-) Impuestos (25% sobre EBT)	11.250	21.850	32.450	38.050	43.650
Utilidad neta	33.750	65.550	97.350	114.150	130.950

FLUJO DE CAJA LIBRE
En dólares americanos

Detalle	Año 0	Año 1	Año 2	Año 3	Año 4	Año 5
E.B.I.T.		57.000	97.000	137.000	157.000	177.000
(+) Depreciación		75.000	75.000	75.000	75.000	75.000
(-) Impuestos (25% sobre EBIT)		-14.250	-24.250	-34.250	-39.250	-44.250
(-) Inversión fija	-600.000					
(-) Variaciones en el CTN	-40.000	-20.000	-15.000	-15.000	-7.500	-7.500
FLUJO DE CAJA LIBRE	**-640.000**	**97.750**	**132.750**	**162.750**	**185.250**	**200.250**

FLUJO DE CAJA DEL ACCIONISTA
En dólares americanos

Detalle	Año 0	Año 1	Año 2	Año 3	Año 4	Año 5
E.B.I.T.		57.000	97.000	137.000	157.000	177.000
(+) Depreciación		75.000	75.000	75.000	75.000	75.000
(-) Impuestos (25% sobre EBT)		-11.250	-21.850	-32.450	-38.050	-43.650
(-) Inversión fija	-600.000					
(-) Variaciones en el CTN	-40.000	-20.000	-15.000	-15.000	-7.500	-7.500
(+) Préstamo	200.000					
(-) Amortización prestamo		-40.000	-40.000	-40.000	-40.000	-40.000
(-) Intereses		-12.000	-9.600	-7.200	-4.800	-2.400
FLUJO DE CAJA DEL ACCIONISTA	**-440.000**	**48.750**	**85.550**	**117.350**	**141.650**	**158.450**

FLUJO DE CAJA DEL ACCIONISTA
En dólares americanos

Detalle	Año 0	Año 1	Año 2	Año 3	Año 4	Año 5
Utilidad neta		33.750	65.550	97.350	114.150	130.950
(+) Depreciación		75.000	75.000	75.000	75.000	75.000
(-) Inversión fija	-600.000					
(-) Variaciones en el CTN	-40.000	-20.000	-15.000	-15.000	-7.500	-7.500
(+) Préstamo	200.000					
(-) Amortización prestamo		-40.000	-40.000	-40.000	-40.000	-40.000
FLUJO DE CAJA DEL ACCIONISTA	**-440.000**	**48.750**	**85.550**	**117.350**	**141.650**	**158.450**

FLUJO DE CAJA DEL ACCIONISTA
En dólares americanos

Detalle	Año 0	Año 1	Año 2	Año 3	Año 4	Año 5
Ventas		400.000	500.000	600.000	650.000	700.000
(-) Costos variables		-240.000	-300.000	-360.000	-390.000	-420.000
(-) Costos fijos		-28.000	-28.000	-28.000	-28.000	-28.000
(-) Impuestos (25% sobre E.B.T.)		-11.250	-21.850	-32.450	-38.050	-43.650
(-) Inversión fija	-600.000					
(-) Variaciones en el CTN	-40.000	-20.000	-15.000	-15.000	-7.500	-7.500
(+) Préstamo	200.000					
(-) Amortización préstamo		-40.000	-40.000	-40.000	-40.000	-40.000
(-) Intereses		-12.000	-9.600	-7.200	-4.800	-2.400
FLUJO DE CAJA DEL ACCIONISTA	**-440.000**	**48.750**	**85.550**	**117.350**	**141.650**	**158.450**

6.5. Fuentes y usos de fondos

El estado de fuentes y usos de fondos es otra forma de presentar los ingresos y egresos de efectivo de una empresa, con el objetivo de determinar la capacidad de cubrir sus costos, inversiones fijas, capital de trabajo, obligaciones financieras y dividendos.

En este estado los ingresos y egresos de efectivo se divide en fuentes y usos de fondos. Como fuentes de fondos se considera el ingreso por ventas, los préstamos y los aportes de capital de los socios. Como usos de fondos se considera las inversiones fijas, el capital de trabajo neto, los costos de producción o de ventas, los gastos de operación, los intereses de la deuda, la amortización de la deuda, los impuestos y los dividendos que se pagará a los accionistas.

Ejemplo 6.2. Fuentes y usos de fondos

Elaborar el estado de fuentes y usos de fondos del ejemplo 6.1, considerando que se pagará el 60% de la utilidad neta como dividendos.

FUENTES Y USOS DE FONDOS
En dólares americanos

Detalle	Año 0	Año 1	Año 2	Año 3	Año 4	Año 5
FUENTES						
Ventas		400.000	500.000	600.000	650.000	700.000
Préstamo	200.000					
Aporte propio	440.000					
TOTAL FUENTES	**640.000**	**400.000**	**500.000**	**600.000**	**650.000**	**700.000**
USOS						
Inversiones fijas	600.000					
Capital de trabajo neto	40.000	20.000	15.000	15.000	7.500	7.500
Costos variables		240.000	300.000	360.000	390.000	420.000
Costos fijos		28.000	28.000	28.000	28.000	28.000
Intereses		12.000	9.600	7.200	4.800	2.400
Amortización préstamo		40.000	40.000	40.000	40.000	40.000
Impuestos		11.250	21.850	32.450	38.050	43.650
Dividendos		20.250	39.330	58.410	68.490	78.570
TOTAL USOS	**640.000**	**371.500**	**453.780**	**541.060**	**576.840**	**620.120**
EXCEDENTE/DEFICIT	**0**	**28.500**	**46.220**	**58.940**	**73.160**	**79.880**
SALDO ACUMULADO	**0**	**28.500**	**74.720**	**133.660**	**206.820**	**286.700**

Preguntas y problemas

1. **Cálculo del flujo de caja de operación**

   Locust Corp. registra ventas anuales de US$ 83.400, costo de ventas y gastos de operación de US$ 58.200, depreciación por US$ 13.500 e intereses por US$ 2.100. Si la tasa del impuesto a las utilidades es 25%, determinar el flujo de caja de operación.

2. **Cálculo de los gastos netos de capital**

   Los balances generales al 31 de diciembre de 2009 y 2010 de la empresa Farbide S.A. registran activos fijos netos de US$ 235.000 y US$ 256.500, respectivamente. El estado de resultados de la empresa de la gestión 2010 registró una depreciación por US$ 32.700. ¿Cuáles han sido los gastos netos de capital?

3. **Cálculo de las variaciones en el capital de trabajo neto**

   El balance general al 31 de diciembre de 2009 de Neex Corp., registra activos circulantes por US$ 55.800 y pasivos circulantes por US$ 32.200. En la gestión 2010, los activos circulantes fueron de US$ 61.700 y los pasivos circulantes de US$ 31.500. ¿Cuál ha sido el cambio en el capital de trabajo neto de la empresa?

4. Determinación del flujo de caja libre y flujo de caja del accionista

La empresa Scare Corp. ha proyectado los siguientes volúmenes de venta para un nuevo producto que lanzará al mercado.

Detalle	Año 1	Año 2	Año 3	Año 4	Año 5
Volumen de ventas (unidades)	100.000	105.000	110.000	120.000	140.000

- El precio de venta unitario es US$ 3, el costo variable por unidad es US$ 2 y los costos fijos ascienden a US$ 45.000 por año.
- El proyecto requiere inversiones en maquinaria y equipo por un valor de US$ 160.000, las cuales tienen una vida útil de ocho años.
- El capital de trabajo neto inicial asciende a US$ 25.000, conformado por cuentas por cobrar por US$ 6.000, inventarios por US$ 24.000 y cuentas por pagar por US$ 5.000.
- Al final de cada año se proyecta que las cuentas por cobrar representarán el 8% de las ventas, los inventarios el 12% de las ventas y las cuentas por pagar el 6% de las ventas.
- Para financiar el proyecto se contempla contraer un préstamo bancario por US$ 40.000 a cinco años plazo, amortizaciones anuales con cuotas fijas a capital, a la tasa de interés del 12% anual.
- La tasa del impuesto a las utilidades es 25%.

Elaborar el estado de resultados proyectado, el flujo de caja libre, el flujo de caja del accionista y el estado de fuentes y usos de fondos.

7 Proyecciones financieras a largo plazo

En este capítulo expondremos distintos métodos para la proyección de estados financieros.

Expondremos tres métodos para realizar proyecciones financieras, el método del porcentaje de ventas, el método en base al flujo de caja y el método en base al estado de flujo de efectivo y veremos dos conceptos importantes, el crecimiento interno y el crecimiento sostenible.

7.1.   Método del porcentaje de ventas

El método del porcentaje de ventas consiste en determinar los importes de las distintas cuentas contables asumiendo que varían en forma proporcional a las ventas.

El procedimiento consiste en separar las cuentas del estado de resultados y el balance general en dos grupos, aquellos que varían de manera directa con las ventas y aquellos que no, para luego determinar los porcentajes de cada partida contable respecto a las ventas, los mismos que son utilizados para determinar los nuevos valores de cada cuenta contable en función al nivel de ventas que se proyecta.

Existen algunas cuentas contables que no varían en forma proporcional a las ventas, tales como la solicitud de fondos en préstamo, ya que esta variable no se relaciona en forma directa con las ventas, lo establece la administración.

Para la aplicación de este método se requiere conocer el porcentaje de incremento en ventas que se proyecta, el desglose de los costos en variables y fijos y el porcentaje de las utilidades que son distribuidas como dividendos. En base a esta información se determinan los importes de cada partida contable y se calcula el monto del financiamiento que requerirá la empresa para alcanzar el nivel de ventas proyectado.

En el ejemplo 7.1 se ilustra como se proyecta estados financieros en base al método del porcentaje de ventas

Ejemplo 7.1. Proyección de estados financieros en base al método del porcentaje de ventas

En base a los estados financieros que se presenta a continuación elaborar el estado de resultados proyectado y el balance general proyectado utilizando el método del porcentaje de ventas, considerando que se proyecta un incremento en ventas de 20%, que la razón de pago de dividendos es constante y que el activo circulante, el activo fijo neto, las cuentas por pagar y los costos variables son proporcionales a las ventas.

ESTADO DE RESULTADOS
Al 31 de diciembre de 2010
En dólares americanos

Ventas	10.000
(-) Costos variables	5.000
(-) Costos fijos	3.000
Utilidad antes de impuestos (EBT)	2.000
(-) Impuesto a las utilidades (25%)	500
Utilidad neta	1.500
Dividendos	600
Utilidades retenidas	900

BALANCE GENERAL
Al 31 de diciembre de 2010
En dólares americanos

ACTIVO CIRCULANTE		PASIVO CIRCULANTE	
Efectivo	1.500	Cuentas por pagar	3.000
Cuentas por cobrar	4.500	Prestamos por pagar	1.000
Inventarios	6.000	SUB TOTAL	4.000
SUB TOTAL	12.000	Deuda largo plazo	6.000
ACTIVO FIJO		PATRIMONIO NETO	
Activo fijo neto	16.000	Capital	12.000
		Utilidades acumuladas	6.000
TOTAL ACTIVO	28.000	TOTAL PASIVO Y PATRIM.	28.000

La razón de pago de dividendos y la razón de retención de utilidades son las siguientes:

$$\text{Razón de pago dividendos} = \frac{\text{Dividendos}}{\text{Utilidad neta}} = \frac{600}{1.500} = 40\%$$

$$\text{Razón de retención de utilidades} = \frac{\text{Utilidades retenidas}}{\text{Utilidad neta}} = \frac{900}{1.500} = 60\%$$

Para elaborar el estado de resultados proyectado se debe determinar el ingreso por ventas multiplicando las ventas del año anterior por uno mas la tasa de incremento en ventas, calcular los costos variables manteniendo la relación de estos costos respecto a las ventas del año anterior, consignar el monto de los costos fijos y determinar la utilidad antes de impuestos, el impuesto a las utilidades y la utilidad neta.

Posteriormente se calcula el monto de los dividendos y las utilidades que se reinvertirá en la empresa, utilizando la razón de pago de dividendos y la razón de retención de utilidades.

El estado de resultados proyectado para la gestión 2011 quedaría conformado de la siguiente manera:

ESTADO DE RESULTADOS PROYECTADO
Al 31 de diembre de 2011
En dólares americanos

Ventas (US$ 10.000 x 1,20)	12.000
(-) Costos variables	6.000
(-) Costos fijos	3.000
Utilidad antes de impuestos (EBT)	3.000
(-) Impuesto a las utilidades (25%)	750
Utilidad neta	2.250
Dividendos (2.250 x 40%)	900
Utilidades retenidas (2.250 x 60%)	1.350

Posteriormente se determina los porcentajes de cada partida contable del balance general que varían en forma proporcional a las ventas. Cuando una partida del balance general no varía directamente con las ventas se consigna "n/a" como abreviación de "no aplicable".

BALANCE GENERAL
Al 31 de diciembre de 2010
En dólares americanos

	Monto	% Ventas		Monto	% Ventas
ACTIVO CIRCULANTE			PASIVO CIRCULANTE		
Efectivo	1.500	15%	Cuentas por pagar	3.000	30%
Cuentas por cobrar	4.500	45%	Préstamos por pagar	1.000	n/a
Inventarios	6.000	60%	SUB TOTAL	4.000	n/a
SUB TOTAL	12.000	120%	Deuda largo plazo	6.000	n/a
ACTIVO FIJO			PATRIMONIO NETO		
Activo fijo neto	16.000	160%	Capital	12.000	n/a
			Utilidades acumuladas	6.000	n/a
TOTAL ACTIVO	**28.000**	**280%**	**TOTAL PASIVO Y PATR.**	**28.000**	**n/a**

Con estos porcentajes se elabora el balance general proyectado. El importe de cada partida contable se determina multiplicando las ventas proyectadas por el porcentaje de ventas respectivo, para luego determinar el total del activo y total de pasivo y patrimonio neto. La diferencia de estos totales es el financiamiento externo que requiere la empresa para dar soporte al nivel de ventas proyectado. Esta diferencia se conoce como **financiamiento externo necesario**, que lo simbolizaremos por FEN.

Los renglones que no varían en forma proporcional con las ventas, inicialmente no se efectúa ningún cambio, consignando el mismo monto de la gestión anterior, excepto las utilidades acumuladas, que si bien se consigna como "no aplicable" se tiene que añadir el monto de las utilidades retenidas, monto que en el presente ejemplo asciende a US$ 1.350.

De esta manera, se obtiene el balance general proyectado preliminar, que se muestra a continuación.

BALANCE GENERAL PRELIMINAR
Al 31 de diciembre de 2011
En dólares americanos

	Monto	Diferencia		Monto	Diferencia
ACTIVO CIRCULANTE			PASIVO CIRCULANTE		
Efectivo	1.800	300	Cuentas por pagar	3.600	600
Cuentas por cobrar	5.400	900	Préstamos por pagar	1.000	n/a
Inventarios	7.200	1.200	SUB TOTAL	4.600	n/a
SUB TOTAL	14.400	2.400	Deuda largo plazo.	6.000	n/a
ACTIVO FIJO			PATRIMONIO NETO		
Activo fijo neto	19.200	3.200	Capital	12.000	n/a
			Utilidades acumuladas	7.350	1.350
TOTAL ACTIVO	**33.600**	**5.600**	**TOTAL PASIVO Y PATR.**	**29.950**	**1.950**

Financiamiento externo necesario = FEN = 33.600 - 29.950 = 3.650

El incremento en ventas de 20% sólo se va a dar si contamos con un financiamiento de US$ 3.650. Para financiar este requerimiento se puede recurrir a tres fuentes de financiamiento:

- Préstamos a corto plazo.

- Deudas a largo plazo.

- Emisión de acciones.

La elección de las fuentes de financiamiento depende de la administración. Una opción sería una combinación de deuda a corto y largo plazo, de tal manera de financiar el activo fijo con deuda a largo plazo, como se muestra a continuación.

BALANCE GENERAL PROYECTADO
Al 31 de diciembre de 2011
En dólares americanos

	Monto	Diferencia		Monto	Diferencia
ACTIVO CIRCULANTE			PASIVO CIRCULANTE		
Efectivo	1.800	300	Cuentas por pagar	3.600	600
Cuentas por cobrar	5.400	900	Prestamos por pagar	1.450	450
Inventarios	7.200	1.200	SUB TOTAL	5.050	1.050
SUB TOTAL	14.400	2.400	Deuda largo plazo	9.200	3.200
ACTIVO FIJO			PATRIMONIO NETO		
Activo fijo neto	19.200	3.200	Capital	12.000	0
			Utilidades acumuladas	7.350	1.350
TOTAL ACTIVO	33.600	5.600	TOTAL PASIVO Y PATR.	33.600	5.600

Caso de empresas operando por debajo de su capacidad instalada

El supuesto de que los activos fijos son un porcentaje de las ventas puede no ser aplicable en determinados casos. En el ejemplo anterior supusimos que los activos fijos se usaban al 100% de su capacidad. Podría darse casos de empresas operando por debajo de su capacidad instalada o situaciones en la que la producción podría incrementarse implantando por ejemplo un turno adicional.

Si suponemos que la anterior empresa opera sólo a 70% de la capacidad instalada, la necesidad de fondos externos será diferente. En este caso la producción actual será igual al 70% de la capacidad instalada, es decir la capacidad instalada será US$ 14.286.

Producción actual = 10.000 = 0,70 x Capacidad instalada

Capacidad instalada = 10.000 / 0,70 = 14.286

Las ventas podrían aumentar en 42,86% sin necesidad de contar con nuevos activos fijos.

En este caso no se requeriría de inversiones en activo fijo y el financiamiento externo necesario será el monto de US$ 3.650 menos el incremento del activo fijo de US$ 3.200, resultando un financiamiento externo necesario de US$ 450.

7.2. Tasa interna de crecimiento y tasa de crecimiento sostenible

En la sección anterior, tomamos una tasa de crecimiento como dada y determinamos el financiamiento externo necesario para apoyar este crecimiento. Ahora veremos la capacidad de la empresa para financiar las nuevas inversiones y su crecimiento.

Tasa interna de crecimiento

La tasa interna de crecimiento es la tasa máxima de crecimiento que puede lograr una empresa sin recurrir a ningún tipo de financiamiento externo. Es el punto en que el incremento requerido en activos es exactamente igual a la reinversión de utilidades, es decir cuando el financiamiento externo necesario es igual a cero.

La fórmula de la tasa interna de crecimiento es la siguiente:

$$\text{Tasa interna de crecimiento} = \frac{ROA \times b}{1 - ROA \times b}$$

Donde:

ROA   Rendimiento sobre los activos

b   Tasa de retención de utilidades

Tasa de crecimiento sostenible

La tasa de crecimiento sostenible es la tasa máxima de crecimiento que puede lograr una empresa sin recurrir a financiamiento mediante emisión de acciones de capital, manteniendo constante la razón deuda patrimonio, es decir es la tasa que puede sostener una empresa sin incrementar su apalancamiento financiero.

La fórmula de la tasa de crecimiento sostenible es la siguiente:

$$\text{Tasa crecimiento sostenible} = \frac{ROE \times b}{1 - ROE \times b}$$

Donde:

ROE   Rendimiento sobre el capital

b   Tasa de retención de utilidades

Ejemplo 7.2. Tasa interna de crecimiento y tasa de crecimiento sostenible

En base a los estados financieros que se presentan a continuación demostraremos el concepto de la tasa interna de crecimiento y la tasa de crecimiento sostenible.

ESTADO DE RESULTADOS
En dólares americanos

Ventas	6.000
(-) Costos	4.800
Utilidad antes de impuestos	1.200
Impuesto a las utilidades (25%)	300
Utilidad neta	900
Dividendos	300
Retención de utilidades	600

BALANCE GENERAL
En dólares americanos

	Monto	% Ventas		Monto	% Ventas
ACTIVO			PASIVO Y PATRIMONIO		
Activo circulante	2.700	45%	Pasivo	3.000	n/a
Activo fijo neto	3.300	55%	Patrimonio neto	3.000	n/a
TOTAL ACTIVO	**6.000**	**100%**	**TOTAL PASIVO Y PATR.**	**6.000**	**n/a**

El rendimiento sobre los activos, el rendimiento sobre el capital, la tasa de retención de utilidades y la tasa interna de crecimiento de la empresa serían las siguientes:

$$ROA = \frac{\text{Utilidad neta}}{\text{Activo}} \qquad\qquad ROE = \frac{\text{Utilidad neta}}{\text{Patrimonio neto}}$$

$$ROA = 900 / 6.000 = 15\% \qquad\qquad ROE = 900 / 3.000 = 30\%$$

Tasa retención de utilidades = b =   600 / 900 = 2/3

$$\text{Tasa interna de crecimiento} = \frac{0,15 \times (2/3)}{1 - 0,15 \times (2/3)}$$

Tasa interna de crecimiento =   11,11%

La empresa podría incrementar sus ventas en 11,11% anual sin recurrir a ningún financiamiento externo, como se demuestra a continuación.

ESTADO DE RESULTADOS PROYECTADO
En dólares americanos

Ventas (6.000 x 1,1111)	6.667
(-) Costos	5.334
Utilidad antes de impuestos	1.333
Impuesto a las utilidades (25%)	333
Utilidad neta	1.000

Dividendos	333
Retención de utilidades	667

BALANCE GENERAL PROYECTADO
En dólares americanos

ACTIVO		PASIVO Y PATRIMONIO	
Activo circulante	3.000	Pasivo	3.000
Activo fijo neto	3.667	Patrimonio neto	3.667
TOTAL ACTIVO	**6.667**	**TOTAL PASIVO Y PATR.**	**6.667**

La tasa de crecimiento sostenible de la empresa sería la siguiente:

$$\text{Tasa de crecimiento sostenible} = \frac{0,30 \times (2/3)}{1 - 0,30 \times (2/3)}$$

Tasa de crecimiento sostenible =   25%

La empresa podría crecer a una tasa del 25% por año sin recurrir a financiamiento mediante la emisión de acciones, manteniendo la razón deuda patrimonio, como se demuestra a continuación.

ESTADO DE RESULTADOS PROYECTADO
En dólares americanos

Ventas (6.000 x 1,25)	7.500
(-) Costos	6.000
Utilidad antes de impuestos	1.500
Impuesto a las utilidades (25%)	375
Utilidad neta	1.125

Dividendos	375
Retención de utilidades	750

BALANCE GENERAL PROYECTADO En dólares americanos			
ACTIVO		PASIVO Y PATRIMONIO	
Activo circulante	3.375	Pasivo	3.750
Activo fijo neto	4.125	Patrimonio neto	3.750
TOTAL ACTIVO	**7.500**	**TOTAL PASIVO Y PATR.**	**7.500**

7.3. Método de proyección en base a flujo de caja

Este método consiste en proyectar cada variable del estado de resultados asumiendo determinados supuestos, calcular el capital de trabajo neto, definir el plan de inversiones, el plan de financiamiento y proyectar los flujos de caja y el balance general, para lo cual se debe elaborar los siguientes cuadros:

- Plan de inversiones y estructura del financiamiento
- Requerimiento de capital de trabajo
- Plan de amortización de las deudas
- Pronostico de ventas
- Proyección del costo de producción
- Proyección de los gastos de operación
- Calculo de la depreciación del activo fijo
- Estado de resultados proyectado
- Flujo de caja libre proyectado
- Flujo de caja del accionista proyectado
- Balance general proyectado

En el ejemplo 7.3 ilustramos como se proyecta estados financieros en base a flujo de caja.

Ejemplo 7.3. Proyección de estados financieros en base a flujo de caja

Se cuenta con la siguiente información de una empresa industrial a implementarse.

- Las inversiones fijas requeridas son las siguientes:

Detalle	Cantidad	Costo unitario	Monto total
Terreno	5.000 m^2	30	150.000
Edificaciones y construcciones	1.200 m^2	150	180.000
Maquinaria y equipo	Global	450.000	450.000
Muebles y enseres	Global	20.000	20.000

- Se contempla financiamiento bancario por US$ 300.000 en las siguientes condiciones:

Destino del crédito:	Edificaciones y construcciones	US$ 100.000
	Maquinaria y equipo	US$ 180.000
	Capital de trabajo	US$ 20.000
Plazo:	5 años	
Periodo de gracia:	1 año	

Amortización:	Anual
Tasa de interés:	8% anual
Tipo de amortización:	Cuota fija a capital

- La capacidad instalada de la planta industrial es de 6.000 unidades / año.

- El programa de producción contempla los siguientes porcentajes de utilización de la capacidad instalada:

	Año 1	Año 2	Año 3	Año 4	Año 5
% Utilización capacidad instalada	60%	70%	80%	100%	100%

- El precio de venta unitario es US$ 150.

- Las ventas se realizaran a un plazo promedio de 60 días, las compras se efectuaran a crédito a 45 días plazo y el periodo del inventario es de 30 días.

- El costo de producción unitario es US$ 80.

- Los gastos de administración asciende a US$ 20.000, que se considera costo fijo.

- Los gastos de comercialización del primer año asciende a la suma de US$ 50.000 del cual se considera 54% como costo variable y 46% como costo fijo.

- La tasa del impuesto a las utilidades es 25%.

- La tasa de inflación es 0%.

- Se prevee reinvertir el total de las utilidades netas, es decir no se va a distribuir dividendos.

a) Determinar el capital de trabajo neto mediante el método de razones financieras

b) Elaborar el estado de resultados proyectado

c) Elaborar el flujo de caja libre

d) Elaborar el flujo de caja del accionista

e) Elaborar el balance general proyectado

PLAN DE INVERSIONES Y ESTRUCTURA DEL FINANCIAMIENTO
En dólares americanos

Concepto	Cantidad	Precio unitario	Monto total	Fuentes de financiamiento		
				Crédito	Aporte propio	Otros financiam.
INVERSIÓN FIJA						
Terreno	5.000 m²	30	150.000		150.000	
Edificaciones y construcciones	1.200 m²	150	180.000	100.000	80.000	
Maquinaria y equipo	Global	450.000	450.000	180.000	270.000	
Muebles y enseres	Global	20.000	20.000		20.000	
SUB TOTAL			800.000	280.000	520.000	0
CAPITAL DE TRABAJO						
Capital de trabajo			114.000	20.000	58.000	36.000
SUB TOTAL			114.000	20.000	58.000	36.000
TOTAL			914.000	300.000	578.000	36.000
PORCENTAJE			100%	32,8%	63,2%	3,9%

Monto préstamo (US$)   300.000
Plazo (años)   5
Período de gracia (años)   1
Tasa de interes   8%
Amortización   Anual
Tipo de amortización   Cuota fija a capital

PLAN DE AMORTIZACIÓN
En dólares americanos

Período (Años)	Saldo préstamo	Capital	Interés	Capital e interés
1	300.000	0	24.000	24.000
2	300.000	75.000	24.000	99.000
3	225.000	75.000	18.000	93.000
4	150.000	75.000	12.000	87.000
5	75.000	75.000	6.000	81.000
		300.000	84.000	384.000

Capacidad instalada   6.000   Unidades

PRONOSTICO DE VENTAS
En dólares americanos

Detalle	Año 1	Año 2	Año 3	Año 4	Año 5
% Utilización capacidad instalada	60%	70%	80%	100%	100%
Volumen de ventas (Unidades)	3.600	4.200	4.800	6.000	6.000
Precio de venta	150	150	150	150	150
INGRESO BRUTO POR VENTAS	**540.000**	**630.000**	**720.000**	**900.000**	**900.000**

COSTO DE PRODUCCIÓN
En dólares americanos

Detalle	Año 1	Año 2	Año 3	Año 4	Año 5
Volumen de ventas (unidades)	3.600	4.200	4.800	6.000	6.000
Costo de producción unitario	80	80	80	80	80
COSTO DE PRODUCCIÓN TOTAL	**288.000**	**336.000**	**384.000**	**480.000**	**480.000**

Periodo de cobro   60 dias
Período del inventario   30 dias
Período de pago   45 dias

REQUERIMIENTO DE CAPITAL DE TRABAJO
En dólares americanos

Detalle	Año 0	Año 1	Año 2	Año 3	Año 4	Año 5
Cuentas por cobrar	90.000	90.000	105.000	120.000	150.000	150.000
Inventarios	24.000	24.000	28.000	32.000	40.000	40.000
Cuentas por pagar	36.000	36.000	42.000	48.000	60.000	60.000
CAPITAL DE TRABAJO NETO	**78.000**	**78.000**	**91.000**	**104.000**	**130.000**	**130.000**
VARIACIONES EN EL CTN	**78.000**	**0**	**13.000**	**13.000**	**26.000**	**0**

GASTOS DE ADMINISTRACIÓN
En dólares americanos

Detalle	Año 1	Año 2	Año 3	Año 4	Año 5
Costo fijo	20.000	20.000	20.000	20.000	20.000
GASTOS DE ADMINISTRACIÓN	**20.000**	**20.000**	**20.000**	**20.000**	**20.000**

GASTOS DE COMERCIALIZACIÓN
En dólares americanos

Detalle	Año 1	Año 2	Año 3	Año 4	Año 5
Costo variable	27.000	31.500	36.000	45.000	45.000
Costo fijo	23.000	23.000	23.000	23.000	23.000
GASTOS DE COMERCIALIZACIÓN	**50.000**	**54.500**	**59.000**	**68.000**	**68.000**

CUADRO DE DEPRECIACIÓN DEL ACTIVO FIJO
En dólares americanos

Concepto	Valor activo fijo	Vida util (Años)	Depreciación anual
Terreno	150.000		0
Edificaciones y construcciones	180.000	40	4.500
Maquinaria y equipo	450.000	8	56.250
Muebles y enseres	20.000	10	2.000
TOTAL	**800.000**		**62.750**

ESTADO DE RESULTADOS PROYECTADO
En dólares americanos

Detalle	Año 1	Año 2	Año 3	Año 4	Año 5
Ingreso por ventas	540.000	630.000	720.000	900.000	900.000
(-) Costo de producción	288.000	336.000	384.000	480.000	480.000
(-) Gastos de administración	20.000	20.000	20.000	20.000	20.000
(-) Gastos de comercialización	50.000	54.500	59.000	68.000	68.000
(-) Depreciación	62.750	62.750	62.750	62.750	62.750
E.B.I.T.	119.250	156.750	194.250	269.250	269.250
(-) Intereses	24.000	24.000	18.000	12.000	6.000
E.B.T.	95.250	132.750	176.250	257.250	263.250
(-) Impuestos (25%)	23.813	33.188	44.063	64.313	65.813
Utilidad neta	71.438	99.563	132.188	192.938	197.438

FLUJO DE CAJA LIBRE
En dólares americanos

Detalle	Año 0	Año 1	Año 2	Año 3	Año 4	Año 5
E.B.I.T.		119.250	156.750	194.250	269.250	269.250
(+) Depreciación		62.750	62.750	62.750	62.750	62.750
(-) Impuestos		-29.813	-39.188	-48.563	-67.313	-67.313
(-) Inversión fija	-800.000					
(-) Variaciones en el CTN	-78.000	0	-13.000	-13.000	-26.000	0
FLUJO DE CAJA LIBRE	**-878.000**	**152.188**	**167.313**	**195.438**	**238.688**	**264.688**

FLUJO DE CAJA DEL ACCIONISTA
En dólares americanos

Detalle	Año 0	Año 1	Año 2	Año 3	Año 4	Año 5
Utilidad neta		71.438	99.563	132.188	192.938	197.438
(+) Depreciación		62.750	62.750	62.750	62.750	62.750
(-) Inversión fija	-800.000					
(-) Variaciones en el CTN	-78.000	0	-13.000	-13.000	-26.000	0
(+) Préstamo	300.000					
(-) Amortización prestamo		0	-75.000	-75.000	-75.000	-75.000
FLUJO DE CAJA ACCIONISTA	**-578.000**	**134.188**	**74.313**	**106.938**	**154.688**	**185.188**
FLUJO DE CAJA ACUMULADO		**134.188**	**208.500**	**315.438**	**470.125**	**655.313**

BALANCE GENERAL PROYECTADO
En dólares americanos

Detalle	Año 0	Año 1	Año 2	Año 3	Año 4	Año 5
ACTIVO						
CIRCULANTE						
Efectivo	0	134.188	208.500	315.438	470.125	655.313
Cuentas por cobrar	90.000	90.000	105.000	120.000	150.000	150.000
Inventarios	24.000	24.000	28.000	32.000	40.000	40.000
TOTAL ACTIVO CIRCULANTE	114.000	248.188	341.500	467.438	660.125	845.313
FIJO						
Activo fijo bruto	800.000	800.000	800.000	800.000	800.000	800.000
(-) Depreciación acumulada	0	62.750	125.500	188.250	251.000	313.750
ACTIVO FIJO NETO	800.000	737.250	674.500	611.750	549.000	486.250
TOTAL ACTIVO	**914.000**	**985.438**	**1.016.000**	**1.079.188**	**1.209.125**	**1.331.563**
PASIVO						
CIRCULANTE						
Cuentas por pagar	36.000	36.000	42.000	48.000	60.000	60.000
PASIVO LARGO PLAZO						
Prestamos bancarios L.P.	300.000	300.000	225.000	150.000	75.000	0
TOTAL PASIVO	336.000	336.000	267.000	198.000	135.000	60.000
PATRIMONIO NETO						
Capital	578.000	578.000	578.000	578.000	578.000	578.000
Utilidades acumuladas		71.438	171.000	303.188	496.125	693.563
TOTAL PATRIMONIO NETO	578.000	649.438	749.000	881.188	1.074.125	1.271.563
TOTAL PASIVO Y PATRIMONIO	**914.000**	**985.438**	**1.016.000**	**1.079.188**	**1.209.125**	**1.331.563**

El balance general ha sido elaborado de la siguiente manera:

Efectivo: Se ha consignado el flujo de caja del accionista acumulado.

Cuentas por cobrar: Se ha consignado el monto calculado en el cuadro de requerimiento de capital de trabajo neto.

Inventarios: Se ha consignado el monto calculado en el cuadro de requerimiento de capital de trabajo neto.

Cuentas por pagar: Se ha consignado el monto calculado en el cuadro de requerimiento de capital de trabajo neto.

Activo fijo neto: Se ha calculado por diferencia entre el activo fijo bruto y la depreciación acumulada de cada año. El activo fijo bruto es el mismo en todos los años.

Prestamos bancarios: Se ha consignado el saldo de la deuda a final del periodo, según el plan de amortización del préstamo.

Capital: Se ha consignado el aporte propio inicial de los socios.

Utilidades acumuladas: Las utilidades acumuladas se determinan sumando las utilidades de cada gestión que son reinvertidas en la empresa. En el presente ejemplo se ha considerado que el total de las utilidades netas de cada año son reinvertidas en la empresa, es decir no se distribuyen dividendos.

7.4. Método de proyección en base al estado de flujo de efectivo

Este método consiste en proyectar el balance general en base al estado de flujo de efectivo, clasificando las operaciones en actividades operativas, actividades de inversión y actividades de financiamiento.

El estado de flujo de efectivo se elabora en base al estado de resultados proyectado y al requerimiento de capital de trabajo.

En el flujo de efectivo de actividades operativas se consigna la utilidad neta, la depreciación y las variaciones en el capital de trabajo que se calcula en forma separada para las cuentas por cobrar, inventarios y cuentas por pagar.

En el flujo de efectivo de actividades de inversión se consignan las inversiones fijas.

En el flujo de efectivo de actividades de financiamiento se consigna el aporte propio de los accionistas, los préstamos bancarios, la amortización de los préstamos y los dividendos.

Ejemplo 7.4. Proyección del balance general en base al estado de flujo de efectivo

En base a la información del ejemplo 7.3. elaborar el estado de flujo de efectivo proyectado y el balance general proyectado, considerando que la empresa distribuirá el 60% de la utilidad neta como dividendos.

ESTADO DE RESULTADOS PROYECTADO

En dólares americanos

Detalle	Año 1	Año 2	Año 3	Año 4	Año 5
Ingreso por ventas	540.000	630.000	720.000	900.000	900.000
(-) Costo de producción	288.000	336.000	384.000	480.000	480.000
(-) Gastos de administración	20.000	20.000	20.000	20.000	20.000
(-) Gastos de comercialización	50.000	54.500	59.000	68.000	68.000
(-) Depreciación	62.750	62.750	62.750	62.750	62.750
E.B.I.T.	119.250	156.750	194.250	269.250	269.250
(-) Intereses	24.000	24.000	18.000	12.000	6.000
E.B.T.	95.250	132.750	176.250	257.250	263.250
(-) Impuestos (25%)	23.813	33.188	44.063	64.313	65.813
Utilidad neta	71.438	99.563	132.188	192.938	197.438
Dividendos	**42.863**	**59.738**	**79.313**	**115.763**	**118.463**
Reinversión de utilidades	**28.575**	**39.825**	**52.875**	**77.175**	**78.975**

REQUERIMIENTO DE CAPITAL DE TRABAJO

En dólares americanos

Detalle	Año 0	Año 1	Año 2	Año 3	Año 4	Año 5
Cuentas por cobrar	90.000	90.000	105.000	120.000	150.000	150.000
Inventarios	24.000	24.000	28.000	32.000	40.000	40.000
Cuentas por pagar	36.000	36.000	42.000	48.000	60.000	60.000
CAPITAL DE TRABAJO NETO	**78.000**	**78.000**	**91.000**	**104.000**	**130.000**	**130.000**

FLUJO DE EFECTIVO PROYECTADO
En dólares americanos

Concepto	Año 0	Año 1	Año 2	Año 3	Año 4	Año 5
F.E. ACTIVIDADES OPERATIVAS						
Utilidad neta		71.438	99.563	132.188	192.938	197.438
(+) Depreciación		62.750	62.750	62.750	62.750	62.750
Variación cuentas por cobrar	-90.000	0	-15.000	-15.000	-30.000	0
Variación inventarios	-24.000	0	-4.000	-4.000	-8.000	0
Variación cuentas por pagar	36.000	0	6.000	6.000	12.000	0
SUB - TOTAL	**-78.000**	**134.188**	**149.313**	**181.938**	**229.688**	**260.188**
F.E. ACTIVIDADES DE INVERSIÓN						
Inversiones fijas	-800.000					
SUB - TOTAL	**-800.000**					
F.E. ACTIVIDADES DE FINANCIAMIENTO						
Aporte propio (Capital)	578.000					
Préstamo bancario	300.000					
Amortización préstamo		0	-75.000	-75.000	-75.000	-75.000
Dividendos		-42.863	-59.738	-79.313	-115.763	-118.463
SUB - TOTAL	**878.000**	**-42.863**	**-134.738**	**-154.313**	**-190.763**	**-193.463**
FLUJO DE EFECTIVO TOTAL	**0**	**91.325**	**14.575**	**27.625**	**38.925**	**66.725**
FLUJO DE EFECTIVO ACUM.		**91.325**	**105.900**	**133.525**	**172.450**	**239.175**

BALANCE GENERAL PROYECTADO
En dólares americanos

Detalle	Año 0	Año 1	Año 2	Año 3	Año 4	Año 5
ACTIVO						
CIRCULANTE						
Efectivo	0	91.325	105.900	133.525	172.450	239.175
Cuentas por cobrar	90.000	90.000	105.000	120.000	150.000	150.000
Inventarios	24.000	24.000	28.000	32.000	40.000	40.000
TOTAL ACTIVO CIRCULANTE	114.000	205.325	238.900	285.525	362.450	429.175
FIJO						
Activo fijo bruto	800.000	800.000	800.000	800.000	800.000	800.000
(-) Deprec. acumulada	0	62.750	125.500	188.250	251.000	313.750
ACTIVO FIJO NETO	800.000	737.250	674.500	611.750	549.000	486.250
TOTAL ACTIVO	**914.000**	**942.575**	**913.400**	**897.275**	**911.450**	**915.425**
PASIVO						
CIRCULANTE						
Cuentas por pagar	36.000	36.000	42.000	48.000	60.000	60.000
PASIVO LARGO PLAZO						
Prestamos bancarios L.P.	300.000	300.000	225.000	150.000	75.000	0
TOTAL PASIVO	336.000	336.000	267.000	198.000	135.000	60.000
PATRIMONIO NETO						
Capital	578.000	578.000	578.000	578.000	578.000	578.000
Utilidades acumuladas		28.575	68.400	121.275	198.450	277.425
TOTAL PATRIMONIO NETO	578.000	606.575	646.400	699.275	776.450	855.425
TOTAL PASIVO Y PATRIMONIO	**914.000**	**942.575**	**913.400**	**897.275**	**911.450**	**915.425**

7.5.   Modelos de proyecciones financieras

Los modelos de proyecciones financieras permiten proyectar los estados financieros de una empresa en base a determinados supuestos.

En los ejemplos que se presentan a continuación se ilustran distintos modelos de proyecciones financieras.

Ejemplo 7.5. **Modelo de proyección financiera**

A continuación se presenta los estados financieros de la empresa Peek S.A.

ESTADO DE RESULTADOS
Al 31 de diciembre de 2011
En dólares americanos

Ventas	50.000
(-) Costos variables	32.000
(-) Costos fijos	10.500
(-) Depreciación	2.000
Utilidad antes de intereses e impuestos	5.500
(-) Intereses	1.500
Utilidad antes de impuestos	4.000
(-) Impuesto a las utilidades (25%)	1.000
Utilidad neta	3.000
Dividendos (30%)	900
Utilidades retenidas (70%)	2.100

BALANCE GENERAL
Al 31 de diciembre de 2011
En dólares americanos

	Monto	% Ventas		Monto	% Ventas
ACTIVO CIRCULANTE			PASIVO CIRCULANTE		
Efectivo	1.200	2,4%	Cuentas por pagar	3.000	6,0%
Cuentas por cobrar	3.500	7,0%	Préstamos bancarios	1.800	n/a
Inventarios	4.300	8,6%	SUB TOTAL	4.800	n/a
SUB TOTAL	9.000	18,0%	Deuda largo plazo	12.000	n/a
ACTIVO FIJO			PATRIMONIO NETO		
Activo fijo neto	26.000	52,0%	Capital	15.000	n/a
			Utilidades acumuladas	3.200	n/a
TOTAL ACTIVO	35.000	70,0%	TOTAL PASIVO Y PATR.	35.000	n/a

- El efectivo, las cuentas por cobrar, inventarios, cuentas por pagar y costos variables son proporcionales a las ventas.
- La deuda a largo plazo que tiene actualmente es a tres años plazo, pagos semestrales, a la tasa de interés del 10% anual
- La deuda bancaria a corto plazo debe cancelarse el próximo año con más los intereses que ascienden a US$ 100.
- La razón de pago de dividendos es constante

a) Elaborar los estados financieros para la gestión 2012 por el método del porcentaje de ventas, determinando el financiamiento externo necesario considerando que la empresa opera a toda su capacidad instalada, que las ventas crecerán en 10% y que requerirá inversiones fijas por US$ 4.000 que tienen una vida útil de ocho años.

b) Determinar el financiamiento externo necesario si la empresa opera al 80% de su capacidad instalada, si se proyecta un incremento en ventas del 10%.

El plan de amortización de la deuda a largo plazo es el siguiente:

PLAN DE AMORTIZACIÓN
En dólares americanos

Período (Sem)	Saldo préstamo	Capital	Interés	Capital e interés
1	12.000	2.000	600	2.600
2	10.000	2.000	500	2.500
3	8.000	2.000	400	2.400
4	6.000	2.000	300	2.300
5	4.000	2.000	200	2.200
6	2.000	2.000	100	2.100
		12.000	2.100	14.100

Los costos variables representan el 64% de las ventas (32.000 / 50.000).

La depreciación se incrementará en US$ 500 por las nuevas inversiones fijas, importe obtenido dividiendo el monto de la inversión entre su vida útil.

El costo financiero de la deuda del próximo año ascenderá a US$ 1.200, que es la suma de los intereses del primer y segundo semestre de la deuda a largo plazo (US$ 1.100) más los intereses de la deuda bancaria a corto plazo (US$ 100).

El estado de resultados proyectado considerando un crecimiento en ventas del 10% es el siguiente:

ESTADO DE RESULTADOS PROYECTADO
Al 31 de diciembre de 2012
En dólares americanos

Ventas (50.000 x 1,10)	55.000
(-) Costos variables (64%)	35.200
(-) Costos fijos	10.500
(-) Depreciación	2.500
Utilidad antes de intereses e impuestos	6.800
(-) Intereses	1.200
Utilidad antes de impuestos	5.600
(-) Impuesto a las utilidades (25%)	1.400
Utilidad neta	4.200
Dividendos (4.200 x 30%)	1.260
Utilidades retenidas (4.200 x 70%)	2.940

El valor del activo fijo neto de la gestión 2012 será igual al valor de la gestión 2011 mas el valor de la nueva inversión (US$ 4.000) y menos la depreciación de la gestión 2012 (US$ 2.500).

El saldo de la deuda bancaria a corto plazo será cero y el saldo de la deuda a largo plazo será US$ 8.000 porque se amortizará US$ 4.000 a capital.

BALANCE GENERAL PROYECTADO (Preliminar)
Al 31 de diciembre de 2012
En dólares americanos

	Monto	Diferencia		Monto	Diferencia
ACTIVO CIRCULANTE			PASIVO CIRCULANTE		
Efectivo	1.320	120	Cuentas por pagar	3.300	300
Cuentas por cobrar	3.850	350	Préstamos bancarios	0	-1.800
Inventarios	4.730	430	SUB TOTAL	3.300	-1.500
SUB TOTAL	9.900	900	Deuda largo plazo	8.000	-4.000
ACTIVO FIJO			PATRIMONIO NETO		
Activo fijo neto	27.500	1.500	Capital	15.000	0
			Utilidades acumuladas	6.140	2.940
TOTAL ACTIVO	37.400	2.400	TOTAL PASIVO Y PATR.	32.440	-2.560

Financiamiento externo necesario (FEN) = 37.400 - 32.440 = 4.960

Si la empresa estaría operando al 80% de su capacidad instalada, la empresa podría incrementar sus ventas hasta US$ 62.500 (US$ 50.000 / 0.80), no necesitaría nuevas inversiones fijas y el estado de resultados y el balance general serían los siguiente.

ESTADO DE RESULTADOS PROYECTADO
Al 31 de diciembre de 2012
En dólares americanos

Ventas (50.000 x 1,10)	55.000
(-) Costos variables (64%)	35.200
(-) Costos fijos	10.500
(-) Depreciación	2.000
Utilidad antes de intereses e impuestos	7.300
(-) Intereses	1.200
Utilidad antes de impuestos	6.100
(-) Impuesto a las utilidades (25%)	1.525
Utilidad neta	4.575
Dividendos (4.575 x 30%)	1.373
Utilidades retenidas (4.575 x 70%)	3.202

BALANCE GENERAL PROYECTADO (Preliminar)
Al 31 de diciembre de 2012
En dólares americanos

	Monto	Diferencia		Monto	Diferencia
ACTIVO CIRCULANTE			PASIVO CIRCULANTE		
Efectivo	1.320	120	Cuentas por pagar	3.300	300
Cuentas por cobrar	3.850	350	Préstamos bancarios	0	-1.800
Inventarios	4.730	430	SUB TOTAL	3.300	-1.500
SUB TOTAL	9.900	900	Deuda largo plazo	8.000	-4.000
ACTIVO FIJO			PATRIMONIO NETO		
Activo fijo neto	24.000	-2.000	Capital	15.000	0
			Utilidades acumuladas	6.402	3.202
TOTAL ACTIVO	33.900	-1.100	TOTAL PASIVO Y PATR.	32.702	-2.298

Financiamiento externo necesario (FEN) = 33.900 - 32.702 = 1.198

Ejemplo 7.6. **Modelo de proyección financiera**

A continuación se presenta los estados financieros de la empresa Isotec S.A.

BALANCE GENERAL
Al 31 de diciembre de 2012
En dólares americanos

Activo circulante		**Pasivo circulante**	
Efectivo	4.700	Cuentas por pagar	22.100
Cuentas por cobrar	31.500	Prestamos bancarios	21.500
Inventarios	21.800		43.600
	58.000	**Pasivo a largo plazo**	
Activo fijo bruto		Deuda a largo plazo	42.600
Activo fijo bruto	292.000	TOTAL PASIVO	86.200
(-) Depreciación acumulada	50.000	**Patrimonio neto**	
	242.000	Capital	180.000
		Utilidades acumuladas	33.800
		TOTAL PATRIMONIO	213.800
TOTAL ACTIVO	300.000	TOTAL PASIVO Y PATRIMONIO	300.000

ESTADO DE RESULTADOS
Al 31 de diciembre de 2012
En dólares americanos

Ventas	190.000
(-) Costo de ventas	85.500
Utilidad bruta	104.500
(-) Gastos de administración	12.600
(-) Gastos de comercialización	18.400
(-) Depreciación	25.000
Utilidad antes de intereses e impuestos (EBIT)	48.500
(-) Intereses	5.300
Utilidad antes de impuestos (EBT)	43.200
(-) Impuesto a las utilidades (25%)	10.800
Utilidad neta	32.400

Las ventas en los últimos cinco años han sido las siguientes:

	2008	2009	2010	2011	2012
Ventas	134.600	145.100	160.500	176.800	190.000

El detalle del activo fijo bruto es el siguiente:

ACTIVO FIJO BRUTO
En dólares americanos

Detalle	Monto
Terreno	22.000
Edificaciones y construcciones	100.000
Maquinaria y equipo	140.000
Muebles y enseres	10.000
Vehículos	20.000
Total activo fijo bruto	**292.000**

El detalle de los gastos de administración y comercialización es el siguiente:

Gastos de administración

Sueldos y salarios	US$ 6.800	Costo fijo
Gastos generales	US$ 3.600	Costo fijo
Seguros	US$ 2.200	Costo fijo

Gastos de comercialización

Sueldos y salarios	US$ 5.100	Costo fijo
Comisiones sobre ventas	US$ 3.800	Costo variable
Publicidad y promoción	US$ 9.500	Costo variable

Se ha presupuestado las siguientes inversiones fijas:

CRONOGRAMA DE INVERSIONES
En dólares americanos

Concepto	2013	2014	2015	2016
Edificaciones y construcciones	20.000			
Maquinaria y equipo		30.000		24.000
Vehículos			18.000	

- El costo de ventas y otros costos variables son proporcionales a las ventas.

- La deuda a largo plazo que tiene actualmente es a cinco años plazo, pagos semestrales, a la tasa de interés del 8% anual.

- La empresa cuenta con una línea de crédito rotatoria por US$ 21.500 para capital de operaciones a la tasa de interés del 8% anual. El préstamo bancario a corto plazo que tiene actualmente es una operación en base a esta línea de crédito.

- La empresa puede acceder a financiamiento bancario para inversiones fijas a cinco años plazo, pagos trimestrales, a la tasa de interés del 8% anual.

- La empresa no emitirá nuevas acciones de capital.

- La empresa prevee mantener los actuales periodo de cobro, periodo del inventario y periodo de pago.

- La empresa distribuirá el 70% de las utilidades netas como dividendos.

- La tasa de inflación proyectada para los siguientes cinco años es 4% anual.

a) Proyectar los ingresos por ventas para los siguientes cinco años en base a la tasa de crecimiento de las ventas de los últimos cinco años.

b) Estimar el requerimiento de capital de trabajo neto en base al método de razones financieras, considerando que el requerimiento mínimo de efectivo es de 3% sobre las ventas anuales.

c) Elaborar el estado de resultados proyectado, flujo de caja libre, flujo de caja del accionista, fuentes y usos de fondos y el balance general proyectado para los siguientes cinco años y los respectivos indicadores de liquidez, endeudamiento, cobertura de deuda, eficiencia y rentabilidad.

$$\text{Tasa crecimiento de las ventas} = \sqrt[4]{190.000 / 134.600} - 1 = 9\%$$

Supuestos adoptados	
Tasa de crecimiento en ventas	9%
Tasa de inflación	4%
Razón costo de ventas / ventas	45,00%
Razón de pago de dividendos	70%
Tasa de interés de la deuda	8%
Período de cobro	60 días
Período del inventario	93 días
Período de pago	94 días

PRONOSTICO DE VENTAS
En dólares americanos

Tasa de crecimiento: 9%

Detalle	Actual	2013	2014	2015	2016	2017
Ventas	190.000	207.100	225.739	246.056	268.201	292.339

COSTO DE VENTAS
En dólares americanos

Relación Costo de ventas / Ventas   45,00%

Detalle	Actual	2013	2014	2015	2016	2017
Costo de ventas	85.500	93.195	101.583	110.725	120.690	131.552

Periodo de cobro	60 días
Período del inventario	93 días
Período de pago	94 días

REQUERIMIENTO DE CAPITAL DE TRABAJO
En dólares americanos

Detalle	Actual	2013	2014	2015	2016	2017
Efectivo (3% sobre ventas)	4.700	6.213	6.772	7.382	8.046	8.770
Cuentas por cobrar	31.500	34.044	37.108	40.447	44.088	48.056
Inventarios	21.800	23.746	25.883	28.212	30.751	33.519
Cuentas por pagar	22.100	24.001	26.161	28.515	31.082	33.879
CAPITAL DE TRABAJO NETO	**35.900**	**40.002**	**43.602**	**47.526**	**51.803**	**56.465**
VARIACIONES EN EL CTN	**35.900**	**4.102**	**3.600**	**3.924**	**4.277**	**4.662**

CRONOGRAMA DE INVERSIONES
En dólares americanos

Concepto	Actual	2013	2014	2015	2016	2017
INVERSIONES FIJAS						
Terreno	22.000					
Edificaciones y construcciones	100.000	20.000				
Maquinaria y equipo	140.000		30.000		24.000	
Muebles y enseres	10.000					
Vehículos	20.000			18.000		
TOTAL	**292.000**	**20.000**	**30.000**	**18.000**	**24.000**	**0**

DEPRECIACIÓN DEL ACTIVO FIJO
En dólares americanos

Concepto	Actual	2013	2014	2015	2016	2017
Inversión fija existente	25.000	25.000	25.000	25.000	25.000	25.000
Nuevas inversiones fijas						
Edificaciones y construcciones		500	500	500	500	500
Maquinaria y equipo			3.750	3.750	3.750	3.750
Maquinaria y equipo					3.000	3.000
Muebles y enseres						
Vehículos				3.600	3.600	3.600
DEPRECIACIÓN ANUAL	25.000	25.500	29.250	32.850	35.850	35.850

GASTOS DE ADMINISTRACIÓN
En dólares americanos

Tasa de inflación: 4%

Detalle	Actual	2013	2014	2015	2016	2017
Sueldos y salarios	6.800	7.072	7.355	7.649	7.955	8.273
Gastos generales	3.600	3.744	3.894	4.050	4.211	4.380
Seguro	2.200	2.288	2.380	2.475	2.574	2.677
GASTOS DE ADMINISTRACIÓN	**12.600**	**13.104**	**13.628**	**14.173**	**14.740**	**15.330**

GASTOS DE COMERCIALIZACIÓN
En dólares americanos

Tasa de inflación: 4%

Detalle	Actual	2013	2014	2015	2016	2017
Sueldos y salarios	5.100	5.304	5.516	5.737	5.966	6.205
Comisiones sobre ventas	3.800	4.142	4.515	4.921	5.364	5.847
Publicidad y promoción	9.500	10.355	11.287	12.303	13.410	14.617
GASTOS DE COMERCIALIZACIÓN	**18.400**	**19.801**	**21.318**	**22.961**	**24.740**	**26.669**

PLAN DE AMORTIZACION E INTERESES
En dólares americanos

Tasa de interés: 8%

Detalle	Actual	2013	2014	2015	2016	2017
Deuda a largo plazo						
Saldo del préstamo	42.600	34.080	25.560	17.040	8.520	0
Amortización a capital		8.520	8.520	8.520	8.520	8.520
Intereses		3.408	2.726	2.045	1.363	682
Prestamos bancarios a corto plazo (línea de crédito)						
Saldo del préstamo	21.500	21.500	21.500	21.500	21.500	21.500
Amortización a capital		0	0	0	0	0
Intereses		1.720	1.720	1.720	1.720	1.720
Otros deudas bancarias y financieras						
Saldo del préstamo	0	0	0	0	0	0
Amortización a capital		0	0	0	0	0
Intereses		0	0	0	0	0
Total deudas bancarias y financieras						
Saldo del préstamo	64.100	55.580	47.060	38.540	30.020	21.500
Amortización a capital		8.520	8.520	8.520	8.520	8.520
Intereses		5.128	4.446	3.765	3.083	2.402

ESTADO DE RESULTADOS PROYECTADO
En dólares americanos

Detalle	Actual	2013	2014	2015	2016	2017
Ventas	190.000	207.100	225.739	246.056	268.201	292.339
(-) Costo de ventas	85.500	93.195	101.583	110.725	120.690	131.552
(-) Gastos de administración	12.600	13.104	13.628	14.173	14.740	15.330
(-) Gastos de comercialización	18.400	19.801	21.318	22.961	24.740	26.669
(-) Depreciación	25.000	25.500	29.250	32.850	35.850	35.850
E.B.I.T.	48.500	55.500	59.960	65.347	72.180	82.938
(-) Intereses	5.300	5.128	4.446	3.765	3.083	2.402
E.B.T.	43.200	50.372	55.514	61.582	69.097	80.536
(-) Impuesto a las utilidades 25%	10.800	12.593	13.879	15.395	17.274	20.134
Utilidad neta	32.400	37.779	41.636	46.186	51.822	60.402

DISTRIBUCIÓN DE DIVIDENDOS
En dólares americanos

Detalle	2013	2014	2015	2016	2017
Dividendos	26.445	29.145	32.330	36.276	42.281
Retención de utilidades	11.334	12.491	13.856	15.547	18.121

FLUJO DE CAJA DEL PROYECTO
En dólares americanos

Detalle	Actual	2013	2014	2015	2016	2017
E.B.I.T.		55.500	59.960	65.347	72.180	82.938
(+) Depreciación		25.500	29.250	32.850	35.850	35.850
(-) Impuesto a las utilidades		-13.875	-14.990	-16.337	-18.045	-20.734
(-) Inversión fija	-242.000	-20.000	-30.000	-18.000	-24.000	0
(-) Variaciones en el CTN	-35.900	-4.102	-3.600	-3.924	-4.277	-4.662
FLUJO DE CAJA DEL PROYECTO	**-277.900**	**43.023**	**40.620**	**59.936**	**61.707**	**93.391**

FLUJO DE CAJA DEL ACCIONISTA
En dólares americanos

Detalle	Actual	2013	2014	2015	2016	2017
Utilidad neta		37.779	41.636	46.186	51.822	60.402
(+) Depreciación		25.500	29.250	32.850	35.850	35.850
(-) Inversión fija	-242.000	-20.000	-30.000	-18.000	-24.000	0
(-) Variaciones en el CTN	-35.900	-4.102	-3.600	-3.924	-4.277	-4.662
(+) Préstamo	64.100					
(-) Amortización prestamo		-8.520	-8.520	-8.520	-8.520	-8.520
FLUJO DE CAJA DEL ACCIONISTA	**-213.800**	**30.657**	**28.765**	**48.592**	**50.875**	**83.070**

FUENTES Y USOS DE FONDOS
En dólares americanos

Detalle	Actual	2013	2014	2015	2016	2017
FUENTES						
Ventas		207.100	225.739	246.056	268.201	292.339
Préstamo	64.100					
Aporte propio	213.800					
TOTAL FUENTES	**277.900**	**207.100**	**225.739**	**246.056**	**268.201**	**292.339**
USOS						
Inversiones fijas	242.000	20.000	30.000	18.000	24.000	0
Capital de trabajo	35.900	4.102	3.600	3.924	4.277	4.662
Costo de producción		93.195	101.583	110.725	120.690	131.552
Gastos de administración		13.104	13.628	14.173	14.740	15.330
Gastos de comercialización		19.801	21.318	22.961	24.740	26.669
Intereses		5.128	4.446	3.765	3.083	2.402
Amortización préstamo		8.520	8.520	8.520	8.520	8.520
Impuesto a las utilidades		12.593	13.879	15.395	17.274	20.134
Dividendos		26.445	29.145	32.330	36.276	42.281
TOTAL USOS	**277.900**	**202.888**	**226.118**	**229.794**	**253.601**	**251.550**
EXCEDENTE/DEFICIT	**0**	**4.212**	**-379**	**16.262**	**14.599**	**40.788**
SALDO ACUMULADO	**0**	**4.212**	**3.833**	**20.094**	**34.694**	**75.482**

BALANCE GENERAL PROYECTADO
En dólares americanos

Detalle	Actual	2013	2014	2015	2016	2017
ACTIVO						
CIRCULANTE						
Efectivo		4.212	3.833	20.094	34.694	75.482
Efectivo mínimo	4.700	6.213	6.772	7.382	8.046	8.770
Cuentas por cobrar	31.500	34.044	37.108	40.447	44.088	48.056
Inventarios	21.800	23.746	25.883	28.212	30.751	33.519
TOTAL ACTIVO CIRCULANTE	58.000	68.215	73.595	96.136	117.579	165.827
FIJO E INTANGIBLE						
Activo fijo bruto	292.000	312.000	342.000	360.000	384.000	384.000
(-) Depreciación acumulada	50.000	75.500	104.750	137.600	173.450	209.300
ACTIVO FIJO NETO	242.000	236.500	237.250	222.400	210.550	174.700
TOTAL ACTIVO	**300.000**	**304.715**	**310.845**	**318.536**	**328.129**	**340.527**
PASIVO						
CIRCULANTE						
Cuentas por pagar	22.100	24.001	26.161	28.515	31.082	33.879
Prestamos bancarios	21.500	21.500	21.500	21.500	21.500	21.500
PASIVO LARGO PLAZO						
Prestamos bancarios largo plazo	42.600	34.080	25.560	17.040	8.520	0
TOTAL PASIVO	86.200	79.581	73.221	67.055	61.102	55.379
PATRIMONIO NETO						
Capital	180.000	180.000	180.000	180.000	180.000	180.000
Utilidades acumuladas	33.800	45.134	57.624	71.480	87.027	105.148
TOTAL PATRIMONIO NETO	213.800	225.134	237.624	251.480	267.027	285.148
TOTAL PASIVO Y PATRIMONIO	**300.000**	**304.715**	**310.845**	**318.536**	**328.129**	**340.527**

INDICADORES FINANCIEROS							
INDICADOR	FORMULA	Actual	2013	2014	2015	2016	2017
INDICADORES DE LIQUIDEZ							
Capital de trabajo neto	Activo circulante - Pasivo circul.	14.400	22.714	25.934	46.120	64.997	110.448
Razón del capital de trabajo neto	$\dfrac{\text{Capital de trabajo neto}}{\text{Activo}}$	0,05	0,07	0,08	0,14	0,20	0,32
Razón circulante	$\dfrac{\text{Activo circulante}}{\text{Pasivo circulante}}$	1,33	1,50	1,54	1,92	2,24	2,99
Prueba ácida	$\dfrac{\text{Activo circulante - Inventarios}}{\text{Pasivo circulante}}$	0,83	0,98	1,00	1,36	1,65	2,39
INDICADORES DE ENDEUDAMIENTO							
Razón deuda activos	$\dfrac{\text{Pasivo}}{\text{Activo}}$	0,29	0,26	0,24	0,21	0,19	0,16
Razón deuda patrimonio	$\dfrac{\text{Pasivo}}{\text{Patrimonio neto}}$	0,40	0,35	0,31	0,27	0,23	0,19
Apalancamiento financiero	$\dfrac{\text{Activo}}{\text{Patrimonio neto}}$	1,40	1,35	1,31	1,27	1,23	1,19
Razón de cobertura de intereses	$\dfrac{\text{EBIT}}{\text{Intereses}}$	9,15	10,82	13,49	17,36	23,41	34,53
Razón de cobertura de efectivo	$\dfrac{\text{EBIT + Depreciación}}{\text{Intereses}}$	13,87	15,80	20,06	26,08	35,04	49,46
INDICADORES DE EFICIENCIA							
Rotación del activo	$\dfrac{\text{Ventas}}{\text{Activo}}$	0,63	0,68	0,73	0,77	0,82	0,86
Rotación cuentas por cobrar	$\dfrac{\text{Ventas}}{\text{Cuentas por cobrar}}$	6,03	6,08	6,08	6,08	6,08	6,08
Periodo de cobro (dias)	$\dfrac{365}{\text{Rotación cuentas por cobrar}}$	60,51	60,00	60,00	60,00	60,00	60,00
Rotación de inventarios	$\dfrac{\text{Costo de ventas}}{\text{Inventario promedio}}$	3,92	4,09	4,09	4,09	4,09	4,09
Período del inventario (dias)	$\dfrac{365}{\text{Rotación de inventarios}}$	93,06	89,19	89,16	89,16	89,16	89,16
Rotación cuentas por pagar	$\dfrac{\text{Costo de ventas}}{\text{Cuentas por pagar}}$	3,87	3,88	3,88	3,88	3,88	3,88
Periodo de pago (dias)	$\dfrac{365}{\text{Rotación cuentas por pagar}}$	94,35	94,00	94,00	94,00	94,00	94,00
INDICADORES DE RENTABILIDAD							
Margen de utilidad bruta	$\dfrac{\text{Utilidad bruta}}{\text{Ventas}}$	55,00%	55,00%	55,00%	55,00%	55,00%	55,00%
Margen de utilidad operativa	$\dfrac{\text{EBIT}}{\text{Ventas}}$	25,53%	26,80%	26,56%	26,56%	26,91%	28,37%
Margen de utilidad neta	$\dfrac{\text{Utilidad neta}}{\text{Ventas}}$	17,05%	18,24%	18,44%	18,77%	19,32%	20,66%
Rendimiento sobre las inversiones - ROI	$\dfrac{\text{EBIT}}{\text{Activo}}$	16,17%	18,21%	19,29%	20,51%	22,00%	24,36%
Rendimiento sobre los activos - ROA	$\dfrac{\text{Utilidad neta}}{\text{Activo}}$	10,80%	12,40%	13,39%	14,50%	15,79%	17,74%
Rendimiento sobre el capital - ROE	$\dfrac{\text{Utilidad neta}}{\text{Patrimonio neto}}$	15,15%	16,78%	17,52%	18,37%	19,41%	21,18%
INDICADORES MULTIDIMENSIONALES							
Indice Z de Altman	1,2 CTN/Activo + 1,4 Utilidades acum/Activos + 3,3 EBIT/Activo + 0,6 Patrimonio/Pasivo + 1,0 Ventas/Activo	2,87	3,27	3,67	4,19	4,77	5,57

Ejemplo 7.7.   Modelo de proyección financiera

A continuación se presenta información de una fábrica de bolsas plásticas a implementarse.

1. **Inversiones fijas e inversiones intangibles requeridas**

Terreno	US$ 10.000 (2.000 m^2 a US$ 5 el metro cuadrado)
Obras civiles	US$ 93.000
Maquinaria y equipo	US$ 70.000
Muebles y enseres	US$ 9.000
Vehículo	US$ 18.000
Gastos de organización	US$ 5.000

OBRAS CIVILES
En dólares americanos

Descripción	Superficie contsruida	Costo unitario	Importe total
Planta de producción	300 m^2	150	45.000
Almacen de insumos y productos term.	250 m^2	160	40.000
Area administrativa	50 m^2	160	8.000
TOTAL	**600 m^2**	**155**	**93.000**

MAQUINARIA Y EQUIPO
En dólares americanos

Descripción	Cantidad	Costo unitario	Importe total
Maquina extrusora	1	32.000	32.000
Maquina flexográfica	1	20.500	20.500
Máquina trafaladora	1	5.500	5.500
Máquina confeccionadora	1	11.300	11.300
Compresora	1	300	300
Bomba de agua	1	400	400
TOTAL			**70.000**

2. **Financiamiento**

Se contempla financiamiento bancario bajo las siguientes condiciones:

Monto préstamo:	US$ 80.000	
Destino del crédito:	Construcción planta industrial	US$ 30.000
	Adquisición de maquinaria	US$ 50.000
Plazo:	5 años	
Periodo de gracia:	1 año	
Amortización:	Anual	
Tasa de interés:	9% anual	
Tipo de amortización:	Cuota fija a capital	

3. **Aspectos técnicos**

Capacidad instalada de la planta industrial: 150.000 Kgr / año.

PROGRAMA DE PRODUCCIÓN

Detalle	Año 1	Año 2	Año 3	Año 4	Año 5
% Utilización de la capacidad instalada	80%	90%	100%	100%	100%
Volumen de producción (Kgr)	120.000	135.000	150.000	150.000	150.000

El 60% estará destinado a la fabricación de bobinas plásticas y el 40% a bolsas plásticas.

4. Presupuesto de ingresos y gastos

Precios de venta: Bobinas plásticas   US$ 3,20 / Kgr

                     Bolsas plásticas   US$ 3,50 / Kgr

Las ventas se realizaran a un plazo promedio de 30 días.

Los inventarios serán financiados por el proveedor a 45 días plazo.

El periodo del inventario es de 60 días.

Planilla de sueldos y salarios (Del 1er al 5to año)

PLANILLA DE SUELDOS Y SALARIOS MENSUAL
En dólares americanos

CARGO	HABER BÁSICO	NUMERO DE PERSONAS	TOTAL HABER BÁSICO	FONDO DE PENSIONES	FONDO PRO- VIVIENDA	SEGURO SALUD	PREVISIÓN INDEMNIZ.	PREVISIÓN AGUINALDO	TOTAL APORTE PATRONAL	COSTO TOTAL
				1,71%	2,00%	10,00%	8,33%	8,33%	30,37%	
Departamento de administración										
Gerente general	700	1	700	12	14	70	58	58	213	913
Secretaria	250	1	250	4	5	25	21	21	76	326
Gerente finanzas	500	1	500	9	10	50	42	42	152	652
Contador	300	1	300	5	6	30	25	25	91	391
SUB TOTAL										2.281
Departamento de ventas										
Gerente comercial	500	1	500	9	10	50	42	42	152	652
Vendedores	200	2	400	7	8	40	33	33	121	521
SUB TOTAL										1.173
Departamento de producción										
Jefe de producción	450	1	450	8	9	45	37	37	137	587
Operarios	320	6	1.920	33	38	192	160	160	583	2.503
SUB TOTAL										3.090
TOTAL GENERAL										6.544

Costos de la materia prima:

HOJA DE COSTO
En dólares americanos

Producto:	Bobinas plasticas		Cantidad:	1 Kgr
Detalle	Unidad	Cantidad	Costo unitario	Costo total
Materia prima e insumos				
Polietileno	Kgr	0,95	1,70	1,62
Master bach	Kgr	0,05	7,00	0,35
Canuto de cartón	Pieza	0,06	0,50	0,03
			Costo total	**2,00**
			Costo unitario	**2,00**

HOJA DE COSTO
En dólares americanos

Producto:	Bolsas plasticas con impresión		Cantidad:	1 Kgr
Detalle	Unidad	Cantidad	Costo unitario	Costo total
Materia prima e insumos				
Polietileno	Kgr	1,00	1,70	1,70
Tinta de impresión	Kgr	0,01	7,50	0,08
			Costo total	**1,78**
			Costo unitario	**1,78**

Gastos indirectos de fabricación (1er año)

Energía eléctrica y agua	US$ 1.400 / año	(Costo variable)
Combustibles y lubricantes	US$ 400 / año	(Costo variable)
Mantenimiento	US$ 600 / año	(Costo fijo)

Gastos de administración

Gastos generales	US$ 520 / año	(Costo fijo)
Seguro	US$ 1.200 / año	(Costo fijo)

Gastos de comercialización

Comisiones sobre ventas	1% sobre ventas
Publicidad y promoción	2% sobre ventas

Tasas impositivas a considerar

Impuesto al valor agregado (IVA)	13%
Impuesto a las transacciones (IT)	3%
Impuesto a las utilidades (IUE)	25%

El impuesto al valor agregado es un impuesto indirecto que se lo determina por diferencia entre el débito y el crédito fiscal y se lo debe considerar en el estado de resultados como una partida deducible de las ventas brutas. El débito fiscal representa el 13% de las ventas brutas. El crédito fiscal representa el 13% de las compras efectuadas con facturas relacionadas con la actividad de la empresa.

El impuesto a las transacciones representa el 3% del importe de las ventas brutas.

El impuesto a las utilidades grava el 25% de las utilidades obtenidas durante una gestión.

El impuesto a las utilidades de una gestión se considera como pago a cuenta del impuesto a las transacciones de la siguiente gestión.

Si en un año el impuesto a las utilidades fuera mayor al impuesto a las transacciones y no pudiera ser compensado, el saldo se consolida a favor del estado, sin derecho a reintegro o devolución.

a) Elaborar el plan de inversiones y estructura del financiamiento

b) Calcular el capital de trabajo neto en base al método de razones financieras, considerando que el requerimiento mínimo de efectivo es de 1% sobre las ventas anuales.

c) Elaborar el estado de resultados proyectado.

d) Elaborar el flujo de caja libre.

e) Elaborar el flujo de caja del accionista.

f) Elaborar el cuadro de fuentes y usos de fondos, considerando que se distribuye el 60% de las utilidades netas como dividendos.

g) Elaborar el balance general proyectado.

h) Determinar los indicadores financieros del balance general proyectado.

i) Calcular el punto de equilibrio contable.

PLAN DE INVERSIONES Y ESTRUCTURA DEL FINANCIAMIENTO
En dólares americanos

Concepto	Cantidad	Precio unitario	Monto total	Fuentes de financiamiento		
				Crédito	Aporte propio	Otros financiam.
INVERSIONES FIJAS						
Terreno	2.000 m^2	5	10.000		10.000	
Obras civiles	600 m^2	155	93.000	30.000	63.000	
Maquinaria y equipo	Global	0	70.000	50.000	20.000	
Muebles y enseres	Global	0	9.000		9.000	
Vehículos		18.000	18.000		18.000	
SUB TOTAL			**200.000**	**80.000**	**120.000**	**0**
INVERSIONES INTAGIBLES						
Gastos de organización			5.000		5.000	
SUB - TOTAL			**5.000**		**5.000**	
CAPITAL DE TRABAJO						
Capital de trabajo			80.935		47.781	33.155
SUB TOTAL			**80.935**		**47.781**	**33.155**
TOTAL			**285.935**	**80.000**	**172.781**	**33.155**
PORCENTAJE			**100%**	**28,0%**	**60,4%**	**11,6%**

Monto del préstamo (US$): 80.000
Plazo (Años): 5
Período de gracia (años): 1
Tasa de interés: 9%
Amortización: Anual
Tipo de amortización: Cuota fija a capital

PLAN DE AMORTIZACIÓN
En dólares americanos

Período (Años)	Saldo préstamo	Capital	Interés	Capital e interés
1	80.000	0	7.200	7.200
2	80.000	20.000	7.200	27.200
3	60.000	20.000	5.400	25.400
4	40.000	20.000	3.600	23.600
5	20.000	20.000	1.800	21.800
		80.000	**25.200**	**105.200**

Capacidad instalada: 150.000 Kgr/año

PRONOSTICO DE VENTAS

Detalle	Año 1	Año 2	Año 3	Año 4	Año 5
% Utilización de la capacidad instalada	80%	90%	100%	100%	100%
Volumen de producción (Kgr)	120.000	135.000	150.000	150.000	150.000
BOBINAS PLASTICAS (60%)					
Volumen de producción (Kgr)	72.000	81.000	90.000	90.000	90.000
Precio de venta	3,20	3,20	3,20	3,20	3,20
SUB - TOTAL	230.400	259.200	288.000	288.000	288.000
BOLSAS PLASTICAS (40%)					
Volumen de producción (Kgr)	48.000	54.000	60.000	60.000	60.000
Precio de venta	3,50	3,50	3,50	3,50	3,50
SUB - TOTAL	168.000	189.000	210.000	210.000	210.000
INGRESO BRUTO POR VENTAS	**398.400**	**448.200**	**498.000**	**498.000**	**498.000**

COSTO DE PRODUCCIÓN
En dólares americanos

Detalle	Año 1	Año 2	Año 3	Año 4	Año 5
BOBINAS PLASTICAS (60%)					
Volumen de producción (Kgr)	72.000	81.000	90.000	90.000	90.000
Costo unitario materia prima	2,00	2,00	2,00	2,00	2,00
Costo materia prima	144.000	162.000	180.000	180.000	180.000
BOLSAS PLASTICAS (40%)					
Volumen de producción (Kgr)	48.000	54.000	60.000	60.000	60.000
Costo unitario materia prima	1,78	1,78	1,78	1,78	1,78
Costo materia prima	85.440	96.120	106.800	106.800	106.800
MATERIA PRIMA E INSUMOS	229.440	258.120	286.800	286.800	286.800
MANO DE OBRA DIRECTA	37.080	37.080	37.080	37.080	37.080
GASTOS INDIRECTOS DE FABRICACIÓN					
Energia electrica, agua (0,52%)	1.400	1.575	1.750	1.750	1.750
Combustible y lubricantes (0,15%)	400	450	500	500	500
Mantenimiento	600	600	600	600	600
COSTO DE PRODUCCIÓN	**268.920**	**297.825**	**326.730**	**326.730**	**326.730**

Período de cobro	30 dias
Período del inventario	60 dias
Período de pago	45 dias

REQUERIMIENTO DE CAPITAL DE TRABAJO
En dólares americanos

Concepto	Año 0	Año 1	Año 2	Año 3	Año 4	Año 5
Efectivo (1% sobre ventas)	3.984	3.984	4.482	4.980	4.980	4.980
Cuentas por cobrar	32.745	32.745	36.838	40.932	40.932	40.932
Inventarios	44.206	44.206	48.958	53.709	53.709	53.709
Cuentas por pagar	33.155	33.155	36.718	40.282	40.282	40.282
CAPITAL DE TRABAJO NETO	**47.781**	**47.781**	**53.560**	**59.339**	**59.339**	**59.339**
VARIACIONES EN EL CTN	**47.781**	**0**	**5.779**	**5.779**	**0**	**0**

GASTOS DE ADMINISTRACIÓN
En dólares americanos

Detalle	Año 1	Año 2	Año 3	Año 4	Año 5
Sueldos y salarios departamento administración	27.372	27.372	27.372	27.372	27.372
Gastos generales	520	520	520	520	520
Seguro	1.200	1.200	1.200	1.200	1.200
GASTOS DE ADMINISTRACIÓN	**29.092**	**29.092**	**29.092**	**29.092**	**29.092**

GASTOS DE COMERCIALIZACIÓN
En dólares americanos

Detalle	Año 1	Año 2	Año 3	Año 4	Año 5
Sueldos y salarios departamento ventas	14.076	14.076	14.076	14.076	14.076
Comisiones sobre ventas (1%)	3.984	4.482	4.980	4.980	4.980
Publicidad y promoción (2%)	7.968	8.964	9.960	9.960	9.960
GASTOS DE COMERCIALIZACIÓN	**26.028**	**27.522**	**29.016**	**29.016**	**29.016**

CUADRO DE DEPRECIACIÓN DEL ACTIVO FIJO
Y AMORTIZACIÓN DE ACTIVOS INTANGIBLES
En dólares americanos

Detalle	Valor del activo	Vida útil (Años)	Depreciación anual
ACTIVO FIJO			
Terreno	10.000		0
Obras civiles	93.000	40	2.325
Maquinaria y equipo	70.000	8	8.750
Muebles y enseres	9.000	10	900
Vehículos	18.000	5	3.600
ACTIVO INTANGIBLE	5.000	5	1.000
TOTAL	**205.000**		**16.575**

CALCULO DEL IMPUESTO AL VALOR AGREGADO
En dólares americanos

Concepto	Año 1	Año 2	Año 3	Año 4	Año 5
IVA - DEBITO FISCAL					
Ventas brutas	398.400	448.200	498.000	498.000	498.000
IVA - Débito fiscal (13% sobre ventas brutas)	51.792	58.266	64.740	64.740	64.740
IVA - CREDITO FISCAL					
Gastos con factura					
Materia prima e insumos	229.440	258.120	286.800	286.800	286.800
Energia electrica, agua	1.400	1.575	1.750	1.750	1.750
Combustible y lubricantes	400	450	500	500	500
Mantenimiento	600	600	600	600	600
Gastos generales	520	520	520	520	520
Seguros	1.200	1.200	1.200	1.200	1.200
Publicidad y promoción	7.968	8.964	9.960	9.960	9.960
Total gastos con factura	241.528	271.429	301.330	301.330	301.330
IVA - Crédito fiscal(13% sobre gastos con factura)	31.399	35.286	39.173	39.173	39.173

CALCULO DEL IMPUESTO A LAS TRANSACCIONES
En dólares americanos

Concepto	Año 1	Año 2	Año 3	Año 4	Año 5
Ventas brutas	398.400	448.200	498.000	498.000	498.000
Impuesto a las transacciones bruto (3% s/Ventas)	11.952	13.446	14.940	14.940	14.940
(-) Impuesto a las utilidades anterior gestión	0	7.548	11.751	16.405	16.855
Impuesto a las transacciones neto	11.952	5.898	3.189	0	0

CALCULO DEL IMPUESTO A LAS UTILIDADES
En dólares americanos

Concepto	Año 1	Año 2	Año 3	Año 4	Año 5
E.B.T.	18.240	41.108	62.431	67.420	69.220
(+) Impuesto a las transacciones	11.952	5.898	3.189	0	0
E.B.T. sin impuesto a las transacciones	30.192	47.006	65.620	67.420	69.220
Impuesto a las utilidades (25% s/EBT sin IT)	7.548	11.751	16.405	16.855	17.305

ESTADO DE RESULTADOS PROYECTADO
En dólares americanos

Detalle	Año 1	Año 2	Año 3	Año 4	Año 5
Ventas brutas	398.400	448.200	498.000	498.000	498.000
(-) IVA - Débito fiscal	51.792	58.266	64.740	64.740	64.740
(+) IVA - Crédito fiscal	31.399	35.286	39.173	39.173	39.173
Ventas netas	378.007	425.220	472.433	472.433	472.433
(-) Costo de producción	268.920	297.825	326.730	326.730	326.730
(-) Gastos de administración	29.092	29.092	29.092	29.092	29.092
(-) Gastos de comercialización	26.028	27.522	29.016	29.016	29.016
(-) Depreciación y amortización	16.575	16.575	16.575	16.575	16.575
(-) Impuesto a las transacciones	11.952	5.898	3.189	0	0
E.B.I.T.	25.440	48.308	67.831	71.020	71.020
(-) Intereses	7.200	7.200	5.400	3.600	1.800
E.B.T.	18.240	41.108	62.431	67.420	69.220
(-) Impuesto a las utilidades	7.548	11.751	16.405	16.855	17.305
Utilidad neta	10.692	29.356	46.026	50.565	51.915

FLUJO DE CAJA LIBRE
En dólares americanos

Detalle	Año 0	Año 1	Año 2	Año 3	Año 4	Año 5
E.B.I.T.		25.440	48.308	67.831	71.020	71.020
(+) Depreciación y amortización		16.575	16.575	16.575	16.575	16.575
(-) Impuestos (25% s/EBIT)		-9.348	-13.551	-17.755	-17.755	-17.755
(-) Inversiones fijas	-200.000					
(-) Inversión intangible	-5.000					
(-) Variaciones en el CTN	-47.781	0	-5.779	-5.779	0	0
FLUJO DE CAJA LIBRE	**-252.781**	**32.667**	**45.552**	**60.872**	**69.840**	**69.840**

FLUJO DE CAJA DEL ACCIONISTA
En dólares americanos

Detalle	Año 0	Año 1	Año 2	Año 3	Año 4	Año 5
Utilidad neta		10.692	29.356	46.026	50.565	51.915
(+) Depreciación y amortización		16.575	16.575	16.575	16.575	16.575
(-) Inversiones fijas	-200.000					
(-) Inversiones intangibles	-5.000					
(-) Variaciones en el CTN	-47.781	0	-5.779	-5.779	0	0
(+) Préstamo	80.000					
(-) Amortización préstamo		0	-20.000	-20.000	-20.000	-20.000
FLUJO DE CAJA DEL ACCIONISTA	**-172.781**	**27.267**	**20.152**	**36.822**	**47.140**	**48.490**

FUENTES Y USOS DE FONDOS
En dólares americanos

Detalle	Año 0	Año 1	Año 2	Año 3	Año 4	Año 5
FUENTES						
Ventas netas		378.007	425.220	472.433	472.433	472.433
Préstamo	80.000					
Aporte propio	172.781					
Otros financiamientos	33.155					
TOTAL FUENTES	**285.935**	**378.007**	**425.220**	**472.433**	**472.433**	**472.433**
USOS						
Inversiones fijas	200.000					
Inversiones intangibles	5.000					
Capital de trabajo	80.935	0	5.779	5.779	0	0
Costo de producción		268.920	297.825	326.730	326.730	326.730
Gastos de administración		29.092	29.092	29.092	29.092	29.092
Gastos de comercialización		26.028	27.522	29.016	29.016	29.016
Impuesto a las transacciones		11.952	5.898	3.189	0	0
Intereses		7.200	7.200	5.400	3.600	1.800
Amortización préstamo		0	20.000	20.000	20.000	20.000
Impuesto a las utilidades		7.548	11.751	16.405	16.855	17.305
Dividendos		6.415	17.614	27.616	30.339	31.149
TOTAL USOS	**285.935**	**357.155**	**422.681**	**463.226**	**455.632**	**455.092**
EXCEDENTE/DEFICIT	**0**	**20.852**	**2.538**	**9.207**	**16.801**	**17.341**
SALDO ACUMULADO	**0**	**20.852**	**23.390**	**32.597**	**49.398**	**66.739**

BALANCE GENERAL PROYECTADO
En dólares americanos

Detalle	Año 0	Año 1	Año 2	Año 3	Año 4	Año 5
ACTIVO						
CIRCULANTE						
Efectivo		20.852	23.390	32.597	49.398	66.739
Efectivo mínimo	3.984	3.984	4.482	4.980	4.980	4.980
Cuentas por cobrar	32.745	32.745	36.838	40.932	40.932	40.932
Inventarios	44.206	44.206	48.958	53.709	53.709	53.709
TOTAL ACTIVO CIRCULANTE	80.935	101.787	113.668	132.217	149.018	166.359
FIJO E INTANGIBLE						
Activo fijo bruto	205.000	205.000	205.000	205.000	205.000	205.000
(-) Depreciación acumulada	0	16.575	33.150	49.725	66.300	82.875
ACTIVO FIJO NETO	205.000	188.425	171.850	155.275	138.700	122.125
TOTAL ACTIVO	**285.935**	**290.212**	**285.518**	**287.492**	**287.718**	**288.484**
PASIVO						
CIRCULANTE						
Cuentas por pagar	33.155	33.155	36.718	40.282	40.282	40.282
PASIVO LARGO PLAZO						
Prestamos bancarios	80.000	80.000	60.000	40.000	20.000	0
TOTAL PASIVO	113.155	113.155	96.718	80.282	60.282	40.282
PATRIMONIO NETO						
Capital	172.781	172.781	172.781	172.781	172.781	172.781
Utilidades acumuladas	0	4.277	16.019	34.430	54.656	75.422
TOTAL PATRIMONIO NETO	172.781	177.057	188.800	207.210	227.436	248.202
TOTAL PASIVO Y PATRIMONIO	**285.935**	**290.212**	**285.518**	**287.492**	**287.718**	**288.484**

INDICADORES FINANCIEROS

INDICADOR	FORMULA	Año 1	Año 2	Año 3	Año 4	Año 5
INDICADORES DE LIQUIDEZ						
Capital de trabajo neto	Activo circulante - Pasivo circul.	68.632	76.950	91.935	108.736	126.077
Razón del capital de trabajo neto	$\dfrac{\text{Capital de trabajo neto}}{\text{Activo}}$	0,24	0,27	0,32	0,38	0,44
Razón circulante	$\dfrac{\text{Activo circulante}}{\text{Pasivo circulante}}$	3,07	3,10	3,28	3,70	4,13
Prueba ácida	$\dfrac{\text{Activo circulante - Inventarios}}{\text{Pasivo circulante}}$	1,74	1,76	1,95	2,37	2,80
INDICADORES DE ENDEUDAMIENTO						
Razón deuda activos	$\dfrac{\text{Pasivo}}{\text{Activo}}$	0,39	0,34	0,28	0,21	0,14
Razón deuda patrimonio	$\dfrac{\text{Pasivo}}{\text{Patrimonio neto}}$	0,64	0,51	0,39	0,27	0,16
Apalancamiento financiero	$\dfrac{\text{Activo}}{\text{Patrimonio neto}}$	1,64	1,51	1,39	1,27	1,16
Razón de cobertura de intereses	$\dfrac{\text{EBIT}}{\text{Intereses}}$	3,53	6,71	12,56	19,73	39,46
Razón de cobertura de efectivo	$\dfrac{\text{EBIT + Depreciación}}{\text{Intereses}}$	5,84	9,01	15,63	24,33	48,66
INDICADORES DE EFICIENCIA						
Rotación del activo	$\dfrac{\text{Ventas}}{\text{Activo}}$	1,37	1,57	1,73	1,73	1,73
Rotación cuentas por cobrar	$\dfrac{\text{Ventas}}{\text{Cuentas por cobrar}}$	12,17	12,17	12,17	12,17	12,17
Periodo de cobro (dias)	$\dfrac{365}{\text{Rotación cuentas por cobrar}}$	30,00	30,00	30,00	30,00	30,00
Rotación de inventarios	$\dfrac{\text{Costo de ventas}}{\text{Inventario promedio}}$	6,08	6,39	6,36	6,08	6,08
Período del inventario (dias)	$\dfrac{365}{\text{Rotación de inventarios}}$	60,00	57,09	57,35	60,00	60,00
Rotación cuentas por pagar	$\dfrac{\text{Costo de ventas}}{\text{Cuentas por pagar}}$	8,11	8,11	8,11	8,11	8,11
Periodo de pago (dias)	$\dfrac{365}{\text{Rotación cuentas por pagar}}$	45,00	45,00	45,00	45,00	45,00
INDICADORES DE RENTABILIDAD						
Margen de utilidad bruta	$\dfrac{\text{Utilidad bruta}}{\text{Ventas}}$	27,38%	28,42%	29,26%	29,26%	29,26%
Margen de utilidad operativa	$\dfrac{\text{EBIT}}{\text{Ventas}}$	6,39%	10,78%	13,62%	14,26%	14,26%
Margen de utilidad neta	$\dfrac{\text{Utilidad neta}}{\text{Ventas}}$	2,68%	6,55%	9,24%	10,15%	10,42%
Rendimiento sobre las inversiones - ROI	$\dfrac{\text{EBIT}}{\text{Activo}}$	8,77%	16,92%	23,59%	24,68%	24,62%
Rendimiento sobre los activos - ROA	$\dfrac{\text{Utilidad neta}}{\text{Activo}}$	3,68%	10,28%	16,01%	17,57%	18,00%
Rendimiento sobre el capital - ROE	$\dfrac{\text{Utilidad neta}}{\text{Patrimonio neto}}$	6,04%	15,55%	22,21%	22,23%	20,92%
INDICADORES MULTIDIMENSIONALES						
Indice Z de Altman	1,2 CTN/Activo + 1,4 Utilidades acum/Activos + 3,3 EBIT/Activo + 0,6 Patrimonio/Pasivo + 1,0 Ventas/Activo	2,91	3,70	4,61	5,53	7,13

DETERMINACIÓN DEL PUNTO DE EQULIBRIO CONTABLE
CLASIFICACIÓN COSTOS FIJOS Y VARIABLES
En dólares americanos

Detalle	Costo total	Costo variable	Costo fijo
COSTO DE PRODUCCIÓN			
Materia prima e insumos	229.440	229.440	
Mano de obra directa	37.080	37.080	
G.I.F.			
Energia electrica y agua	1.400	1.400	
Combustibles y lubric.	400	400	
Mantenimiento	600		600
GASTOS DE ADMINISTRACIÓN			
Sueldos y salarios	27.372		27.372
Gastos generales	520		520
Seguros	1.200		1.200
GASTOS DE COMERCIALIZACIÓN			
Sueldos y salarios	14.076		14.076
Comisiones sobre ventas	3.984	3.984	
Publicidad y promoción	7.968	7.968	
DEPRECIACIÓN Y AMORTIZACIÓN	16.575		16.575
INTERESES	7.200		7.200
IMPUESTOS			
Impuesto a las transacciones	11.952	11.952	
IVA - Débito fiscal	51.792	51.792	
IVA - Crédito fiscal	-31.399	-31.097	-302
TOTALES	**380.160**	**312.919**	**67.241**

CALCULO DEL PUNTO DE EQUILIBRIO CONTABLE

$$PE = \frac{CF}{1 - CV/IT} = \frac{67.241}{0,21456084} = 313.391$$

	Particip.	Ventas	Precio	Cantidad
Bobinas	57,83%	181.238	3,20	56.637
Bolsas	42,17%	132.153	3,50	37.758
	100,00%	313.391		

Preguntas y problemas

1. **Calculo del financiamiento externo necesario**

   Los estados financieros de la empresa Simex S.A. son los siguientes:

ESTADO DE RESULTADOS			**BALANCE GENERAL**		
En dólares americanos			**En dólares americanos**		
Ventas	46.500		Activo circulante	60.000	Pasivo circulante	11.250
(-) Costos variables	27.000		Activo fijo	45.000	Deuda a largo plazo	18.750
(-) Costos fijos	12.000				Patrimonio neto	75.000
Utilidad antes de impuestos	7.500		**TOTAL ACTIVO**	**105.000**	**TOTAL PASIVO Y PATR.**	**105.000**
(-) Impuesto a las utilidades (25%)	1.875					
Utilidad neta	5.625					

El activo circulante, activo fijo, pasivo circulante y los costos variables son proporcionales a las ventas, la deuda a largo plazo y el patrimonio neto no.

La empresa mantiene una razón constante de pago de dividendos del 50%.

Se proyecta que las ventas del año siguiente aumentarán en 15%.

Determinar el financiamiento externo necesario.

2. **Calculo de la tasa interna de crecimiento y la tasa de crecimiento sostenible**

   Los estados financieros de la empresa Artec Company son los siguientes:

ESTADO DE RESULTADOS En dólares americanos		BALANCE GENERAL En dólares americanos			
Ventas	52.000	Activo circulante	72.000	Pasivo circulante	176.000
(-) Costos variables	25.000	Activo fijo	200.000	Patrimonio neto	96.000
(-) Costos fijos	6.600				
Utilidad antes de impuestos	20.400	**TOTAL ACTIVO**	**272.000**	**TOTAL PASIVO Y PATR.**	**272.000**
(-) Impuesto a las utilidades (25%)	5.100				
Utilidad neta	15.300				

   Los activos y los costos variables son proporcionales a las ventas, no así el pasivo circulante y el patrimonio neto.

   La empresa mantiene una razón constante de pago de dividendos de 25%.

   No le será posible obtener financiamiento externo por medio de la emisión de acciones.

   Determinar la tasa interna de crecimiento.

   Determinar la tasa de crecimiento sostenible.

3. **Proyección de estados financieros**

   Los estados financieros de la empresa Dexca S.A. son los siguientes:

ESTADO DE RESULTADOS Al 31 de diciembre de 2011 En dólares americanos		BALANCE GENERAL Al 31 de diciembre de 2011 En dólares americanos			
Ventas	78.200	**ACTIVO**		**PASIVO**	
(-) Costos variables	27.200	**CIRCULANTE**		**CIRCULANTE**	
(-) Costos fijos	8.200	Efectivo	8.400	Cuentas por pagar	21.500
(-) Depreciación	12.500	Cuentas por cobrar	26.400	Préstamos bancario	14.500
Utilidad antes de intereses e impuestos	30.300	Inventarios	30.200	SUB TOTAL	36.000
(-) Intereses	3.820	SUB TOTAL	65.000	Deuda largo plazo	48.000
Utilidad antes de impuestos	26.480	**FIJO**		**PATRIMONIO NETO**	
(-) Impuesto a las utilidades (25%)	6.620	Activo fijo neto	145.000	Capital	100.000
Utilidad neta	19.860			Utilidades acumuladas	26.000
		TOTAL ACTIVO	**210.000**	**TOTAL PASIVO Y PAT.**	**210.000**

   Se proyecta que las ventas del año siguiente aumentarán en 15%.

   La empresa distribuye el 30% de la utilidad neta como dividendos.

   La empresa opera al 80% de su capacidad instalada.

   El activo circulante, el activo fijo neto, las cuentas por pagar y los costos variables varían en la misma proporción que las ventas y la razón de pago de dividendos es constante.

   La deuda a largo plazo es a 4 años plazo, pagos semestrales a la tasa de interés del 7% anual.

   La deuda bancaria a corto plazo tiene una tasa de interés del 6% anual y la fecha de vencimiento es el 30 de junio de 2012.

   Prepare el estado de resultados proyectado y el balance general proyectado en base al método del porcentaje de ventas, determinando el financiamiento externo necesario.

   Determinar la tasa de crecimiento que podría lograr la empresa sin recurrir a ningún tipo de financiamiento externo.

4. Proyección de estados financieros en base a flujo de caja

La empresa Schuler Corp. ha proyectado los siguientes volúmenes de venta de un nuevo producto que lanzará al mercado.

Detalle	Año 1	Año 2	Año 3	Año 4	Año 5
Volumen de ventas (unidades)	30.000	36.000	44.000	52.000	60.000

- El precio de venta unitario es US$ 7,50, el costo variable unitario es US$ 4,20 y los costos fijos anuales ascienden a US$ 28.000.

- El proyecto requiere inversiones en maquinaria y equipo por un valor de US$ 186.000, los cuales tienen una vida útil de ocho años.

- El requerimiento de un capital de trabajo neto inicial asciende a US$ 28.000, constituido por cuentas por cobrar por US$ 20.000, inventarios por US$ 14.000 y cuentas por pagar por US$ 6.000.

- Al final de cada año se proyecta que las cuentas por cobrar representarán el 12% de las ventas, los inventarios el 9% de las ventas y las cuentas por pagar el 5% de las ventas.

- Para financiar el proyecto se contempla contraer un préstamo bancario por US$ 62.000 a cinco años plazo, amortizaciones anuales con cuotas fijas a capital, a la tasa de interés del 9% anual.

- La tasa del impuesto a las utilidades es 25%.

Elaborar el estado de resultados proyectado, el flujo de caja libre, el flujo de caja del accionista, el cuadro de fuentes y usos de fondos, el estado del flujo de efectivo proyectado y el balance general proyectado, considerando que se distribuye el 60% de las utilidades netas como dividendos.

8 Proyecciones financieras a corto plazo

Las proyecciones financieras a corto plazo es un pronóstico de los ingresos futuros de efectivo y los desembolsos de efectivo que ocurren dentro de un año o menos.

Las proyecciones financieras a corto plazo permiten determinar si una empresa podrá cubrir sus costos de producción, gastos de operación, inversiones fijas, amortización de la deuda financiera, cuanto y cuando requerirá de financiamiento adicional y cuando puede tener excedentes de efectivo para su aplicación en diversos usos.

Las proyecciones financieras a corto plazo consideran los ingresos y egresos de efectivo en forma separada. Los flujos de ingreso de efectivo pueden ser el ingreso de efectivo por ventas, la venta de activos fijos, prestamos bancarios o aportes de capital. Los flujos de egreso de efectivo pueden ser las compras de mercadería, sueldos, gastos de operación, impuestos, inversiones fijas, el servicio de la deuda (amortización a capital e intereses) y los dividendos. La diferencia entre los ingresos y egresos es el saldo de efectivo del periodo. El saldo acumulado es la suma de los saldos de efectivo de cada periodo.

El ingreso de efectivo por ventas se calcula en base al saldo inicial de cuentas por cobrar, las ventas del período, las cobranzas del período que esta en función al período de cobro y el saldo final de cuentas por cobrar.

A continuación presentamos varios ejemplos de proyecciones financieras a corto plazo.

Ejemplo 8.1. Proyección financiera a corto plazo

A continuación se presenta información de la empresa Brain S.A., a efectos de elaborar proyecciones financieras para el siguiente año.

- Las ventas proyectadas son las siguientes:

PRONÓSTICO DE VENTAS
En dólares americanos

	1° TRIM.	2° TRIM.	3° TRIM.	4° TRIM.
Ventas	200.000	300.000	250.000	400.000

- Todas las ventas son a crédito a un plazo de 45 días.
- El saldo de las cuentas por cobrar a principios de año es US$ 120.000.
- Las compras de mercaderías durante un trimestre son iguales a 60% de las ventas pronosticadas para el siguiente trimestre. Las compras se efectúan a crédito a un plazo de 90 días.
- Los sueldos, impuestos y otros gastos son iguales al 20% de las ventas del período.
- Los intereses ascienden a US$ 5.000 por trimestre.

- Los dividendos ascienden a US$ 15.000 por trimestre.
- Se planea inversiones fijas por US$ 100.000 en el segundo trimestre.
- El saldo inicial de efectivo es de US$ 20.000 y la empresa necesita mantener un saldo mínimo de efectivo de US$ 8.000.
- La empresa puede acceder a financiamiento bancario a la tasa de interés del 10% anual.

Para elaborar el presupuesto de efectivo previamente se debe elaborar el cuadro de ingresos de efectivo por ventas. En este cuadro se consigna el monto de las ventas proyectadas por período, para que en base al periodo de cobro (plazo promedio de ventas a crédito) se determine el importe de las ventas que se cobrará en el período. Como el periodo de cobro es de 45 días, la mitad de las ventas del período se cobrará en este período y la otra mitad se cobrará en el siguiente periodo, importe que se consigna como saldo final de cuentas por cobrar, que se constituirá en saldo inicial de cuentas por cobrar en el siguiente periodo. El ingreso de efectivo de cada período se determina sumando el saldo inicial de cuentas por cobrar del periodo y las cobranzas de las ventas del período.

INGRESO DE EFECTIVO POR VENTAS
En dólares americanos

	1º TRIM.	2º TRIM.	3º TRIM.	4º TRIM.
Saldo inicial cuentas por cobrar	120.000	100.000	150.000	125.000
Ventas	200.000	300.000	250.000	400.000
Cobranza ventas del período	100.000	150.000	125.000	200.000
Saldo final cuentas por cobrar	100.000	150.000	125.000	200.000
INGRESO DE EFECTIVO POR VENTAS	**220.000**	**250.000**	**275.000**	**325.000**

En el flujo de efectivo proyectado se considera los ingresos y egresos de efectivo en forma separada. Los flujos de ingreso de efectivo serán los ingresos de efectivo por ventas y los prestamos bancarios que requerirá. Los flujos de egreso de efectivo son las compras de mercadería, sueldos, impuestos y otros gastos, las inversiones fijas programadas, la amortización del préstamo, los intereses y los dividendos.

FLUJO DE EFECTIVO PROYECTADO
En dólares americanos

	1º TRIM.	2º TRIM.	3º TRIM.	4º TRIM.
Saldo inicial de efectivo	20.000	60.000	10.000	13.500
FLUJO DE INGRESO DE EFECTIVO				
Ingreso de efectivo por ventas	220.000	250.000	275.000	325.000
Venta activos fijos				
Préstamos bancarios		60.000		10.000
Aportes de capital				
TOTAL INGRESOS EFECTIVO	**220.000**	**310.000**	**275.000**	**335.000**
FLUJO DE EGRESO DE EFECTIVO				
Compras	120.000	180.000	150.000	240.000
Sueldos, impuestos y otros gastos	40.000	60.000	50.000	80.000
Inversiones fijas		100.000		
Amortización préstamos bancarios			50.000	
Intereses	5.000	5.000	6.500	5.000
Dividendos	15.000	15.000	15.000	15.000
TOTAL EGRESO EFECTIVO	**180.000**	**360.000**	**271.500**	**340.000**
SALDO FINAL EFECTIVO	**60.000**	**10.000**	**13.500**	**8.500**

El saldo final de efectivo de cada período debe ser positivo, superior al efectivo mínimo requerido. En el presente caso en el segundo trimestre existe un déficit de US$ 60.000 que debe ser financiado de alguna forma, en el presente caso estamos asumiendo que la empresa puede acceder a financiamiento bancario, por lo que se debe consignar este monto como flujo de ingreso de efectivo en el segundo periodo. En el tercer trimestre se genera un exceso de flujo de efectivo de US$ 50.000 que puede utilizarse para amortizar el préstamo del trimestre anterior y reducir el monto de la deuda. En el cuarto trimestre se presenta un déficit de US$ 10.000, que para ser cubierto se tendría que recurrir nuevamente a financiamiento bancario.

La forma como se maneje el financiamiento bancario depende de la administración de la empresa. Una opción es la que se ha descrito en el párrafo anterior. Otra opción podría ser que en el tercer trimestre se amortice sólo US$ 40.000 y ya no recurrir a financiamiento bancario en el cuarto trimestre.

Ejemplo 8.2. Proyección financiera a corto plazo

Se cuenta con la siguiente información de la empresa Dekra Corp. a efectos de elaborar las proyecciones financieras para el siguiente año:

- Las ventas proyectadas son las siguientes:

PRONÓSTICO DE VENTAS
En dólares americanos

	1º TRIM.	2º TRIM.	3º TRIM.	4º TRIM.
Ventas	150.000	165.000	180.000	200.000

- Todas las ventas son a crédito a un plazo promedio de 60 días.
- El saldo de las cuentas por cobrar a principios de año es de US$ 80.000.
- Las ventas del quinto trimestre se estima en US$ 220.000.
- Las compras de mercaderías en un trimestre son iguales a 60% de las ventas pronosticadas del siguiente trimestre y se pagan al contado.
- Los sueldos, gastos administrativos y otros gastos ascienden al 20% de las ventas del período.
- Se planea inversiones fijas por US$ 20.000 el primer trimestre y US$ 70.000 en el segundo trimestre.
- El saldo inicial de efectivo es de US$ 25.000 y la empresa desea mantener un saldo mínimo de efectivo de US$ 5.000.
- La empresa puede acceder a financiamiento bancario para capital de operaciones a un plazo de un año, pagos trimestrales, a la tasa de interés del 12% anual, con cuotas fijas a capital.

En el presente caso como el periodo de cobro es de 60 días, la tercera parte de las ventas del período (30/90) se cobrará en este período y las dos terceras partes (60/90) se cobrará en el siguiente periodo, importe que se consigna como saldo final de cuentas por cobrar, que se constituirá en saldo inicial de cuentas por cobrar en el siguiente periodo. El ingreso de efectivo de cada período se determina sumando el saldo inicial de cuentas por cobrar del periodo y las cobranzas de las ventas del período.

INGRESO DE EFECTIVO POR VENTAS
En dólares americanos

	1° TRIM.	2° TRIM.	3° TRIM.	4° TRIM.
Saldo inicial cuentas por cobrar	80.000	100.000	110.000	120.000
Ventas	150.000	165.000	180.000	200.000
Cobranza ventas del período	50.000	55.000	60.000	66.667
Saldo final cuentas por cobrar	100.000	110.000	120.000	133.333
INGRESO DE EFECTIVO POR VENTAS	**130.000**	**155.000**	**170.000**	**186.667**

FLUJO DE EFECTIVO PROYECTADO
En dólares americanos

	1° TRIM.	2° TRIM.	3° TRIM.	4° TRIM.
Saldo inicial de efectivo	25.000	6.000	10.000	7.200
FLUJO DE INGRESO DE EFECTIVO				
Ingreso de efectivo por ventas	130.000	155.000	170.000	186.667
Venta activos fijos				
Préstamos bancarios		60.000		
Aportes de capital				
TOTAL INGRESOS EFECTIVO	**130.000**	**215.000**	**170.000**	**186.667**
FLUJO DE EGRESO DE EFECTIVO				
Compra mercaderia	99.000	108.000	120.000	132.000
Sueldos, gastos administrativos y otros	30.000	33.000	36.000	40.000
Inversiones fijas	20.000	70.000		
Amortización préstamos bancarios			15.000	15.000
Intereses			1.800	1.350
TOTAL EGRESO EFECTIVO	**149.000**	**211.000**	**172.800**	**188.350**
SALDO FINAL EFECTIVO	**6.000**	**10.000**	**7.200**	**5.517**

En el flujo se ha considerado un préstamo bancario en el segundo trimestre, que se amortiza en el tercer y cuarto trimestre con los intereses respectivos.

Ejemplo 8.3.

Cálculo del ingreso de efectivo por ventas

La empresa Milenium S.A. ha proyectado los siguientes valores trimestrales de ventas para el año siguiente:

PRONÓSTICO DE VENTAS
En dólares americanos

	1° TRIM.	2° TRIM.	3° TRIM.	4° TRIM.
Ventas	35.000	50.000	60.000	40.000

Las cuentas por cobrar al inicio del año ascienden a US$ 20.000.

a) Determinar el ingreso de efectivo por ventas si el período de cobro es de 45 días.

b) Determinar el ingreso de efectivo por ventas si el período de cobro es de 30 días.

c) Determinar el ingreso de efectivo por ventas si el período de cobro es de 36 días.

INGRESO DE EFECTIVO POR VENTAS
En dólares americanos

	1° TRIM.	2° TRIM.	3° TRIM.	4° TRIM.
Saldo inicial cuentas por cobrar	20.000	17.500	25.000	30.000
Ventas	35.000	50.000	60.000	40.000
Cobranza ventas del período	17.500	25.000	30.000	20.000
Saldo final cuentas por cobrar	17.500	25.000	30.000	20.000
INGRESO DE EFECTIVO POR VENTAS	**37.500**	**42.500**	**55.000**	**50.000**

INGRESO DE EFECTIVO POR VENTAS
En dólares americanos

	1º TRIM.	2º TRIM.	3º TRIM.	4º TRIM.
Saldo inicial cuentas por cobrar	20.000	11.667	16.667	20.000
Ventas	35.000	50.000	60.000	40.000
Cobranza ventas del período	23.333	33.333	40.000	26.667
Saldo final cuentas por cobrar	11.667	16.667	20.000	13.333
INGRESO DE EFECTIVO POR VENTAS	**43.333**	**45.000**	**56.667**	**46.667**

INGRESO DE EFECTIVO POR VENTAS
En dólares americanos

	1º TRIM.	2º TRIM.	3º TRIM.	4º TRIM.
Saldo inicial cuentas por cobrar	20.000	14.000	20.000	24.000
Ventas	35.000	50.000	60.000	40.000
Cobranza ventas del período	21.000	30.000	36.000	24.000
Saldo final cuentas por cobrar	14.000	20.000	24.000	16.000
INGRESO DE EFECTIVO POR VENTAS	**41.000**	**44.000**	**56.000**	**48.000**

Para el cálculo del pago a proveedores por compra de mercadería será también necesario elaborar un cuadro auxiliar de los egresos por pago a proveedores. El cuadro de egreso por pago a proveedores es similar al cuadro de ingreso de efectivo y el procedimiento de calculo es exactamente el mismo, con la diferencia de que en lugar de ventas se debe consignar las compras del periodo, en lugar de cuentas por cobrar se debe consigna cuentas por pagar y en lugar del periodo de cobro se debe utilizar el periodo de pago.

Ejemplo 8.4. **Cálculo de egresos por pago a proveedores**

Innova S.A. ha proyectado las siguientes ventas para el año siguiente:

PRONOSTICO DE VENTAS
En dólares americanos

	1º TRIM.	2º TRIM.	3º TRIM.	4º TRIM.
Ventas	35.000	42.500	55.000	40.000

Las ventas del primer trimestre del año siguiente se ha estimado en US$ 46.000.
Calcularemos los pagos que deberán realizarse a los proveedores, suponiendo que la empresa coloca órdenes durante cada trimestre igual a 30% de las ventas proyectadas para el siguiente trimestre, bajo las siguientes condiciones:
a) Si se paga al contado.
b) Si el período de pago es de 90 días.
c) Si el período de pago es de 60 días.

EGRESO POR PAGO A PROVEEDORES
En dólares americanos

	1º TRIM.	2º TRIM.	3º TRIM.	4º TRIM.
PAGO A PROVEEDORES	12.750	16.500	12.000	13.800

EGRESO POR PAGO A PROVEEDORES
En dólares americanos

	1º TRIM.	2º TRIM.	3º TRIM.	4º TRIM.
PAGO A PROVEEDORES	10.500	12.750	16.500	12.000

EGRESO POR PAGO A PROVEEDORES
En dólares americanos

	1° TRIM.	2° TRIM.	3° TRIM.	4° TRIM.
Saldo inicial cuentas por pagar	7.000	8.500	11.000	8.000
Compras	12.750	16.500	12.000	13.800
Cancelación compras del período	4.250	5.500	4.000	4.600
Saldo final cuentas por pagar	8.500	11.000	8.000	9.200
PAGO A PROVEEDORES	**11.250**	**14.000**	**15.000**	**12.600**

Como el periodo de pago a proveedores es de 60 días, 1/3 de las compras (30/90) se pagará en el período y el 2/3 (60/90) se quedará como saldo final de cuentas por pagar que se cancelará en el siguiente periodo.

Ejemplo 8.5. Proyección financiera a corto plazo

Se cuenta con la siguiente información de la empresa Asaki Corp. a efectos de elaborar proyecciones financieras para el siguiente año.

- Las ventas proyectadas son las siguientes:

PRONÓSTICO DE VENTAS
En dólares americanos

	1° TRIM.	2° TRIM.	3° TRIM.	4° TRIM.
Ventas	60.000	80.000	75.000	30.000

- Las ventas del quinto trimestre se estima en US$ 51.000.
- El saldo de las cuentas por cobrar a principios de año es de US$ 20.000.
- Las ventas se realizarán a crédito a un plazo promedio de 36 días.
- Las compras de mercaderías en un trimestre son iguales a 75% de las ventas pronosticadas del siguiente trimestre. El período de pago a proveedores es de 60 días.
- Los sueldos, impuestos y otros gastos ascienden al 30% de las ventas del período.
- La empresa cuenta con un préstamo por US$ 20.000 a un año plazo, pagos trimestrales a la tasa de interés del 8% anual, con cuotas fijas a capital.
- Se planea inversiones fijas por US$ 50.000 en el tercer trimestre.
- El saldo inicial de efectivo es de US$ 40.000 y la empresa necesita mantener un saldo mínimo de efectivo de US$ 6.000.
- La empresa puede acceder a financiamiento bancario para capital de operaciones a un plazo de un año y para capital de inversiones a cinco años, pagos trimestrales, a la tasa de interés del 8% anual con cuotas fijas a capital.

INGRESO DE EFECTIVO POR VENTAS
En dólares americanos

	1° TRIM.	2° TRIM.	3° TRIM.	4° TRIM.
Saldo inicial cuentas por cobrar	20.000	24.000	32.000	30.000
Ventas	60.000	80.000	75.000	30.000
Cobranza ventas del período	36.000	48.000	45.000	18.000
Saldo final cuentas por cobrar	24.000	32.000	30.000	12.000
INGRESO DE EFECTIVO POR VENTAS	**56.000**	**72.000**	**77.000**	**48.000**

Como el periodo de cobro es de 36 días, el 60% de las ventas (54/90) se cobrará en el período y el 40% (36/90) se quedará como saldo final de cuentas por cobrar que se cobrará en el siguiente periodo.

EGRESO POR PAGO A PROVEEDORES
En dólares americanos

	1° TRIM.	2° TRIM.	3° TRIM.	4° TRIM.
Saldo inicial de cuentas por pagar	30.000	40.000	37.500	15.000
Compras	60.000	56.250	22.500	38.250
Cancelación compras del período	20.000	18.750	7.500	12.750
Saldo final cuentas por pagar	40.000	37.500	15.000	25.500
PAGO A PROVEEDORES	**50.000**	**58.750**	**45.000**	**27.750**

FLUJO DE EFECTIVO PROYECTADO
En dólares americanos

	1° TRIM.	2° TRIM.	3° TRIM.	4° TRIM.
Saldo inicial de efectivo	40.000	22.600	6.550	6.850
FLUJO DE INGRESO DE EFECTIVO				
Ingreso de efectivo por ventas	56.000	72.000	77.000	48.000
Préstamos bancarios	0		46.000	
TOTAL INGRESOS EFECTIVO	**56.000**	**72.000**	**123.000**	**48.000**
FLUJO DE EGRESO DE EFECTIVO				
Pago a proveedores	50.000	58.750	45.000	27.750
Sueldos, impuestos y otros gastos	18.000	24.000	22.500	9.000
Inversiones fijas			50.000	
Amortización préstamos bancarios	5.000	5.000	5.000	7.300
Intereses	400	300	200	1.020
TOTAL EGRESO EFECTIVO	**73.400**	**88.050**	**122.700**	**45.070**
SALDO FINAL EFECTIVO	**22.600**	**6.550**	**6.850**	**9.780**

Preguntas y problemas

1. Proyección financiera a corto plazo

Elaborar las proyecciones financieras de la empresa Cramer S.A. en base a la siguiente información.

- Las ventas proyectadas son las siguientes:

PRONÓSTICO DE VENTAS
En dólares americanos

	1° TRIM.	2° TRIM.	3° TRIM.	4° TRIM.
Ventas	150.000	165.000	180.000	135.000

- Las ventas del quinto trimestre se estima en US$ 160.000.
- El saldo de las cuentas por cobrar a principio de año es US$ 240.000.
- Todas las ventas son a crédito a un plazo promedio de 60 días.
- Las compras de mercaderías en un trimestre son iguales a 75% de las ventas pronosticadas del siguiente trimestre. El período de pago a proveedores es de 30 días.
- Los sueldos, impuestos y otros gastos ascienden al 30% de las ventas del período.
- La empresa cuenta actualmente con un préstamo por US$ 30.000 a un año plazo, pagos trimestrales a la tasa de interés del 10% anual.
- Se planea inversiones fijas por US$ 100.000 en el primer trimestre y US$ 120.000 en el tercer trimestre.
- El saldo inicial de efectivo es US$ 45.000 y la empresa necesita mantener un saldo mínimo de efectivo de US$ 20.000.

2. **Proyección financiera a corto plazo**

   Elaborar las proyecciones financieras de la empresa Mega Corp. en base a la siguiente información:

   - Las ventas proyectadas son las siguientes:

   PRONÓSTICO DE VENTAS
   En dólares americanos

	1º TRIM.	2º TRIM.	3º TRIM.	4º TRIM.
Ventas	14.000	12.000	16.000	18.000

   - Las ventas del quinto trimestre se estima en US$ 15.000.
   - El saldo de las cuentas por cobrar a principio de año es US$ 5.500.
   - Las ventas se efectuarán a crédito a un plazo promedio de 45 días.
   - Las compras de mercaderías en un trimestre son iguales a 45% de las ventas pronosticadas del siguiente trimestre. El período de pago a proveedores es de 36 días.
   - Los sueldos, impuestos y otros gastos ascienden al 30% de las ventas del período.
   - La empresa cuenta con un préstamo por US$ 5.000 a un año plazo, pagos trimestrales a la tasa de interés del 8% anual.
   - Se planea inversiones fijas por US$ 6.000 en el segundo trimestre.
   - El saldo inicial de efectivo es de US$ 4.500 y la empresa necesita mantener un saldo mínimo de efectivo de US$ 1.200.
   - La empresa puede solicitar préstamos bancarios a una tasa de interés del 8% anual.

3. **Proyección financiera a corto plazo**

   Elaborar las proyecciones financieras de la empresa Azitex S.A. en base a la siguiente información:

   - Las ventas proyectadas son las siguientes:

   PRONÓSTICO DE VENTAS
   (En dólares americanos)

	1º TRIM.	2º TRIM.	3º TRIM.	4º TRIM.
Ventas	30.000	32.000	35.000	40.000

   - Las ventas del quinto trimestre se estima en US$ 42.000.
   - El saldo de las cuentas por cobrar a principios de año es de US$ 5.000.
   - Todas las ventas son a crédito a un plazo promedio de 54 días.
   - Las compras de mercaderías en un trimestre son iguales a 72% de las ventas pronosticadas del siguiente trimestre. Los proveedores otorgan crédito a un plazo promedio de 27 días.
   - Los sueldos, impuestos y otros gastos son iguales al 20% de las ventas del período.
   - La empresa tiene actualmente un préstamo bancario por US$ 8.000 a un año plazo, pagos trimestrales a la tasa de interés del 12% anual, con cuotas fijas a capital.
   - Se planea inversiones fijas por US$ 24.000 en el tercer trimestre.
   - El saldo inicial de efectivo es de US$ 18.000 y la empresa necesita mantener un saldo mínimo de efectivo de US$ 1.800.
   - La empresa puede acceder a financiamiento bancario para capital de operaciones a un año plazo y para inversiones fijas a cinco años plazo, pagos trimestrales, a la tasa de interés del 12% anual, con cuotas fijas a capital.

4. **Proyección financiera a corto plazo**

   Elaborar las proyecciones financieras de la empresa Cibex S.A. en base a la siguiente información:

   - Las ventas proyectadas son las siguientes:

PRONÓSTICO DE VENTAS
En dólares americanos

	1° TRIM.	2° TRIM.	3° TRIM.	4° TRIM.
Ventas	9.000	12.000	15.000	18.000

- Las ventas del quinto trimestre se estima en US$ 20.000.
- El saldo de las cuentas por cobrar a principio de año es US$ 5.000.
- El período promedio de cobro es de 63 días.
- Las compras de mercaderías en un trimestre son iguales a 60% de las ventas pronosticadas del siguiente trimestre.
- El período de pago a proveedores es de 30 días.
- Los sueldos, impuestos y otros gastos son iguales al 30% de las ventas del período.
- La empresa tiene actualmente un préstamo bancario por US$ 4.000 a un año plazo, pagos trimestrales a la tasa de interés del 10% anual, con cuotas fijas a capital.
- Se planea inversiones fijas por US$ 5.000 en el tercer trimestre.
- El saldo inicial de efectivo es de US$ 7.000 y la empresa necesita mantener un saldo mínimo de efectivo de US$ 1.000.
- La empresa puede acceder a financiamiento bancario a un plazo de un año, pagos trimestrales, a la tasa de interés del 10% anual, con cuotas fijas a capital.

9 Evaluación económica financiera de proyectos

En este capítulo expondremos los criterios que pueden utilizarse para evaluar inversiones y como se realiza la evaluación económica financiera de un proyecto.

Los criterios de evaluación de inversiones más importantes son el valor actual neto, el periodo de recuperación de la inversión, el periodo de recuperación descontado, la tasa interna de retorno y el índice de rentabilidad.

9.1.   Valor actual neto (VAN)

El valor actual neto (VAN) es una medida de la cantidad de valor que se crea o añade como resultado de realizar una inversión.

El valor actual neto es un indicador de la rentabilidad de un proyecto, que señala cuanto de valor se crearía por sobre el rendimiento que se le exige al proyecto, después de recuperada la inversión.

El valor actual neto se determina por diferencia entre el valor presente de los flujos de caja futuros y el monto de la inversión, lo cual se lo expresa de la siguiente manera:

$$VAN = -\ I\ + \frac{FC_1}{(1+i)} + \frac{FC_2}{(1+i)^2} + \ \ldots\ldots\ \ + \frac{FC_n}{(1+i)^n}$$

Donde:

I	Inversión
FC_1	Flujo de caja en el año 1
FC_2	Flujo de caja en el año 2
FC_n	Flujo de caja en el año n
i	Rendimiento requerido

La regla del valor actual neto para la toma de decisiones es la siguiente:

> Un proyecto debe ser aceptado si su valor actual neto es positivo y debe ser rechazado si es negativo.

Ejemplo 9.1. Cálculo del valor actual neto

Se debe decidir si un nuevo producto debe ser lanzado al mercado.

Se espera que los flujos de caja a lo largo de los cinco años del proyecto sea de US$ 5.000 en los primeros tres años, US$ 7.000 en el cuarto año y US$ 10.000 el último año.

Se requerirá de una inversión de US$ 20.000 para llevar a cabo el proyecto.

El rendimiento requerido para evaluar nuevos proyectos es 12%.

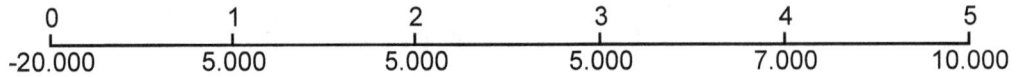

0	1	2	3	4	5
-20.000	5.000	5.000	5.000	7.000	10.000

$$VAN = -20.000 + \frac{5.000}{1,12} + \frac{5.000}{(1,12)^2} + \frac{5.000}{(1,12)^3} + \frac{7.000}{(1,12)^4} + \frac{10.000}{(1,12)^5}$$

$$VAN = 2.132$$

Este resultado indica que el proyecto permitirá recuperar la inversión inicial de US$ 20.000, obtener el rendimiento requerido del 12% y adicionalmente obtener un valor presente de US$ 2.132.

El proyecto debería llevarse a cabo porque el VAN es mayor a cero.

9.2.   Periodo de recuperación de la inversión (PRI)

El periodo de recuperación de la inversión (PRI) es el período o número de años que se requiere para que un proyecto genere flujos de caja suficientes para recuperar la inversión inicial.

El periodo de recuperación de la inversión se calcula sumando los flujos de caja proyectados hasta alcanzar el monto de la inversión inicial.

La regla del período de recuperación de la inversión para la toma de decisiones es la siguiente:

Un proyecto es aceptable si el período de recuperación de la inversión es inferior al número de años previamente especificados.

La aplicación de la regla del PRI resulta sencilla. Se selecciona un punto de corte, por ejemplo tres años y se acepta todos los proyectos que tengan un PRI de tres años o menos. Todos aquellos que se recuperen en más de tres años son rechazados.

Ejemplo 9.2.   Cálculo del PRI

Un proyecto requiere de una inversión inicial de US$ 5.000, que tiene el siguiente flujo de caja:

	Año 1	Año 2	Año 3
Flujo de caja	1.000	2.000	4.000

Determinar el periodo de recuperación de la inversión.

La inversión inicial asciende a US$ 5.000. En los dos primeros años los flujos de caja suman un total de US$ 3.000. Necesitamos recuperar US$ 2.000 en el tercer año. El flujo de caja del tercer año es US$ 4.000, por lo que tendremos que esperar 2.000 / 4.000 = 0,50 años. Por tanto el periodo de recuperación de la inversión es 2,5 años.

Este resultado también se obtiene determinando el flujo de caja acumulado:

	Año 0	Año 1	Año 2	Año 3
Flujo de caja	-5.000	1.000	2.000	4.000
Flujo de caja acumulado	-5.000	-4.000	-2.000	

PRI = 2 + (2.000 / 4.000) = 2,5 años

El período de recuperación de la inversión tiene varias deficiencias:

- No descuenta los flujos de caja, por lo que ignora el valor del dinero en el tiempo.
- No considera el riesgo. El PRI se calcula de la misma manera tanto para proyectos riesgosos como para proyectos menos riesgosos.
- No existe un fundamento económico o una guía que nos indique cómo debemos seleccionar el período de corte.
- Los flujos de caja después del período de corte se ignoran por completo.

Debido a que esta regla es tan sencilla, las empresas la utilizan con frecuencia como un método de selección para tomar decisiones de inversiones pequeñas.

En el ejemplo 9.3 se expone un caso en el cual la aplicación del criterio del PRI es inconsistente.

Ejemplo 9.3.   Inconsistencia del PRI

Se cuenta con dos proyectos con los siguientes flujos de caja:

	Año 0	Año 1	Año 2	Año 3	Año 4
Proyecto A	-10.000	4.000	4.000	4.000	4.000
Proyecto B	-10.000	4.000	7.000		

$PRI_A =$ 2 + (2.000 / 4.000) = 2,5 años

$PRI_B =$ 1 + (6.000 / 7.000) = 1,86 años

Con un periodo de corte de dos años, el proyecto B es aceptable, mientras que el proyecto A no lo es.

Si calculamos el valor actual neto de ambos proyectos a una tasa del 10% tendremos:

$$VAN (10\%) = -10.000 + 4.000 \frac{1 - (1,10)^{-4}}{0,10} = 2.679$$

$$VAN (10\%) = -10.000 + \frac{4.000}{1,1} + \frac{7.000}{(1,10)^2} = -578$$

El valor actual neto del proyecto B es negativo, que sería aceptado con el criterio del período de recuperación de la inversión.

9.3. Periodo de recuperación descontado (PRD)

El período de recuperación descontado (PRD) es el tiempo o número de años que debe transcurrir para que la suma de los flujos de caja descontados sea igual a la inversión inicial.

La regla del periodo de recuperación descontado para la toma de decisiones es la siguiente:

> Un proyecto será aceptable si su período de recuperación descontado es inferior al número de años previamente especificados.

Ejemplo 9.4. **Cálculo del PRD**

Se tiene un proyecto con una inversión de US$ 60.000, con el siguiente flujo de caja:

	Año 1	Año 2	Año 3	Año 4	Año 5
Flujo de caja	15.000	20.000	25.000	30.000	30.000

Calcular el periodo de recuperación descontado considerando un rendimiento requerido del 8%.

	Año 0	Año 1	Año 2	Año 3	Año 4	Año 5
Flujo de caja	-60.000	15.000	20.000	25.000	30.000	30.000
Flujo de caja descontado	-60.000	13.889	17.147	19.846	22.051	20.417
Flujo de caja descontado acum.	-60.000	-46.111	-28.964	-9.119		

PRD = 3 + (9.119 / 22.051) = 3,41 años = 3 años y 5 meses

Este resultado nos indica que se recuperará la inversión más el rendimiento requerido en un periodo de 3 años y 5 meses.
Si el período de corte fuera de cinco años debería aceptarse el proyecto.

Ejemplo 9.5. **Cálculo del PRI, PRD y VAN**

Una inversión de US$ 20.000 genera un flujo de caja de US$ 5.000 por año indefinidamente.
A una tasa de descuento del 12%, determinar el valor actual neto, el periodo de recuperación de la inversión y el periodo de recuperación descontado.

VAN = - 20.000 + (5.000 / 0,12) = 21.666,67

PRI = 4 años

Para obtener el PRD debemos encontrar el número de años que deberán transcurrir para que una anualidad de US$ 5.000 adquiera un valor presente de US$ 20.000 a una tasa del 12%.

$$VP = A \, \frac{1 - (1 + i)^{-n}}{i}$$

$$20.000 = 5.000 \, \frac{1 - (1 + 0,12)^{-n}}{0,12}$$

$$\frac{1 - (1 + 0,12)^{-n}}{0,12} = 4$$

$$1 - (1,12)^{-n} = 0,48$$

$$(1,12)^{-n} = 0,52$$

$$- \, n \, Ln \, 1,12 = Ln \, 0,52$$

$$- \, n = Ln \, 0,52 \, / \, Ln \, 1,12$$

$$n = 5,77 \text{ años}$$

PRD = 5,77 años

Si un proyecto se llega a recuperar en base a flujos descontados, tendrá un VAN positivo, ya que por definición, el VAN es de cero cuando la suma de los flujos de caja descontados es igual a la inversión inicial.

Si usamos la regla del PRD, no elegiremos ningún proyecto que tenga una VAN negativo.

Si necesitamos evaluar el tiempo que necesitamos para recuperar la inversión de un proyecto, el PRD es mejor que el PRI, debido a que considera el valor del dinero en el tiempo, sin embargo el PRD tiene dos inconvenientes:

- El punto de corte aun tiene que seleccionarse arbitrariamente.
- Los flujos de caja después del periodo de corte son ignorados.

9.4.   Tasa interna de retorno (TIR)

Consideremos un proyecto que requiere una inversión de US$ 100 el día de hoy y que generará un flujo de caja de US$ 110 dentro de un año. Al cabo de un año, se recuperaría la inversión de US$ 100 y se obtendría un rendimiento de US$ 10, es decir el rendimiento de esta inversión sería 10%.

Para encontrar este rendimiento podemos establecer el VAN igual a cero y despejar el valor de i.

$$VAN = -100 + \frac{110}{(1 + i)}$$

$$0 = -100 + \frac{110}{(1 + i)}$$

$$100 = \frac{110}{(1 + i)}$$

$$i = 10\%$$

Este 10% es el rendimiento de este proyecto y se la conoce como tasa interna de retorno.

La tasa interna de retorno de un proyecto es la tasa de descuento a la cual el VAN de la inversión es igual a cero, lo cual lo podemos expresar algebraicamente de la siguiente manera:

$$0 = -I + \frac{FC_1}{(1 + TIR)} + \frac{FC_2}{(1 + TIR)^2} + \ldots\ldots + \frac{FC_n}{(1 + TIR)^n}$$

Donde:

TIR	Tasa interna de retorno
I	Inversión
FC_1	Flujo de caja en el año 1
FC_2	Flujo de caja en el año 2
FC_n	Flujo de caja en el año n

La regla de la tasa interna de retorno para la toma de decisiones es la siguiente:

> Un proyecto es aceptable si la tasa interna de retorno es superior al rendimiento requerido. Si es menor, debe ser rechazada.

Para hallar el valor de la TIR, se tendría que despejar este valor de la fórmula, lo que matemáticamente no se puede resolver. La TIR sólo se puede determinar mediante un procedimiento de prueba y error, mediante interpolación o utilizando una calculadora financiera.

Para hallar esta tasa mediante interpolación se necesita dos tasas de descuento, una con valor actual neto positivo y otra con valor actual neto negativo y utilizar la siguiente formula:

$$TIR = Tasa\ menor + \frac{VP}{VP+VN} \times Diferencia\ de\ tasas$$

Donde:

Tasa menor	Tasa de descuento del valor actual neto positivo
VP	Valor actual neto positivo
VN	Valor actual neto negativo
Diferencia de tasas	Diferencia de las tasas de descuento del valor actual neto positivo y valor actual neto negativo

▊ Ejemplo 9.6. ▊ **Cálculo de la tasa interna de retorno**

Se pretende realizar una inversión con el siguiente flujo de caja:

```
0                    1                    2
|                    |                    |
-20.000            12.000              13.000
```

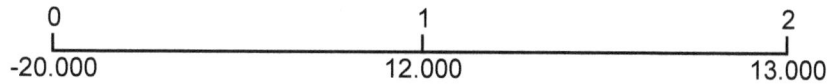

Para determinar la tasa interna de retorno de esta inversión, podemos establecer el VAN = 0 y despejar la tasa de descuento.

$$VAN = 0 = -20.000 + \frac{12.000}{(1 + TIR)} + \frac{13.000}{(1 + TIR)^2}$$

Para encontrar la tasa desconocida, podemos ensayar algunas tasas. Para una tasa del 0% el VAN sería 5.000. Resumimos esta y otras posibilidades en el siguiente cuadro.

Tasa de descuento	VAN
0%	5.000
5%	3.220
10%	1.653
15%	265
20%	-972
25%	-2.080

Se puede observar que a medida que aumenta la tasa de descuento disminuye el valor actual neto. La TIR se encuentra entre 15% y 20%. Aplicando la formula de Interpolación tenemos:

$$TIR = Tasa\ menor + \frac{VP}{VP+VN} \times Diferencia\ de\ tasas$$

$$TIR = 15\% + \frac{265}{265 + 972} \times 5\%$$

$$TIR = 16,07\%$$

Se notará que se ha interpolado valores con cinco puntos porcentuales de diferencia. Si se quiere un valor más exacto se debe determinar valores con la menor diferencia posible, por ejemplo con 1% de diferencia. Interpolando valores con 16% y 17% obtenemos una TIR de 16,02%, que es el mismo resultado que se obtiene con una calculadora financiera o en una planilla excel.

Si nuestro rendimiento requerido fuera menos del 16,07% emprenderíamos el proyecto. Si el rendimiento requerido fuera mayor deberíamos rechazarlo.

Gráfica del valor actual neto

En la figura 9.1. se ilustra gráficamente el comportamiento del valor actual neto respecto a la tasa de descuento del ejemplo 9.5. En ésta gráfica se puede observar que a medida que aumenta la tasa de descuento, el VAN disminuye. La curva se corta con el eje X en el momento que el VAN es igual a cero, exactamente a la tasa de 16,07%, que es la tasa interna de retorno.

Figura 9.1. **Gráfica del VAN**

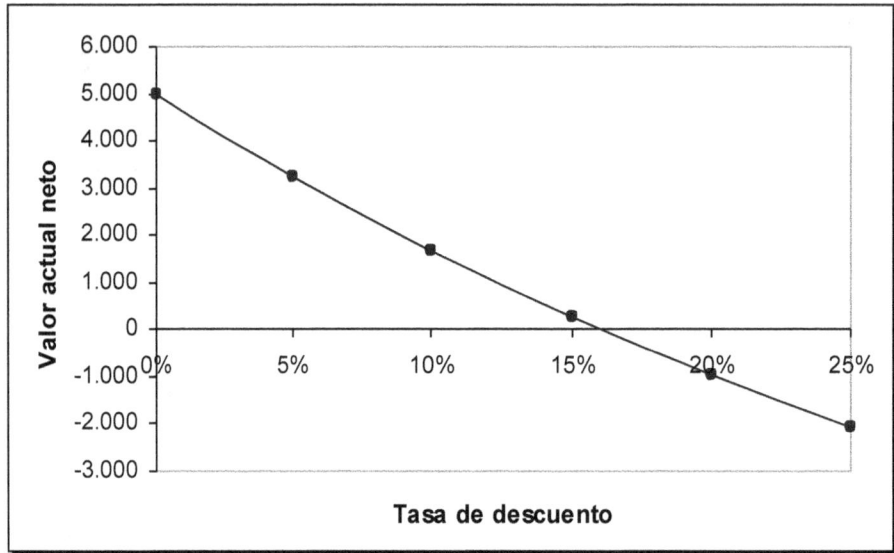

Problemas con la tasa interna de retorno

La tasa interna de retorno no es aplicable cuando los flujos de caja no son convencionales y cuando se trata de comparar proyectos mutuamente excluyentes para decidir cual de ellas es más conveniente.

Proyectos con flujos de caja no convencionales. Un flujo de caja es convencional cuando el primer flujo es negativo y todos los flujos de caja posteriores son positivos. Un flujo de caja no es convencional cuando existen flujos positivos y negativos que se intercalan.

Para analizar que pasa con la TIR con flujos de caja no convencionales consideraremos un proyecto con el siguiente flujo de caja:

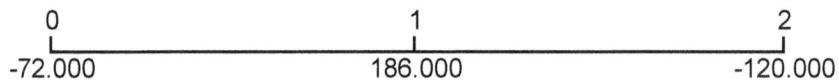

```
0                    1                    2
└────────────────────┴────────────────────┘
-72.000             186.000            -120.000
```

Para determinar la tasa interna de retorno de este proyecto, determinaremos el VAN a distintas tasas de descuento.

Tasa de descuento	VAN
0%	-6.000
10%	-2.083
20%	-333
30%	71
40%	-367

El VAN se comporta de una manera especial. A medida que aumenta la tasa de descuento el VAN aumenta de un valor negativo a un valor positivo y luego adquiere nuevamente un valor negativo. La gráfica del VAN de este proyecto se muestra en la figura 9.2, donde se puede observar que el VAN es igual a cero cuando la tasa de descuento es 25% y 33,3%, es decir existen dos tasas internas de retorno.

Figura 9.2. **Gráfica del VAN con flujos de caja no convencionales**

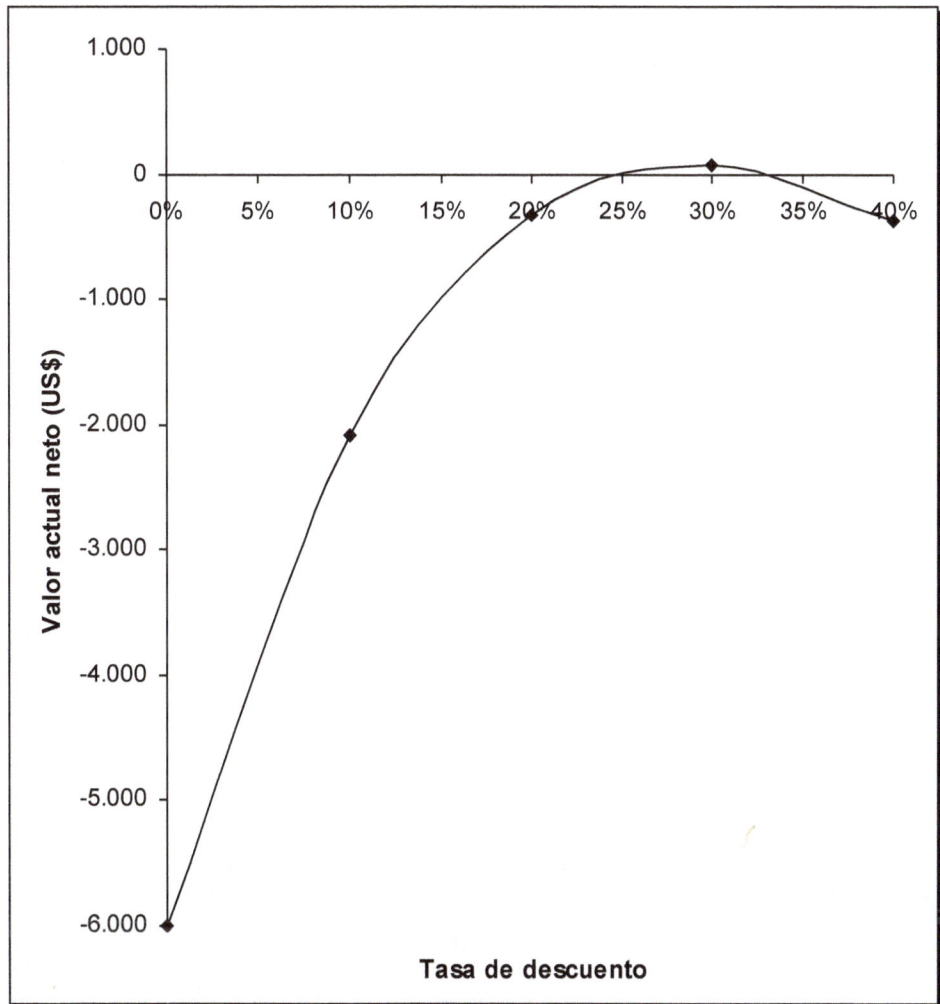

Si el rendimiento requerido fuera 10%, ¿deberíamos aceptar el proyecto? En virtud de la regla de la TIR, deberíamos aceptarla porque ambas TIR son mayores al 10%, sin embargo el VAN es negativo a cualquier tasa de descuento inferior a 25%, por lo que no es una buena inversión.

El VAN es positivo cuando el rendimiento requerido esta entre 25% y 33,3%, es decir en este intervalo el VAN es mayor a cero y por lo tanto la inversión seria conveniente.

Si el rendimiento requerido fuera mayor a 33,3% el VAN seria negativo y la inversión no sería conveniente.

Cuando los flujos de efectivo no son convencionales, la regla de la TIR no funciona, por lo que se tienen que utilizar la regla del VAN, que siempre funciona.

En estos casos es necesario saber cuantas TIR existen. La regla de los signos de Descartes afirma que el máximo número de TIR que puede haber es igual al número de veces que los flujos de caja cambian de signo de positivo a negativo y/o de negativo a positivo.

Proyectos mutuamente excluyentes.   Dos proyectos son mutuamente excluyentes cuando emprender uno de ellos significa que no podemos emprender el otro.   Por ejemplo, si tenemos un terreno, podemos construir un supermercado o un edificio de departamentos, pero no ambos.

Dos proyectos que no sean mutuamente excluyentes son proyectos independientes.

Para analizar que pasa con la TIR con proyectos mutuamente excluyentes consideraremos dos proyectos con los siguientes flujos de caja, donde se trata de elegir uno de ellos.

Año	Proyecto A	Proyecto B
0	-5.000	-5.000
1	2.500	1.000
2	2.000	2.000
3	2.000	3.000
4	2.000	3.000

La tasa interna de retorno del proyecto A es 26,4% y del proyecto B es 23,5%.

Como son proyectos mutuamente excluyentes, debemos elegir uno de ellos. Aplicando el criterio de la TIR, el proyecto A seria el mejor, porque tiene la TIR más alta.

Para comprender porque el proyecto A no es la mejor alternativa, calcularemos el VAN de ambos proyectos a distintas tasas de descuento.

Tasa de descuento	VAN_A	VAN_B
0%	3.500	4.000
5%	2.568	2.826
10%	1.794	1.865
15%	1.145	1.070
20%	594	405
25%	123	-155
30%	-283	-631

El proyecto B tiene un VAN mas alto a tasas de descuento bajas.

Si el rendimiento requerido fuera 10%, el proyecto B tiene el VAN mas alto y será la mejor alternativa, aun cuando el proyecto A muestre una mayor TIR.

Si el rendimiento requerido fuera 20%, el proyecto A tiene el VAN mas alto y la TIR mas alta y sería la mejor alternativa.

La gráfica del VAN de ambos proyectos se presenta en la figura 9.3.

| **Figura 9.3.** | **Gráfica del VAN de proyectos mutuamente excluyentes** |

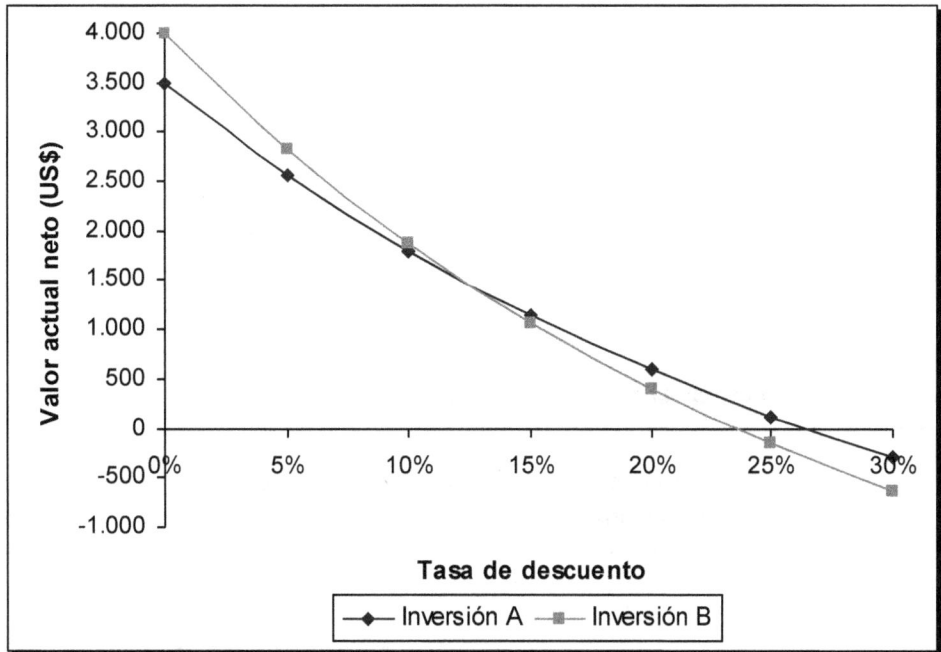

Tasa de cruce. La tasa de cruce o punto de intersección es la tasa de descuento que hace que los VAN sean iguales.

Se puede encontrar la tasa de cruce obteniendo la diferencia entre los flujos de caja y calcular la TIR de estas diferencias. No importa cual se sustraiga de cual, aunque se recomienda utilizar el flujo que tenga el primer flujo negativo.

Año	Proyecto A	Proyecto B	B - A	A - B
0	-5.000	-5.000	0	0
1	2.500	1.000	1.500	-1.500
2	2.000	2.000	0	0
3	2.000	3.000	-1.000	1.000
4	2.000	3.000	-1.000	1.000

La TIR de la diferencia de los flujos es 12,3%. A esta tasa se cruzan las curvas de los proyectos A y B.

A tasas de descuento menores a 12,3%, el VAN de B es mas alto y en consecuencia el proyecto B es mas conveniente que el proyecto A, aun cuando la TIR de A sea más alta.

A tasas de descuento mayores a 12,3%, el proyecto A tiene un VAN mas alto y también una TIR mas alta.

En estos casos necesitamos calcular el VAN para no elegir alternativas incorrectas. En definitiva estamos interesados en crear valor para los accionistas de la empresa, por lo que la opción con el VAN más alto será la mas apropiada.

Cualidades de la TIR

La tasa interna de retorno proporciona información sencilla sobre una inversión. Es mas fácil decir que un proyecto tienen una TIR del 20% que decir que un proyecto tiene una VAN de US$ 52.000 a una tasa de descuento del 10%.

Otra ventaja de la TIR es que podemos calcularla sin necesidad de saber la tasa de descuento, en cambio para calcular el VAN requerimos necesariamente conocer la tasa de descuento.

A pesar de que la TIR puede dar varios resultados al analizar inversiones con flujos de caja no convencionales o llevar a decisiones incorrectas al comparar inversiones mutuamente excluyentes, es mas popular que el VAN.

9.5. Índice de rentabilidad (IR)

El índice de rentabilidad, denominado también relación beneficio costo, relaciona el valor presente de los flujos de caja futuros con la inversión inicial, lo cual se expresa de la siguiente manera:

$$\text{Indice de rentabilidad} = \frac{\dfrac{FC_1}{(1+i)} + \dfrac{FC_2}{(1+i)^2} + \dots\dots + \dfrac{FC_n}{(1+i)^n}}{\text{Inversión}}$$

Donde:

FC$_1$ Flujo de caja en el año 1
FC$_2$ Flujo de caja en el año 2
FC$_n$ Flujo de caja en el año n
i   Rendimiento requerido

La regla del índice de rentabilidad para la toma de decisiones es la siguiente:

> Un proyecto es aceptable si el índice de rentabilidad es superior a 1. Si es menor a 1 debe ser rechazado.

Si un proyecto tiene un VAN positivo, el valor presente de los flujos de efectivo deberá ser mayor que la inversión inicial, y en consecuencia el índice de rentabilidad será mayor a 1. Si el VAN es negativo, el índice de rentabilidad será menor a 1.

El índice de rentabilidad también se lo puede calcular de la siguiente manera:

$$\text{Indice de rentabilidad} = 1 + \frac{\text{VAN}}{\text{Inversión}}$$

Ejemplo 9.7. Cálculo del índice rentabilidad

Un proyecto contempla una inversión inicial de US$ 20.000.
Los flujos de caja proyectados son de US$ 8.000, US$ 10.000 y US$ 15.000 durante los siguientes tres años.
Hallar el índice de rentabilidad si el rendimiento requerido es 12%.

$$\text{Indice de rentabilidad} = \frac{\dfrac{8.000}{1,12} + \dfrac{10.000}{(1,12)^2} + \dfrac{15.000}{(1,12)^3}}{20.000} = 1,29$$

La inversión será conveniente porque el índice de rentabilidad es mayor a 1.

9.6. Flujo de caja del proyecto

Para ver como se construyen el flujo de caja de un proyecto necesitamos recordar lo expuesto en el capítulo 6.

En este capítulo vimos que el flujo de caja de operación se obtiene a partir del estado de resultados, el cual se determina sin considerar la depreciación porque no es un flujo de salida de efectivo, no se considera los intereses de la deuda porque no son un gasto operativo, pero si se incluye los impuestos porque estos se pagan en efectivo.

Existen diferentes enfoques para determinar el flujo de caja de operación, vimos el enfoque EBIT, el enfoque ascendente y el enfoque descendente.

El flujo de caja del proyecto denominado también flujo de caja libre, tiene tres componentes, el flujo de caja de operación, los gastos netos de capital y las variaciones en el capital de trabajo neto. Para analizar la rentabilidad de un proyecto tenemos que incluir dos partidas adicionales, el valor residual de la inversión fija y la recuperación del capital de trabajo. Estas partidas se incluyen al final del periodo de análisis del proyecto para consignar el valor que tendrá la inversión fija y el capital de trabajo en el último período, ambos con signos positivos.

El flujo de caja del proyecto se calcula sin considerar el financiamiento de los acreedores, es decir como si el proyecto no tuviera deuda.

El flujo de caja del proyecto se puede calcular utilizando el enfoque EBIT, el enfoque ascendente o el enfoque descendente del flujo de caja de operación. El más práctico es el enfoque EBIT, el cual tiene la siguiente estructura:

Utilidad antes de intereses e impuestos (E.B.I.T.)
(+) Depreciación
(-) Impuestos (sobre E.B.I.T.)
(-) Inversiones fijas (Gastos netos de capital)
(-) Variaciones en el CTN
(+) Valor residual inversión fija
(+) Recuperación CTN
_____
Flujo de caja del proyecto

Aspectos a considerar en la elaboración del flujo de caja del proyecto

Para evaluar un proyecto se debe considerar los cambios en los flujos de caja de la empresa y decidir si los mismos añaden o no valor a la empresa. Para esto es necesario definir los flujos de caja incrementales y otros conceptos básicos.

a) Flujos de caja incrementales

Los flujos de caja incrementales de un proyecto son los cambios en el flujo de caja de una empresa que surge como consecuencia de la decisión de llevarla a cabo, es decir es la diferencia entre los flujos de caja futuros que se lograrían con el proyecto y el flujo de caja actual de la empresa.

Para evaluar un proyecto sólo se debe considerar los flujos de caja incrementales.

b) Costos hundidos

Un costo hundido es un gasto que ya se ha realizado o se tiene la obligación de hacerlo, es decir es un costo que la empresa debe pagar se lleve o no se lleve a cabo el proyecto.

Los costos hundidos no son flujos de caja relevantes, por lo que no se deben considerar en el análisis.

Por ejemplo, si se contrata un consultor financiero para que evalúe si se debería lanzar o no cierta línea de producto, el honorario de la consultoría es un costo hundido.

c) Costos de oportunidad

Es común que se presenten situaciones en las que una empresa posee algunos de los activos que se usarán en un proyecto, y como ya existen no existirá un flujo de salida de efectivo.

Para propósito de evaluar el proyecto se debe considerar este activo porque será un recurso que será utilizado en el proyecto, ya que si no lo utilizamos en el proyecto se podría hacer otro uso de él. De este modo, se dice que éste activo tiene un costo de oportunidad.

El costo de oportunidad será siempre el precio actual en el mercado porque ése es el costo de comprar otro activo similar.

d) Efectos colaterales

Los flujos de caja de un proyecto deben incluir todos los cambios que se producirán en los flujos futuros de efectivo de la empresa.

Un proyecto tendrá efectos colaterales si afecta positiva o negativamente en el nivel de ventas de proyectos o líneas de productos paralelas de la empresa.

En este caso, los flujos de caja del proyecto deberán ajustarse en forma ascendente o descendente para reflejar las utilidades ganadas o perdidas en las otras líneas de productos.

Por ejemplo si una empresa lanza un nuevo producto al mercado y esta afecta las ventas de otro de sus productos, se debe ajustar los flujos de caja en forma descendente.

e) Costos financieros y dividendos

Al analizar un proyecto no se debe incluir los interés pagados a los acreedores ni los dividendos pagados a los accionistas, puesto que estamos interesados en los flujos de caja generados por los activos del proyecto.

La forma como financie el proyecto es una variable administrativa, que determina la manera en que el flujo de caja de un proyecto se divide entre los propietarios y los acreedóres.

f) Impuestos

El flujo de caja del proyecto será después de impuestos, porque los impuestos son un flujo de salida de efectivo.

9.7. Flujo de caja del accionista

El flujo de caja del accionista, denominado también flujo de caja del inversionista, es otro flujo que debe calcularse a efectos de evaluación de un proyecto, para determinar la rentabilidad de los recursos invertidos por los accionistas.

El flujo de caja del accionista es el efectivo que el proyecto podrá repartir entre los accionistas después de hacer el pago de todos los gastos generados por el proyecto, es decir después de realizar las inversiones fijas, los incrementos en el capital de trabajo neto y el pago de la deuda, tanto a capital como a intereses.

Para determinar el flujo de caja del accionista también debe incluirse el valor residual y la recuperación del capital de trabajo.

El flujo de caja del accionista también se puede determinar utilizando el enfoque EBIT, el enfoque ascendente y el enfoque descendente, es decir partiendo ya sea de la utilidad antes de intereses e impuestos, la utilidad neta o las ventas. El más práctico es el enfoque ascendente, el cual tiene la siguiente estructura:

Utilidad neta
(+) Depreciación
(-) Inversiones fijas (Gastos netos de capital)
(-) Variaciones en el CTN
(+) Préstamo
(-) Amortización préstamo
(+) Valor residual inversión fija
(+) Recuperación CTN
Flujo de caja del accionista

Ejemplo 9.1. Evaluación económica financiera

Se dispone de la siguiente información de un proyecto de implementación de una fábrica de tuberías plásticas.

1. **Inversiones fijas e inversiones intangibles requeridas**

Terreno	US$ 10.000 (2.000 m^2 a US$ 5 el m^2)
Obras civiles	US$ 56.000
Maquinaria y equipo	US$ 86.500
Muebles y enseres	US$ 3.000
Vehículo	US$ 18.000
Gastos de puesta en marcha	US$ 5.000

OBRAS CIVILES
En dólares americanos

Descripción	Superficie construida	Costo unitario	Importe total
Planta de producción	200 m^2	150	30.000
Almacen de insumos y prod. terminadc	120 m^2	150	18.000
Area administrativa	50 m^2	160	8.000
TOTAL	**370 m^2**	**151,35**	**56.000**

MAQUINARIA Y EQUIPO
En dólares americanos

Descripción	Cantidad	Costo unitario	Importe total
Maquina extrusora I	1	40.000	40.000
Maquina extrusora II	1	45.000	45.000
Compresora	1	1.000	1.000
Bomba de agua	1	500	500
TOTAL			**86.500**

2. Estructura del financiamiento

Se contempla financiamiento bancario bajo las siguientes condiciones:

Monto préstamo: US$ 50.000

Destino del crédito:
- Obras civiles US$ 20.000
- Adquisición de maquinaria US$ 30.000

Plazo: 5 años

Periodo de gracia: 1 año

Amortización: Anual

Tasa de interés: 8% anual

Tipo de amortización: Cuota fija a capital

3. Aspectos técnicos

Capacidad instalada maquina extrusora I: 60.000 unidades / año

Capacidad instalada maquina extrusora II: 50.000 unidades / año

PROGRAMA DE PRODUCCIÓN

Detalle	Año 1	Año 2	Año 3	Año 4	Año 5
TUBERIAS PLASTICAS ½" (6 Metros)					
% Utilización capacidad instalada	70%	80%	90%	100%	100%
Volumen de producción (unidades)	42.000	48.000	54.000	60.000	60.000
TUBERIAS PLASTICAS ¾" (6 Metros)					
% Utilización capacidad instalada	80%	90%	100%	100%	100%
Volumen de producción (unidades)	40.000	45.000	50.000	50.000	50.000

Para la fabricación de una unidad de tubería plástica de ½" (Barra de 6 metros) se necesita 1,20 Kgr de PVC y 0,005 Kgr de negro de humo.

Para la fabricación de una unidad de tubería plástica de ¾" (Barra de 6 metros) se necesita 2,10 Kgr de PVC y 0,008 Kgr de negro de humo.

4. Presupuesto de ingresos y gastos

Precios de venta primer año: Tubería plástica de ½" US$ 4,00 / unidad

Tubería plástica de ¾" US$ 5,50 / unidad

Costo de la materia prima primer año: P.V.C. US$ 1,80 / Kgr

Negro de humo US$ 2,00 / Kgr

Tasa de inflación proyectada: 4% anual

Las ventas se realizaran a un plazo promedio de 30 días.

El periodo del inventario es de 60 días.

Los inventarios serán financiados por el proveedor a 45 días plazo.

Gastos indirectos de fabricación (1er año)

Energía eléctrica	US$ 300 / mes (Costo variable)
Lubricantes y repuestos	US$ 120 / mes (Costo variable)
Mantenimiento	US$ 70 / mes (Costo fijo)

Gastos de administración (1er año)

Gastos generales	US$ 80 / mes (Costo fijo)
Seguros	US$ 120 / mes (Costo fijo)

Gastos de comercialización

Comisiones sobre ventas	1% sobre ventas
Publicidad y promoción	2% sobre ventas

Tasas impositivas

Impuesto a las utilidades	25%

Sueldos y salarios mensual (Para el 1er año)

Cargo	Haber básico	Número de personas
Departamento de administración		
Gerente general	800	1
Secretaria	300	1
Contador	350	1
Departamento de ventas		
Vendedores	300	2
Departamento de producción		
Jefe de producción	400	1
Operarios	320	5

Para el segundo año de operación del proyecto se requerirá de seis operarios y para el tercer año y siguientes siete operarios.

Para determinar el costo total de los sueldos y salarios considerar los siguientes conceptos:

Aporte a la Administración de fondos de pensiones por riesgo profesional	1,71%
Aporte a la Administración de fondos de pensiones pro vivienda	2,00%
Aporte al seguro de salud	10,00%
Previsión para aguinaldos (1 sueldo al año)	8,33% mensual
Previsión para indemnización (1 sueldo por año)	8,33% mensual

5. **Rendimiento requerido**

Para flujo de caja del proyecto	14%
Para flujo de caja del accionista	12,23%

a) Elaborar el plan de inversiones y estructura del financiamiento

b) Calcular el capital de trabajo neto en base al método de razones financieras, considerando que el requerimiento mínimo de efectivo es de 1% sobre las ventas anuales.

c) Elaborar las hojas de costo y la planilla de sueldos y salarios.

d) Elaborar el estado de resultados proyectado.

e) Elaborar el flujo de caja del proyecto en términos nominales considerando una tasa de inflación del 4% anual y calcular el valor actual neto, la tasa interna de retorno y el índice de rentabilidad.

f) Elaborar el flujo de caja del accionista en términos nominales considerando una tasa de inflación del 4% anual y calcular el valor actual neto, la tasa interna de retorno y el índice de rentabilidad.

g) Elaborar el balance general proyectado considerando que se distribuye el 70% de las utilidades netas como dividendos.

PLAN DE INVERSIONES Y ESTRUCTURA DEL FINANCIAMIENTO
En dólares americanos

Concepto	Cantidad	Precio unitario	Monto total	Fuentes de financiamiento		
				Crédito	Aporte propio	Otros financ.
INVERSIONES FIJAS						
Terreno	2.000 m²	5	10.000		10.000	
Obras civiles	370 m²	151,35	56.000	20.000	36.000	
Maquinaria y equipo	Global		86.500	30.000	56.500	
Muebles y enseres	Global		3.000		3.000	
Vehículos	1	18.000	18.000		18.000	
SUB TOTAL			173.500	50.000	123.500	0
INVERSIONES INTANGIBLES						
Gastos de puesta en marcha	Global		5.000		5.000	
SUB - TOTAL			5.000		5.000	
CAPITAL DE TRABAJO						
Capital de trabajo			81.849		47.290	34.559
SUB TOTAL			81.849		47.290	34.559
TOTAL			260.349	50.000	175.790	34.559
PORCENTAJE			100%	19,2%	67,5%	13,3%

Monto del préstamo	50.000
Plazo (Años)	5
Período de gracia (años)	1
Tasa de interés	8%
Amortización	Anual
Tipo de amortización	Cuota fija a capital

PLAN DE AMORTIZACIÓN
En dólares americanos

Período (Años)	Saldo préstamo	Capital	Interés	Capital e interés
1	50.000	0	4.000	4.000
2	50.000	12.500	4.000	16.500
3	37.500	12.500	3.000	15.500
4	25.000	12.500	2.000	14.500
5	12.500	12.500	1.000	13.500
		50.000	14.000	64.000

Capacidad máquina extrusora I	60.000	unidades/año
Capacidad máquina extrusora II	50.000	unidades/año
Tasa de inflación	4%	

PRONOSTICO DE VENTAS
En dólares americanos

Detalle	Año 1	Año 2	Año 3	Año 4	Año 5
TUBERIAS PLASTICAS ½" (6 metros)					
% Utilización capacidad instalada	70%	80%	90%	100%	100%
Volumen de producción (unidades)	42.000	48.000	54.000	60.000	60.000
Precio de venta	4,00	4,16	4,33	4,50	4,68
SUB - TOTAL	168.000	199.680	233.626	269.967	280.766
TUBERIAS PLASTICAS ¾" (6 metros)					
% Utilización capacidad instalada	80%	90%	100%	100%	100%
Volumen de producción (unidades)	40.000	45.000	50.000	50.000	50.000
Precio de venta	5,50	5,72	5,95	6,19	6,43
SUB - TOTAL	220.000	257.400	297.440	309.338	321.711
INGRESO BRUTO POR VENTAS	**388.000**	**457.080**	**531.066**	**579.305**	**602.477**

HOJA DE COSTO
En dólares americanos

Producto:	Tuberias plasticas de ½" (6 metros)			Cantidad:	1 unidad
Concepto		Unidad	Cantidad	Costo unitario	Costo total
Materia prima e insumos					
P.V.C.		Kgr	1,20	1,80	2,16
Negro de humo		Kgr	0,005	2,00	0,01
				Costo total	2,17
				Costo unitario	2,17

HOJA DE COSTO
En dólares americanos

Producto:	Tuberias plasticas de ¾" (6 metros)			Cantidad:	1 unidad
Concepto		Unidad	Cantidad	Costo unitario	Costo total
Materia prima e insumos					
P.V.C.		Kgr	2,10	1,80	3,78
Negro de humo		Kgr	0,008	2,00	0,02
				Costo total	3,80
				Costo unitario	3,80

PLANILLA DE SUELDOS Y SALARIOS MENSUAL (1er año)
En dólares americanos

CARGO	HABER BÁSICO	NUMERO DE PERSONAS	TOTAL HABER BÁSICO	FONDO DE PENSIONES 1,71%	FONDO PRO-VIVIENDA 2,00%	SEGURO SALUD 10,00%	PREVISIÓN INDEMNIZ. 8,33%	PREVISIÓN AGUINALDO 8,33%	TOTAL APORTE PATRONAL 30,37%	COSTO TOTAL
Departamento de administración										
Gerente general	800	1	800	14	16	80	67	67	243	1.043
Secretaria	300	1	300	5	6	30	25	25	91	391
Contador	350	1	350	6	7	35	29	29	106	456
SUB TOTAL										1.890
Departamento de ventas										
Vendedores	300	2	600	10	12	60	50	50	182	782
SUB TOTAL										782
Departamento de producción										
Jefe de producción	400	1	400	7	8	40	33	33	121	521
Operarios	320	5	1.600	27	32	160	133	133	486	2.086
SUB TOTAL										2.607
TOTAL GENERAL										5.280

COSTO DE PRODUCCIÓN
En dólares americanos

Detalle	Año 1	Año 2	Año 3	Año 4	Año 5
TUBERIAS PLASTICAS DE ½"					
Volumen de producción (unidades)	42.000	48.000	54.000	60.000	60.000
Costo de producción unitario materia prima	2,17	2,26	2,35	2,44	2,54
TUBERIAS PLASTICAS DE ¾"					
Volumen de producción (unidades)	40.000	45.000	50.000	50.000	50.000
Costo de producción unitario materia prima	3,80	3,95	4,11	4,27	4,45
MATERIA PRIMA E INSUMOS	243.140	286.166	332.246	360.181	374.589
MANO DE OBRA DIRECTA					
Jefe de producción	6.258	6.508	6.768	7.039	7.321
Operarios	25.031	31.239	37.903	39.419	40.996
GASTOS INDIRECTOS DE FABRICACIÓN					
Energia electrica, agua (0,9278% s/ ventas)	3.600	4.241	4.927	5.375	5.590
Lubricantes y repuestos (0,3711% s/ ventas)	1.440	1.696	1.971	2.150	2.236
Mantenimiento	840	874	909	945	983
COSTO DE PRODUCCIÓN	**280.309**	**330.724**	**384.724**	**415.110**	**431.714**

Periodo de cobro	30 días
Período del inventario	60 días
Período de pago	45 días

REQUERIMIENTO DE CAPITAL DE TRABAJO
En dólares americanos

Detalle	Año 0	Año 1	Año 2	Año 3	Año 4	Año 5
Efectivo (1% sobre ventas)	3.880	3.880	4.571	5.311	5.793	6.025
Cuentas por cobrar	31.890	31.890	37.568	43.649	47.614	49.519
Inventarios	46.078	46.078	54.366	63.242	68.237	70.967
Cuentas por pagar	34.559	34.559	40.774	47.432	51.178	53.225
CAPITAL DE TRABAJO NETO	**47.290**	**47.290**	**55.730**	**64.770**	**70.466**	**73.285**
VARIACIONES EN EL CTN	**47.290**	**0**	**8.440**	**9.040**	**5.696**	**2.819**

GASTOS DE ADMINISTRACIÓN
En dólares americanos

Detalle	Año 1	Año 2	Año 3	Año 4	Año 5
Sueldos y salarios departamento administración	22.684	23.592	24.535	25.517	26.538
Gastos generales	960	998	1.038	1.080	1.123
Seguro	1.440	1.498	1.558	1.620	1.685
GASTOS DE ADMINISTRACIÓN	**25.084**	**26.088**	**27.131**	**28.217**	**29.345**

GASTOS DE COMERCIALIZACIÓN
En dólares americanos

Detalle	Año 1	Año 2	Año 3	Año 4	Año 5
Sueldos y salarios departamento de ventas	9.387	9.762	10.153	10.559	10.981
Comisiones sobre ventas (1% s/ ventas)	3.880	4.571	5.311	5.793	6.025
Publicidad y promoción (2% s/ ventas)	7.760	9.142	10.621	11.586	12.050
GASTOS DE COMERCIALIZACIÓN	**21.027**	**23.475**	**26.085**	**27.938**	**29.055**

CUADRO DE DEPRECIACIÓN DEL ACTIVO FIJO Y AMORTIZACIÓN DE ACTIVOS INTANGIBLES
En dólares americanos

Detalle	Valor activo fijo	Vida útil (Años)	Depreciación anual	Valor residual 5º Año	Valor de mercado 5º Año
INVERSIONES FIJAS					
Terreno	10.000		0	10.000	
Obras civiles	56.000	40	1.400	49.000	
Maquinaria y equipo	86.500	8	10.813	32.438	
Muebles y enseres	3.000	10	300	1.500	
Vehículos	18.000	5	3.600	0	
INVERSIONES INTANGIBLES	5.000	5	1.000	0	
TOTAL	**178.500**		**17.113**	**92.938**	

ESTADO DE RESULTADOS PROYECTADO
En dólares americanos

Detalle	Año 1	Año 2	Año 3	Año 4	Año 5
Ventas	388.000	457.080	531.066	579.305	602.477
(-) Costo de producción	280.309	330.724	384.724	415.110	431.714
(-) Gastos de administración	25.084	26.088	27.131	28.217	29.345
(-) Gastos de comercialización	21.027	23.475	26.085	27.938	29.055
(-) Depreciación y amortización	17.113	17.113	17.113	17.113	17.113
E.B.I.T.	44.468	59.681	76.013	90.929	95.250
(-) Intereses	4.000	4.000	3.000	2.000	1.000
E.B.T.	40.468	55.681	73.013	88.929	94.250
(-) Impuesto a las utilidades 25%	10.117	13.920	18.253	22.232	23.563
Utilidad neta	30.351	41.761	54.760	66.696	70.688

FLUJO DE CAJA DEL PROYECTO
En dólares americanos

Detalle	Año 0	Año 1	Año 2	Año 3	Año 4	Año 5
E.B.I.T.		44.468	59.681	76.013	90.929	95.250
(+) Depreciación y amortización		17.113	17.113	17.113	17.113	17.113
(-) Impuesto a las utilidades		-11.117	-14.920	-19.003	-22.732	-23.813
(-) Inversión fija	-173.500					
(-) Inversión intangible	-5.000					
(-) Variaciones en el CTN	-47.290	0	-8.440	-9.040	-5.696	-2.819
(+) Valor residual inversión fija						92.938
(+) Recuperación CTN						73.285
FLUJO DE CAJA DEL PROYECTO	**-225.790**	**50.463**	**53.433**	**65.082**	**79.613**	**251.954**

VAN (12,23%) = 99.341

TIR = 24,55%

INDICE DE RENTABILIDAD (12,23%) = 1,44

FLUJO DE CAJA DEL ACCIONISTA
En dólares americanos

Detalle	Año 0	Año 1	Año 2	Año 3	Año 4	Año 5
Utilidad neta		30.351	41.761	54.760	66.696	70.688
(+) Depreciación y amortización		17.113	17.113	17.113	17.113	17.113
(-) Inversión fija	-173.500					
(-) Inversión intangible	-5.000					
(-) Variaciones en el CTN	-47.290	0	-8.440	-9.040	-5.696	-2.819
(+) Préstamo	50.000					
(-) Amortización prestamo		0	-12.500	-12.500	-12.500	-12.500
(+) Valor residual inversión fija						92.938
(+) Recuperación CTN						73.285
FLUJO DE CAJA DEL ACCIONISTA	**-175.790**	**47.463**	**37.933**	**50.332**	**65.613**	**238.704**

VAN (14%) = 91.829

TIR = 28,51%

INDICE DE RENTABILIDAD (14%) = 1,52

FUENTES Y USOS DE FONDOS
En dólares americanos

Detalle	Año 0	Año 1	Año 2	Año 3	Año 4	Año 5
FUENTES						
Ventas		388.000	457.080	531.066	579.305	602.477
Préstamo	50.000					
Aporte propio	175.790					
TOTAL FUENTES	**225.790**	**388.000**	**457.080**	**531.066**	**579.305**	**602.477**
USOS						
Inversiones fijas	173.500					
Inversiones intangibles	5.000					
Capital de trabajo	47.290	0	8.440	9.040	5.696	2.819
Costo de producción		280.309	330.724	384.724	415.110	431.714
Gastos de administración		25.084	26.088	27.131	28.217	29.345
Gastos de comercialización		21.027	23.475	26.085	27.938	29.055
Intereses		4.000	4.000	3.000	2.000	1.000
Amortización préstamo		0	12.500	12.500	12.500	12.500
Impuesto a las utilidades		10.117	13.920	18.253	22.232	23.563
Dividendos		21.246	29.233	38.332	46.687	49.481
TOTAL USOS	**225.790**	**361.782**	**448.380**	**519.065**	**560.380**	**579.477**
EXCEDENTE/DEFICIT	**0**	**26.218**	**8.700**	**12.000**	**18.925**	**23.000**
SALDO ACUMULADO	**0**	**26.218**	**34.918**	**46.918**	**65.844**	**88.844**

BALANCE GENERAL PROYECTADO
En dólares americanos

Detalle	Año 0	Año 1	Año 2	Año 3	Año 4	Año 5
ACTIVO						
CIRCULANTE						
Efectivo		26.218	34.918	46.918	65.844	88.844
Efectivo mínimo	3.880	3.880	4.571	5.311	5.793	6.025
Cuentas por cobrar	31.890	31.890	37.568	43.649	47.614	49.519
Inventarios	46.078	46.078	54.366	63.242	68.237	70.967
TOTAL ACTIVO CIRCULANTE	81.849	108.066	131.423	159.121	187.488	215.354
FIJO E INTANGIBLE						
Activo fijo bruto	178.500	178.500	178.500	178.500	178.500	178.500
(-) Depreciación acumulada	0	17.113	34.225	51.338	68.450	85.563
ACTIVO FIJO NETO	178.500	161.388	144.275	127.163	110.050	92.938
TOTAL ACTIVO	**260.349**	**269.454**	**275.698**	**286.283**	**297.538**	**308.292**
PASIVO						
CIRCULANTE						
Cuentas por pagar	34.559	34.559	40.774	47.432	51.178	53.225
PASIVO LARGO PLAZO						
Prestamos bancarios largo plazo	50.000	50.000	37.500	25.000	12.500	0
TOTAL PASIVO	84.559	84.559	78.274	72.432	63.678	53.225
PATRIMONIO NETO						
Capital	175.790	175.790	175.790	175.790	175.790	175.790
Utilidades acumuladas	0	9.105	21.633	38.061	58.070	79.277
TOTAL PATRIMONIO NETO	175.790	184.895	197.423	213.851	233.860	255.067
TOTAL PASIVO Y PATRIMONIO	**260.349**	**269.454**	**275.698**	**286.283**	**297.538**	**308.292**

INDICADORES FINANCIEROS

INDICADOR	FORMULA	Año 1	Año 2	Año 3	Año 4	Año 5
INDICADORES DE LIQUIDEZ						
Capital de trabajo neto	Activo circulante - Pasivo circul.	73.508	90.648	111.689	136.310	162.129
Razón del capital de trabajo neto	$\frac{\text{Capital de trabajo neto}}{\text{Activo}}$	0,27	0,33	0,39	0,46	0,53
Razón circulante	$\frac{\text{Activo circulante}}{\text{Pasivo circulante}}$	3,13	3,22	3,35	3,66	4,05
Prueba ácida	$\frac{\text{Activo circulante - Inventarios}}{\text{Pasivo circulante}}$	1,79	1,89	2,02	2,33	2,71
INDICADORES DE ENDEUDAMIENTO						
Razón deuda activos	$\frac{\text{Pasivo}}{\text{Activo}}$	0,31	0,28	0,25	0,21	0,17
Razón deuda patrimonio	$\frac{\text{Pasivo}}{\text{Patrimonio neto}}$	0,46	0,40	0,34	0,27	0,21
Apalancamiento financiero	$\frac{\text{Activo}}{\text{Patrimonio neto}}$	1,46	1,40	1,34	1,27	1,21
Razón de cobertura de intereses	$\frac{\text{EBIT}}{\text{Intereses}}$	11,12	14,92	25,34	45,46	95,25
Razón de cobertura de efectivo	$\frac{\text{EBIT + Depreciación}}{\text{Intereses}}$	15,40	19,20	31,04	54,02	112,36
INDICADORES DE EFICIENCIA						
Rotación del activo	$\frac{\text{Ventas}}{\text{Activo}}$	1,44	1,66	1,86	1,95	1,95
Rotación cuentas por cobrar	$\frac{\text{Ventas}}{\text{Cuentas por cobrar}}$	12,17	12,17	12,17	12,17	12,17
Periodo de cobro (dias)	$\frac{365}{\text{Rotación cuentas por cobrar}}$	30,00	30,00	30,00	30,00	30,00
Rotación de inventarios	$\frac{\text{Costo de ventas}}{\text{Inventario promedio}}$	6,08	6,59	6,54	6,31	6,20
Período del inventario (dias)	$\frac{365}{\text{Rotación de inventarios}}$	60,00	55,43	55,79	57,80	58,85
Rotación cuentas por pagar	$\frac{\text{Costo de ventas}}{\text{Cuentas por pagar}}$	8,11	8,11	8,11	8,11	8,11
Periodo de pago (dias)	$\frac{365}{\text{Rotación cuentas por pagar}}$	45,00	45,00	45,00	45,00	45,00
INDICADORES DE RENTABILIDAD						
Margen de utilidad bruta	$\frac{\text{Utilidad bruta}}{\text{Ventas}}$	27,76%	27,64%	27,56%	28,34%	28,34%
Margen de utilidad operativa	$\frac{\text{EBIT}}{\text{Ventas}}$	11,46%	13,06%	14,31%	15,70%	15,81%
Margen de utilidad neta	$\frac{\text{Utilidad neta}}{\text{Ventas}}$	7,82%	9,14%	10,31%	11,51%	11,73%
Rendimiento sobre las inversiones - ROI	$\frac{\text{EBIT}}{\text{Activo}}$	16,50%	21,65%	26,55%	30,56%	30,90%
Rendimiento sobre los activos - ROA	$\frac{\text{Utilidad neta}}{\text{Activo}}$	11,26%	15,15%	19,13%	22,42%	22,93%
Rendimiento sobre el capital - ROE	$\frac{\text{Utilidad neta}}{\text{Patrimonio neto}}$	16,42%	21,15%	25,61%	28,52%	27,71%
INDICADORES MULTIDIMENSIONALES						
Indice Z de Altman	1,2 CTN/Activo + 1,4 Utilidades acum/Activos + 3,3 EBIT/Activo + 0,6 Patrimonio/Pasivo + 1,0 Ventas/Activo	3,67	4,39	5,16	5,98	6,84

Ejemplo 9.2. **Evaluación económica financiera**

A continuación se presenta los estados financieros de la empresa Rivella S.A.

BALANCE GENERAL
Al 31 de diciembre de 2012
En dólares americanos

Activo circulante		Pasivo circulante	
Efectivo	5.900	Cuentas por pagar	25.100
Cuentas por cobrar	22.100	Prestamos bancarios	18.000
Inventarios	20.200		43.100
	48.200	**Pasivo a largo plazo**	
Activo fijo bruto		Deuda a largo plazo	60.000
Activo fijo bruto	410.000	TOTAL PASIVO	103.100
(-) Depreciación acumulada	70.200	**Patrimonio neto**	
	339.800	Capital	250.000
		Utilidades acumuladas	34.900
		TOTAL PATRIMONIO	284.900
TOTAL ACTIVO	388.000	TOTAL PASIVO Y PATRIMONIO	388.000

ESTADO DE RESULTADOS
Al 31 de diciembre de 2012
En dólares americanos

Ventas	265.000
(-) Costo de ventas	121.900
Utilidad bruta	143.100
(-) Gastos de administración	17.600
(-) Gastos de comercialización	25.700
(-) Depreciación	35.100
Utilidad antes de intereses e impuestos (EBIT)	64.700
(-) Intereses	7.100
Utilidad antes de impuestos (EBT)	57.600
(-) Impuesto a las utilidades (25%)	14.400
Utilidad neta	43.200

Las ventas en los últimos cinco años han sido las siguientes:

	2008	2009	2010	2011	2012
Ventas	168.400	186.300	210.500	237.800	265.000

El detalle del activo fijo bruto es el siguiente:

ACTIVO FIJO BRUTO
En dólares americanos

Detalle	Monto
Terreno	30.000
Edificaciones y construcciones	140.000
Maquinaria y equipo	200.000
Muebles y enseres	14.000
Vehículos	26.000
Total activo fijo bruto	**410.000**

El detalle de los gastos de administración y comercialización es el siguiente:

Gastos de administración

Sueldos y salarios	US$ 9.500	Costo fijo
Gastos generales	US$ 5.100	Costo fijo
Seguros	US$ 3.000	Costo fijo

Gastos de comercialización

Sueldos y salarios	US$ 7.150	Costo fijo
Comisiones sobre ventas	US$ 7.950	Costo variable
Publicidad y promoción	US$ 10.600	Costo variable

Se ha presupuestado las siguientes inversiones fijas:

CRONOGRAMA DE INVERSIONES
En dólares americanos

Concepto	2013	2014	2015
INVERSIONES FIJAS			
Terreno			
Edificaciones y construcciones	30.000		
Maquinaria y equipo		40.000	
Muebles y enseres			
Vehículos			18.000
TOTAL	**30.000**	**40.000**	**18.000**

- El costo de ventas y otros costos variables son proporcionales a las ventas.

- La deuda a largo plazo que tiene actualmente es a cinco años plazo, pagos semestrales, a la tasa de interés del 9% anual.

- La empresa cuenta con una línea de crédito rotatoria por US$ 18.000 para capital de operaciones a la tasa de interés del 9% anual. El préstamo bancario a corto plazo que tiene actualmente es una operación en base a esta línea de crédito.

- La empresa puede acceder a financiamiento bancario para inversiones fijas a cinco años plazo, pagos trimestrales, a la tasa de interés del 9% anual.

- La empresa no emitirá nuevas acciones de capital.

- La empresa prevee mantener los actuales periodo de cobro, periodo del inventario y periodo de pago.

- La empresa distribuirá el 60% de las utilidades netas como dividendos.

- La tasa de inflación proyectada para los siguientes cinco años es 5% anual.

- El rendimiento requerido para el proyecto es 11,80% y el rendimiento requerido por los accionistas 15%.

c) Proyectar los ingresos por ventas para los siguientes cinco años en base a la tasa de crecimiento de las ventas de los últimos cinco años.

d) Estimar el requerimiento de capital de trabajo neto en base al método de razones financieras, considerando que el requerimiento mínimo de efectivo es de 2% sobre las ventas anuales.

e) Elaborar el estado de resultados proyectado

f) Elaborar el flujo de caja libre y calcular el valor actual neto, la tasa interna de retorno y el índice de rentabilidad.

g) Elaborar el flujo de caja del accionista y calcular el valor actual neto, la tasa interna de retorno y el índice de rentabilidad.

h) Elaborar el cuadro de fuentes y usos de fondos y el balance general proyectado.

i) Determinar los indicadores de liquidez, endeudamiento, cobertura de deuda, eficiencia, rentabilidad y el índice Z de Altman.

$$\text{Tasa crecimiento de las ventas} = \sqrt[4]{265.000 / 168.400} - 1 = 12\%$$

Supuestos adoptados	
Tasa de crecimiento en ventas	12%
Tasa de inflación	5%
Razón costo de ventas / ventas	46%
Razón de pago de dividendos	60%
Tasa de interés de la deuda	9%
Período de cobro	30 días
Período del inventario	60 días
Período de pago	75 días

PRONOSTICO DE VENTAS
En dólares americanos

Tasa de crecimiento: 12%

Detalle	Actual	2013	2014	2015	2016	2017
Ventas	265.000	296.800	332.416	372.306	416.983	467.021

COSTO DE VENTAS
En dólares americanos

Relación Costo de ventas / Ventas: 46%

Detalle	Actual	2013	2014	2015	2016	2017
Costo de ventas	121.900	136.528	152.911	171.261	191.812	214.829

Periodo de cobro	30 días
Período del inventario	60 días
Período de pago	75 días

REQUERIMIENTO DE CAPITAL DE TRABAJO
En dólares americanos

Detalle	Actual	2013	2014	2015	2016	2017
Efectivo (2% sobre ventas)	5.900	5.936	6.648	7.446	8.340	9.340
Cuentas por cobrar	22.100	24.395	27.322	30.600	34.273	38.385
Inventarios	20.200	22.443	25.136	28.152	31.531	35.314
Cuentas por pagar	25.100	28.054	31.420	35.191	39.413	44.143
CAPITAL DE TRABAJO NETO	**23.100**	**24.720**	**27.686**	**31.008**	**34.730**	**38.897**
VARIACIONES EN EL CTN	**23.100**	**1.620**	**2.966**	**3.322**	**3.721**	**4.168**

CRONOGRAMA DE INVERSIONES
En dólares americanos

Concepto	Actual	2013	2014	2015	2016	2017
INVERSIONES FIJAS						
Terreno	30.000					
Edificaciones y construcciones	140.000	30.000				
Maquinaria y equipo	200.000		40.000			
Muebles y enseres	14.000					
Vehículos	26.000			18.000		
TOTAL	**410.000**	**30.000**	**40.000**	**18.000**	**0**	**0**

DEPRECIACIÓN DEL ACTIVO FIJO
En dólares americanos

Concepto	Actual	2013	2014	2015	2016	2017
Inversión fija existente	35.100	35.100	35.100	35.100	35.100	35.100
Nuevas inversiones fijas						
Edificaciones y construcciones		750	750	750	750	750
Maquinaria y equipo			5.000	5.000	5.000	5.000
Muebles y enseres						
Vehículos				3.600	3.600	3.600
DEPRECIACIÓN ANUAL	35.100	35.850	40.850	44.450	44.450	44.450

GASTOS DE ADMINISTRACIÓN
En dólares americanos

Tasa de inflación: 5%

Detalle	Actual	2013	2014	2015	2016	2017
Sueldos y salarios	9.500	9.975	10.474	10.997	11.547	12.125
Gastos generales	5.100	5.355	5.623	5.904	6.199	6.509
Seguro	3.000	3.150	3.308	3.473	3.647	3.829
GASTOS DE ADMINISTRACIÓN	**17.600**	**18.480**	**19.404**	**20.374**	**21.393**	**22.463**

GASTOS DE COMERCIALIZACIÓN
En dólares americanos

Tasa de inflación: 5%

Detalle	Actual	2013	2014	2015	2016	2017
Sueldos y salarios	7.150	7.508	7.883	8.277	8.691	9.125
Comisiones sobre ventas	7.950	8.904	9.972	11.169	12.509	14.011
Publicidad y promoción	10.600	11.872	13.297	14.892	16.679	18.681
GASTOS DE COMERCIALIZACIÓN	**25.700**	**28.284**	**31.152**	**34.338**	**37.880**	**41.817**

PLAN DE AMORTIZACION E INTERESES
En dólares americanos

Tasa de interés: 9%

Detalle	Actual	2013	2014	2015	2016	2017
Deuda a largo plazo						
Saldo del préstamo	60.000	48.000	36.000	24.000	12.000	0
Amortización a capital		12.000	12.000	12.000	12.000	12.000
Intereses		5.400	4.320	3.240	2.160	1.080
Prestamos bancarios a corto plazo (línea de crédito)						
Saldo del préstamo	18.000	18.000	18.000	18.000	18.000	18.000
Amortización a capital		0	0	0	0	0
Intereses		1.620	1.620	1.620	1.620	1.620
Otros deudas bancarias y financieras						
Saldo del préstamo	0	0	0	0	0	0
Amortización a capital		0	0	0	0	0
Intereses		0	0	0	0	0
Total deudas bancarias y financieras						
Saldo del préstamo	78.000	66.000	54.000	42.000	30.000	18.000
Amortización a capital		12.000	12.000	12.000	12.000	12.000
Intereses		7.020	5.940	4.860	3.780	2.700

ESTADO DE RESULTADOS PROYECTADO
En dólares americanos

Detalle	Actual	2013	2014	2015	2016	2017
Ventas	265.000	296.800	332.416	372.306	416.983	467.021
(-) Costo de ventas	121.900	136.528	152.911	171.261	191.812	214.829
(-) Gastos de administración	17.600	18.480	19.404	20.374	21.393	22.463
(-) Gastos de comercialización	25.700	28.284	31.152	34.338	37.880	41.817
(-) Depreciación	35.100	35.850	40.850	44.450	44.450	44.450
E.B.I.T.	64.700	77.659	88.099	101.883	121.448	143.462
(-) Intereses	7.100	7.020	5.940	4.860	3.780	2.700
E.B.T.	57.600	70.639	82.159	97.023	117.668	140.762
(-) Impuesto a las utilidades 25%	14.400	17.660	20.540	24.256	29.417	35.190
Utilidad neta	43.200	52.979	61.619	72.767	88.251	105.571

DISTRIBUCIÓN DE DIVIDENDOS
En dólares americanos

	2013	2014	2015	2016	2017
Dividendos	31.787	36.971	43.660	52.951	63.343
Retención de utilidades	21.192	24.648	29.107	35.300	42.229

FLUJO DE CAJA DEL PROYECTO
En dólares americanos

Detalle	Actual	2013	2014	2015	2016	2017
E.B.I.T.		77.659	88.099	101.883	121.448	143.462
(+) Depreciación		35.850	40.850	44.450	44.450	44.450
(-) Impuesto a las utilidades		-19.415	-22.025	-25.471	-30.362	-35.865
(-) Inversión fija	-339.800	-30.000	-40.000	-18.000	0	0
(-) Variaciones en el CTN	-23.100	-1.620	-2.966	-3.322	-3.721	-4.168
(+) Valor residual inversión fija						217.750
(+) Recuperación CTN						38.897
FLUJO DE CAJA DEL PROYECTO	**-362.900**	**62.474**	**63.958**	**99.540**	**131.815**	**404.526**

VAN (11,60%) = 134.708

TIR = 21,56%

INDICE DE RENTABILIDAD (11,60%) = 1,37

FLUJO DE CAJA DEL ACCIONISTA
En dólares americanos

Detalle	Actual	2013	2014	2015	2016	2017
Utilidad neta		52.979	61.619	72.767	88.251	105.571
(+) Depreciación		35.850	40.850	44.450	44.450	44.450
(-) Inversión fija	-339.800	-30.000	-40.000	-18.000	0	0
(-) Variaciones en el CTN	-23.100	-1.620	-2.966	-3.322	-3.721	-4.168
(+) Préstamo	78.000					
(-) Amortización prestamo		-12.000	-12.000	-12.000	-12.000	-12.000
(+) Valor residual inversión fija						217.750
(+) Recuperación CTN						38.897
FLUJO DE CAJA DEL ACCIONISTA	**-284.900**	**45.209**	**47.503**	**83.895**	**116.980**	**390.501**

VAN (15%) = 106.525

TIR = 25,06%

INDICE DE RENTABILIDAD (15%) = 1,37

FUENTES Y USOS DE FONDOS
En dólares americanos

Detalle	Actual	2013	2014	2015	2016	2017
FUENTES						
Ventas		296.800	332.416	372.306	416.983	467.021
Préstamo	78.000					
Aporte propio	284.900					
TOTAL FUENTES	**362.900**	**296.800**	**332.416**	**372.306**	**416.983**	**467.021**
USOS						
Inversiones fijas	339.800	30.000	40.000	18.000	0	0
Capital de trabajo	23.100	1.620	2.966	3.322	3.721	4.168
Costo de producción		136.528	152.911	171.261	191.812	214.829
Gastos de administración		18.480	19.404	20.374	21.393	22.463
Gastos de comercialización		28.284	31.152	34.338	37.880	41.817
Intereses		7.020	5.940	4.860	3.780	2.700
Amortización préstamo		12.000	12.000	12.000	12.000	12.000
Impuesto a las utilidades		17.660	20.540	24.256	29.417	35.190
Dividendos		31.787	36.971	43.660	52.951	63.343
TOTAL USOS	**362.900**	**283.378**	**321.885**	**332.071**	**352.953**	**396.510**
EXCEDENTE/DEFICIT	**0**	**13.422**	**10.531**	**40.234**	**64.029**	**70.511**
SALDO ACUMULADO	**0**	**13.422**	**23.953**	**64.187**	**128.217**	**198.728**

BALANCE GENERAL PROYECTADO
En dólares americanos

Detalle	Actual	2013	2014	2015	2016	2017
ACTIVO						
CIRCULANTE						
Efectivo		13.422	23.953	64.187	128.217	198.728
Efectivo mínimo	5.900	5.936	6.648	7.446	8.340	9.340
Cuentas por cobrar	22.100	24.395	27.322	30.600	34.273	38.385
Inventarios	20.200	22.443	25.136	28.152	31.531	35.314
TOTAL ACTIVO CIRCULANTE	48.200	66.195	83.059	130.386	202.360	281.768
FIJO E INTANGIBLE						
Activo fijo bruto	410.000	440.000	480.000	498.000	498.000	498.000
(-) Depreciación acumulada	70.200	106.050	146.900	191.350	235.800	280.250
ACTIVO FIJO NETO	339.800	333.950	333.100	306.650	262.200	217.750
TOTAL ACTIVO	**388.000**	**400.145**	**416.159**	**437.036**	**464.560**	**499.518**
PASIVO						
CIRCULANTE						
Cuentas por pagar	25.100	28.054	31.420	35.191	39.413	44.143
Prestamos bancarios	18.000	18.000	18.000	18.000	18.000	18.000
PASIVO LARGO PLAZO						
Prestamos bancarios largo plazo	60.000	48.000	36.000	24.000	12.000	0
TOTAL PASIVO	103.100	94.054	85.420	77.191	69.413	62.143
PATRIMONIO NETO						
Capital	250.000	250.000	250.000	250.000	250.000	250.000
Utilidades acumuladas	34.900	56.092	80.739	109.846	145.146	187.375
TOTAL PATRIMONIO NETO	284.900	306.092	330.739	359.846	395.146	437.375
TOTAL PASIVO Y PATRIMONIO	**388.000**	**400.145**	**416.159**	**437.036**	**464.560**	**499.518**

INDICADORES FINANCIEROS

INDICADOR	FORMULA	Actual	2013	2014	2015	2016	2017
INDICADORES DE LIQUIDEZ							
Capital de trabajo neto	Activo circulante - Pasivo circul.	5.100	20.142	33.639	77.196	144.946	219.625
Razón del capital de trabajo neto	$\dfrac{\text{Capital de trabajo neto}}{\text{Activo}}$	0,01	0,05	0,08	0,18	0,31	0,44
Razón circulante	$\dfrac{\text{Activo circulante}}{\text{Pasivo circulante}}$	1,12	1,44	1,68	2,45	3,52	4,53
Prueba ácida	$\dfrac{\text{Activo circulante - Inventarios}}{\text{Pasivo circulante}}$	0,65	0,95	1,17	1,92	2,98	3,97
INDICADORES DE ENDEUDAMIENTO							
Razón deuda activos	$\dfrac{\text{Pasivo}}{\text{Activo}}$	0,27	0,24	0,21	0,18	0,15	0,12
Razón deuda patrimonio	$\dfrac{\text{Pasivo}}{\text{Patrimonio neto}}$	0,36	0,31	0,26	0,21	0,18	0,14
Apalancamiento financiero	$\dfrac{\text{Activo}}{\text{Patrimonio neto}}$	1,36	1,31	1,26	1,21	1,18	1,14
Razón de cobertura de intereses	$\dfrac{\text{EBIT}}{\text{Intereses}}$	9,11	11,06	14,83	20,96	32,13	53,13
Razón de cobertura de efectivo	$\dfrac{\text{EBIT + Depreciación}}{\text{Intereses}}$	14,06	16,17	21,71	30,11	43,89	69,60
INDICADORES DE EFICIENCIA							
Rotación del activo	$\dfrac{\text{Ventas}}{\text{Activo}}$	0,68	0,74	0,80	0,85	0,90	0,93
Rotación cuentas por cobrar	$\dfrac{\text{Ventas}}{\text{Cuentas por cobrar}}$	11,99	12,17	12,17	12,17	12,17	12,17
Periodo de cobro (dias)	$\dfrac{365}{\text{Rotación cuentas por cobrar}}$	30,44	30,00	30,00	30,00	30,00	30,00
Rotación de inventarios	$\dfrac{\text{Costo de ventas}}{\text{Inventario promedio}}$	6,03	6,40	6,43	6,43	6,43	6,43
Período del inventario (dias)	$\dfrac{365}{\text{Rotación de inventarios}}$	60,48	57,00	56,79	56,79	56,79	56,79
Rotación cuentas por pagar	$\dfrac{\text{Costo de ventas}}{\text{Cuentas por pagar}}$	4,86	4,87	4,87	4,87	4,87	4,87
Periodo de pago (dias)	$\dfrac{365}{\text{Rotación cuentas por pagar}}$	75,16	75,00	75,00	75,00	75,00	75,00
INDICADORES DE RENTABILIDAD							
Margen de utilidad bruta	$\dfrac{\text{Utilidad bruta}}{\text{Ventas}}$	54,00%	54,00%	54,00%	54,00%	54,00%	54,00%
Margen de utilidad operativa	$\dfrac{\text{EBIT}}{\text{Ventas}}$	24,42%	26,17%	26,50%	27,37%	29,13%	30,72%
Margen de utilidad neta	$\dfrac{\text{Utilidad neta}}{\text{Ventas}}$	16,30%	17,85%	18,54%	19,54%	21,16%	22,61%
Rendimiento sobre las inversiones - ROI	$\dfrac{\text{EBIT}}{\text{Activo}}$	16,68%	19,41%	21,17%	23,31%	26,14%	28,72%
Rendimiento sobre los activos - ROA	$\dfrac{\text{Utilidad neta}}{\text{Activo}}$	11,13%	13,24%	14,81%	16,65%	19,00%	21,13%
Rendimiento sobre el capital - ROE	$\dfrac{\text{Utilidad neta}}{\text{Patrimonio neto}}$	15,16%	17,31%	18,63%	20,22%	22,33%	24,14%
INDICADORES MULTIDIMENSIONALES							
Indice Z de Altman	1,2 CTN/Activo + 1,4 Utilidades acum/Activos + 3,3 EBIT/Activo + 0,6 Patrimonio/Pasivo + 1,0 Ventas/Activo	3,03	3,59	4,19	4,98	5,99	7,16

Preguntas y problemas

1. **Cálculo del período de recuperación de la inversión**

   Una empresa ha fijado un período de recuperación de la inversión máximo de tres años para sus nuevos proyectos de inversión. Si se tiene los siguientes proyectos en estudio, ¿debería aceptar alguno de ellos?

	Año 0	Año 1	Año 2	Año 3	Año 4	Año 5
Flujo de caja proyecto A	-50.000	20.000	18.000	16.000	15.000	15.000
Flujo de caja proyecto B	-80.000	14.000	17.000	32.000	45.000	72.000

2. **Cálculo del periodo de recuperación y valor actual neto**

   Un proyecto tiene flujos de caja anuales de US$ 15.000, US$ 16.000, US$ 17.000 y US$ 18.000. Si la inversión inicial asciende a US$ 40.000 y el rendimiento requerido es 12%, determinar el período de recuperación descontado y el valor actual neto.

3. **Cálculo del período de recuperación y valor actual neto**

   Se esta estudiando un proyecto con el siguiente flujo de caja:

	Año 0	Año 1	Año 2	Año 3	Año 4
Flujo de caja	-280.000	70.000	80.000	100.000	150.000

   Calcular el período de recuperación de la inversión, el período de recuperación descontado y el valor actual neto, si el rendimiento requerido es 12%.

4. **Cálculo del período de recuperación y valor actual neto**

   Un proyecto generará flujos de caja de US$ 27.000 por año durante ocho años. Si la inversión asciende aUS$ 125.000 y el rendimiento requerido es 11%, determinar el periodo de recuperación de la inversión, el periodo de recuperación descontado y el valor actual neto.

5. **Cálculo de la tasa interna de retorno y valor actual neto**

   Una empresa evalúa sus proyectos mediante la regla de la tasa interna de retorno. Si el rendimiento requerido es 16%, debería aceptar la empresa el proyecto que tiene el siguiente flujo de caja:

	Año 0	Año 1	Año 2	Año 3	Año 4
Flujo de caja	-75.000	26.200	0	42.500	54.600

   Si la empresa utiliza el criterio del valor actual neto y el rendimiento requerido es 10%, ¿Debería aceptar el proyecto?

6. **Cálculo de la tasa interna de retorno**

   Determinar la tasa interna de retorno del proyecto que tiene el siguiente flujo de caja y grafique el VAN.

	Año 0	Año 1	Año 2	Año 3
Flujo de caja	-40.000	12.200	14.600	32.500

7. **Cálculo del índice de rentabilidad**

   Determinar el índice de rentabilidad del proyecto que tiene el siguiente flujo de caja, si el rendimiento requerido es 13%. Aceptaría o rechazaría el proyecto?

	Año 0	Año 1	Año 2	Año 3
Flujo de caja	-50.000	18.800	22.500	32.100

8. **Comparación de criterios de evaluación de proyectos**
    Se tiene los siguientes flujos de caja de dos proyectos mutuamente excluyentes:

	Año 0	Año 1	Año 2	Año 3	Año 4
Flujo de caja proyecto A	-18.000	1.000	2.500	3.000	25.000
Flujo de caja proyecto B	-18.000	12.000	5.000	4.000	3.500

El rendimiento requerido es 17%.
  a) La empresa ha fijado un período de recuperación de la inversión con un plazo máximo de tres años para sus proyectos. ¿Debería aceptar alguno de estos proyectos?
  b) La empresa ha fijado un período de recuperación descontado con un plazo máximo de tres años para sus proyectos. ¿Debería aceptar alguno de estos proyectos?
  c) Que proyecto elegiría si aplica el criterio del valor actual neto?
  d) Que proyecto elegiría si aplica el criterio de la tasa interna de retorno?
  e) Qué proyecto elegiría si aplica el criterio del índice de rentabilidad?
  f) Determinar la tasa de cruce.
  g) En base a los resultados de los incisos anteriores, ¿que proyecto elegiría?

9. **Proyectos mutuamente excluyentes**
    Elektro S.A. esta evaluando los siguientes proyectos mutuamente excluyentes:

	Año 0	Año 1	Año 2	Año 3	Año 4
Flujo de caja proyecto A	-72.000	25.000	32.200	38.400	6.800
Flujo de caja proyecto B	-72.000	7.000	36.500	35.000	31.700

Que proyecto elegiría utilizando el criterio del valor actual neto, si el rendimiento requerido es 17%?
Que proyecto elegiría utilizando el criterio de la tasa interna de retorno?
A que tasa de rendimiento sería indiferente entre los dos proyectos?
En que rango de tasas de rendimiento elegiría el proyecto A y en que rango el proyecto B?

10. **Proyectos mutuamente excluyentes**
    Se tiene los siguientes proyectos mutuamente excluyentes:

	Año 0	Año 1	Año 2	Año 3
Flujo de caja proyecto A	-60.000	33.200	24.200	12.000
Flujo de caja proyecto B	-60.000	10.300	25.500	40.200

Elaborar graficas del VAN de ambos proyectos.
Determinar la tasa de cruce de ambos proyectos.
Si el rendimiento requerido fuera 10%, que proyecto elegiría?

11. **Proyecto con flujo de caja no convencional**
    Neovac S.A. evalúa un proyecto con el siguiente flujo de caja:

	Año 0	Año 1	Año 2	Año 3
Flujo de caja	-220.000	152.400	164.000	-54.200

Cuantas tasas internas de retorno existen?
Si la empresa requiere de un rendimiento de 10%, debería aceptar el proyecto?

12. **Determinación del flujo de caja de operación**
    Howar Corp. ha proyectado ventas anuales de US$ 16.500 para un proyecto de expansión. Los costos representan el 60% de las ventas, la depreciación asciende a US$ 2.000 y la tasa impositiva es del 25%. Determinar el flujo de caja de operación por los cuatro enfoques (Enfoque EBIT, ascendente, descendente y de protección fiscal).

13. Determinación del flujo de caja del proyecto

Fiberplat S.A. esta evaluando un proyecto que requiere de una inversión fija de US$ 180.000 y un capital de trabajo neto de US$ 27.500. La inversión fija tiene una vida útil de tres años y se estima que tendrán un valor de mercado de US$ 32.000 al final del proyecto. El proyecto generará ventas anuales de US$ 175.000, con costos de producción y de operación anuales de US$ 80.000. La tasa del impuesto a las utilidades es 25% y el rendimiento requerido 11%. Determinar el flujo de caja del proyecto y calcule el valor actual neto, la tasa interna de retorno y el índice de rentabilidad.

14. Evaluación económica financiera

Se cuenta con la siguiente información de un proyecto que se encuentra en estudio:

*   Las inversiones fijas requeridas son las siguientes:

Terreno	US$ 120.000
Obras civiles	US$ 200.000
Maquinaria y equipo	US$ 360.000
Muebles y enseres	US$ 20.000

*   Se contempla financiamiento bancario por US$ 200.000 bajo las siguientes condiciones:

Plazo:	5 años
Periodo de gracia:	1 año
Amortización:	Anual
Tasa de interés:	8% anual
Tipo de amortización:	Fija a capital

*   La capacidad instalada de la planta industrial es de 50.000 unidades / año.
*   El programa de producción contempla los siguientes porcentajes de utilización de la capacidad instalada:

	Año 1	Año 2	Año 3	Año 4	Año 5
% Utilización capacidad instalada	60%	70%	80%	100%	100%

*   El precio de venta unitario es de US$ 18.
*   Las ventas se realizaran a un plazo promedio de 30 días, las compras se efectuaran a crédito a 45 días plazo y el periodo del inventario es de 60 días.
*   El costo de producción unitario es de US$ 7.
*   Los gastos de administración asciende a US$ 25.000, que se constituyen en costos fijos.
*   Los gastos de comercialización del primer año asciende a la suma de US$ 50.000, del cual se considera 54% como costo variable y 46% como costo fijo.
*   La tasa del impuesto a las utilidades es 25%.

a) Elaborar el flujo de caja del proyecto y calcular el periodo de recuperación de la inversión, el período de recuperación descontado, el valor actual neto, la tasa interna de retorno y el índice de rentabilidad, considerando que el rendimiento requerido es 15%

b) Elaborar el flujo de caja del accionista y calcular el valor actual neto, tasa interna de retorno e índice de rentabilidad, considerando que el rendimiento requerido por los accionistas es 18%

c) Determinar el punto de equilibrio contable.

d) Elaborar el balance general proyectado considerando que no se distribuyen dividendos.

15. Evaluación económica financiera

Se cuenta con la siguiente información de un proyecto de implementación de una fábrica de parquet y revestimiento.

Inversiones fijas e inversiones intangibles requeridas

Terreno	US$ 40.000
Pozo de agua	US$ 10.000

Obras civiles	US$ 124.000
Maquina fabricación de parquet	US$ 250.000
Maquina fabricación revestimiento	US$ 350.000
Muebles y enseres	US$ 16.000
Gastos de puesta en marcha	US$ 10.000

Estructura del financiamiento

Se contempla financiamiento bancario bajo las siguientes condiciones:

Monto préstamo:		US$ 300.000
Destino del crédito:	Obras civiles	US$ 50.000
	Adquisición de maquinaria	US$ 250.000
Plazo:	5 años	
Periodo de gracia:	1 año	
Amortización:	Anual	
Tasa de interés:	8% anual	
Tipo de amortización:	Cuota fija a capital	

Aspectos técnicos

Capacidad instalada maquina fabricación parquet: 100.000 m^2/ año.

Capacidad instalada maquina fabricación revestimiento   150.000 m^2/año

	Año 1	Año 2	Año 3	Año 4	Año 5
Parquet					
% Utilización capacidad instalada	50%	80%	85%	90%	100%
Revestimiento					
% Utilización capacidad instalada	60%	75%	80%	100%	100%

Para la fabricación de 500 m^2 de parquet se necesita 15,80 m^3 de madera aserrada.

Para la fabricación de 500 m^2 de revestimiento se necesita 15,80 m^3 de madera aserrada.

Presupuesto de ingresos y gastos

Precios de venta (1er año):	Parquet	US$ 3,20 / m^2
	Revestimiento	US$ 3,00 / m^2
Costo de la madera aserrada (1er año)		US$ 30,0 / m^3
Tasa de inflación proyectada		6% anual.
Período de ventas a crédito		60 días
Período del inventario		90 días
Periodo de pago a proveedores		45 días

Gastos indirectos de fabricación (1er año)

Energía eléctrica	US$ 3.500 / año	(Costo variable)
Lubricantes y repuestos	US$ 1.250 / año	(Costo variable)
Mantenimiento	US$ 800 / año	(Costo fijo)

Gastos de administración (1er año)

| Gastos generales | US$ 2.500 / año | (Costo fijo) |
| Seguros | US$ 3.500 / año | (Costo fijo) |

Gastos de comercialización

| Comisiones sobre ventas | 1,5% sobre ventas |
| Publicidad | 1% sobre ventas |

Tasas impositivas

| Impuesto a las utilidades | 25% |

Planilla de sueldos y salarios mensual (para el 1er año)

PLANILLA DE SUELDOS Y SALARIOS MENSUAL
En dólares americanos

CARGO	HABER BÁSICO	NUMERO DE PERSONAS	TOTAL HABER BÁSICO	FONDO DE PENSIONES	FONDO PRO-VIVIENDA	SEGURO SALUD	PREVISIÓN INDEMNIZ.	PREVISIÓN AGUINALDO	TOTAL APORTE PATRONAL	COSTO TOTAL
				1,71%	2,00%	10,00%	8,33%	8,33%	30,37%	
Departamento de Administración										
Gerente general	900	1	900	15	18	90	75	75	273	1.173
Secretaria	250	1	250	4	5	25	21	21	76	326
Gerente de finanzas	600	1	600	10	12	60	50	50	182	782
Contador	300	1	300	5	6	30	25	25	91	391
SUB TOTAL										2.673
Departamento de ventas										
Gerente comercial	600	1	600	10	12	60	50	50	182	782
Vendedores	200	3	600	10	12	60	50	50	182	782
SUB TOTAL										1.564
Departamento de producción										
Gerente de produc.	600	1	600	10	12	60	50	50	182	782
Operarios	350	6	2.100	36	42	210	175	175	638	2.738
SUB TOTAL										3.520
TOTAL GENERAL										7.757

Los sueldos del departamento de administración y de ventas se consideran como costo fijo.

El sueldo del gerente de producción se debe considerar como costo fijo y el sueldo de los operarios como costo variable.

Rendimiento requerido

Rendimiento requerido para el proyecto: 11%

Rendimiento requerido por los accionistas: 14%

a) Elaborar el plan de inversiones y estructura del financiamiento

b) Calcular el capital de trabajo neto en base al método de razones financieras, considerando que el requerimiento mínimo de efectivo es de 1% sobre las ventas anuales.

c) Elaborar el estado de resultados proyectado.

d) Determinar el punto de equilibrio contable.

e) Elaborar el flujo de caja de proyecto en términos nominales y calcular el período de recuperación de la inversión, el período de recuperación descontado, valor actual neto, la tasa interna de retorno y el índice de rentabilidad.

f) Elaborar el flujo de caja del accionista en términos nominales y calcular el valor actual neto, la tasa interna de retorno y el índice de rentabilidad.

g) Elaborar el cuadro de fuentes y usos de fondos y el balance general proyectado considerando que se distribuye el 40% de las utilidades netas como dividendos.

10 Análisis de riesgo de las estimaciones

Los flujos de caja se elaboran en base a estimaciones de los volúmenes de producción, precios de venta y costos. En este capítulo centraremos la atención en la manera como se debe evaluar la confiabilidad de estas estimaciones.

Una vez estimados los flujos de caja proyectados, es natural preguntarse si estas se encuentran cercanas a los valores verdaderos. Las proyecciones se basan únicamente en lo que sabemos hoy, y podrían suceder muchas cosas que harían cambiar los flujos de caja.

La posibilidad de que se tome una mala decisión debido a la presencia de errores en los flujos de caja proyectados recibe el nombre de riesgo de estimación. Un proyecto podría tener un VAN positivo debido a la inexactitud de las estimaciones o tener un VAN negativo cuando en realidad es positivo.

Existen dos técnicas para evaluar el grado de riesgo de las estimaciones, que se denominan análisis de escenarios y análisis de sensibilidad.

10.1.   Análisis de escenarios

En el análisis de escenarios nos preguntamos ¿Que sucedería si...?, es decir que pasaría por ejemplo si el precio de venta fuera de US$ 22 en lugar de US$ 25?

Si analizamos varios escenarios alternativos y la mayor parte de ellos dan resultados positivos tendríamos cierta confianza en llevar a cabo el proyecto. Si por el contrario un alto porcentaje de escenarios dan malos resultados el grado de riesgo de las estimaciones sería alto y deberíamos profundizar la investigación.

Cuando analizamos un proyecto, calculamos el VAN basándonos en los flujos de caja estimados. Este conjunto inicial de proyecciones recibe el nombre de caso base. Lo que se hace después es adoptar diferentes supuestos acerca del futuro y ver el efecto que tendrá en los resultados.

Una forma de enfocar el análisis es poner un límite superior y uno inferior a los distintos componentes del proyecto. Por ejemplo si se proyecta vender 100 unidades al año y se considera que no está desviada en más o menos el 5%, podemos seleccionar un límite inferior de 95 y un límite superior de 105. Luego asignamos límites a otros componentes del flujo de caja.

Para ilustrar como se efectúa un análisis de escenarios vamos a considerar un proyecto que requiere inversiones fijas por un monto de US$ 50.000, los cuales tienen una vida útil de cinco años y que se necesita un capital de trabajo por US$ 12.000. Asimismo vamos a considerar que el rendimiento requerido es 10% y que se han establecido las siguientes estimaciones sobre el volumen de ventas, precios de ventas y costos:

	Caso base	Límite inferior	Límite superior
Volumen de ventas (unidades)	8.000	7.600	8.400
Precio unitario (US$)	7,0	6,5	7,5
Costo variable unitario (US$)	4,0	3,8	4,2
Costo fijo anual (US$)	6.000	5.000	7.000

Podríamos considerar varios escenarios. Un buen punto de partida es el peor caso, el cual nos indicará el VAN mínimo del proyecto. Asimismo, podríamos determinar el mejor caso, que establecería el límite superior del VAN.

Para el peor caso, asignamos el valor menos favorable a cada variable, es decir valores bajos para el volumen de ventas y precios de venta y valores altos para costos. Para el mejor caso hacemos lo opuesto.

En el ejemplo que planteamos, el peor y el mejor caso tendrían los siguientes valores:

	Peor caso	Mejor caso
Volumen de ventas (unidades)	7.600	8.400
Precio unitario (US$)	6,5	7,5
Costo variable unitario (US$)	4,2	3,8
Costo fijo anual (US$)	7.000	5.000

Con esta información podemos elaborar el estado de resultados proyectado, el flujo de caja del proyecto y calcular el VAN y la TIR para cada escenario.

CASO BASE

ESTADO DE RESULTADOS PROYECTADO
En dólares americanos

	1	2	3	4	5
Ventas	56.000	56.000	56.000	56.000	56.000
(-) Costos variables	32.000	32.000	32.000	32.000	32.000
(-) Costos fijos	6.000	6.000	6.000	6.000	6.000
(-) Depreciación	10.000	10.000	10.000	10.000	10.000
EBIT	8.000	8.000	8.000	8.000	8.000
(-) Impuestos 25%	2.000	2.000	2.000	2.000	2.000
Utilidad neta	6.000	6.000	6.000	6.000	6.000

FLUJO DE CAJA DEL PROYECTO
En dólares americanos

	0	1	2	3	4	5
EBIT		8.000	8.000	8.000	8.000	8.000
(+) Depreciación		10.000	10.000	10.000	10.000	10.000
(-) Impuestos		-2.000	-2.000	-2.000	-2.000	-2.000
Inversiones fijas	-50.000					
Capital de trabajo neto	-12.000					12.000
Flujo de caja del proyecto	-62.000	16.000	16.000	16.000	16.000	28.000

VAN (10%) = 6.104
TIR = 13,48%

PEOR CASO

ESTADO DE RESULTADOS PROYECTADO
En dólares americanos

	1	2	3	4	5
Ventas	49.400	49.400	49.400	49.400	49.400
(-) Costos variables	31.920	31.920	31.920	31.920	31.920
(-) Costos fijos	7.000	7.000	7.000	7.000	7.000
(-) Depreciación	10.000	10.000	10.000	10.000	10.000
EBIT	480	480	480	480	480
(-) Impuestos 25%	120	120	120	120	120
Utilidad neta	360	360	360	360	360

FLUJO DE CAJA DEL PROYECTO
En dólares americanos

	0	1	2	3	4	5
EBIT		480	480	480	480	480
(+) Depreciación		10.000	10.000	10.000	10.000	10.000
(-) Impuestos		-120	-120	-120	-120	-120
Inversiones fijas	-50.000					
Capital de trabajo neto	-12.000					12.000
Flujo de caja del proyecto	-62.000	10.360	10.360	10.360	10.360	22.360

VAN (10%) = -15.276
TIR = 0,85%

MEJOR CASO

ESTADO DE RESULTADOS PROYECTADO
En dólares americanos

	1	2	3	4	5
Ventas	63.000	63.000	63.000	63.000	63.000
(-) Costos variables	31.920	31.920	31.920	31.920	31.920
(-) Costos fijos	5.000	5.000	5.000	5.000	5.000
(-) Depreciación	10.000	10.000	10.000	10.000	10.000
EBIT	16.080	16.080	16.080	16.080	16.080
(-) Impuestos 25%	4.020	4.020	4.020	4.020	4.020
Utilidad neta	12.060	12.060	12.060	12.060	12.060

FLUJO DE CAJA DEL PROYECTO
En dólares americanos

	0	1	2	3	4	5
EBIT		16.080	16.080	16.080	16.080	16.080
(+) Depreciación		10.000	10.000	10.000	10.000	10.000
(-) Impuestos		-4.020	-4.020	-4.020	-4.020	-4.020
Inversiones fijas	-50.000					
Capital de trabajo neto	-12.000					12.000
Flujo de caja del proyecto	-62.000	22.060	22.060	22.060	22.060	34.060

VAN (10%) = 29.076
TIR = 25,93%

El resumen de los resultados es el siguiente:

	Caso base	Peor caso	Mejor caso
Valor actual neto (10%)	6.104	-15.276	29.076
Tasa interna de retorno	13,48%	0,85%	25,93%

Vemos que en el peor escenario la TIR sería 0,85% y en el mejor caso 25,93%.

10.2.   Análisis de sensibilidad

En el análisis de sensibilidad se mantienen constantes todas las variables excepto una y se analiza que tan sensible son las estimaciones ante cambios en esa variable.

Si las estimaciones son muy sensibles ante cambios en el valor de algún componente del flujo de caja, el riesgo asociado con esa variable será alto.

Para ilustrar como se efectúa un análisis de escenarios vamos a seguir con el ejemplo anterior y efectuaremos un análisis de sensibilidad del volumen de ventas y del precio de venta.

Análisis de sensibilidad: Variación en el volumen de ventas

	Caso base	Peor caso	Mejor caso
Volumen de ventas (unidades)	8.000	7.600	8.400
Precio unitario (US$)	7,0	7,0	7,0
Costo variable unitario (US$)	4,0	4,0	4,0
Costo fijo anual (US$)	6.000	6.000	6.000

Se notará que se ha mantenido el precio unitario, el costo variable unitario y el costo fijo del caso base y se ha modificado el volumen de ventas.

El flujo de caja del caso base es el mismo que se elaboró anteriormente. El estado de resultados y el flujo de caja del peor caso y el mejor caso se indican a continuación.

PEOR CASO

ESTADO DE RESULTADOS PROYECTADO
En dólares americanos

	1	2	3	4	5
Ventas	53.200	53.200	53.200	53.200	53.200
(-) Costos variables	30.400	30.400	30.400	30.400	30.400
(-) Costos fijos	6.000	6.000	6.000	6.000	6.000
(-) Depreciación	10.000	10.000	10.000	10.000	10.000
EBIT	6.800	6.800	6.800	6.800	6.800
(-) Impuestos 25%	1.700	1.700	1.700	1.700	1.700
Utilidad neta	5.100	5.100	5.100	5.100	5.100

FLUJO DE CAJA DEL PROYECTO
En dólares americanos

	0	1	2	3	4	5
EBIT		6.800	6.800	6.800	6.800	6.800
(+) Depreciación		10.000	10.000	10.000	10.000	10.000
(-) Impuestos		-1.700	-1.700	-1.700	-1.700	-1.700
Inversiones fijas	-50.000					
Capital de trabajo neto	-12.000					12.000
Flujo de caja del proyecto	-62.000	15.100	15.100	15.100	15.100	27.100

VAN (10%) = 2.692
TIR = 11,55%

MEJOR CASO

ESTADO DE RESULTADOS PROYECTADO
En dólares americanos

	1	2	3	4	5
Ventas	58.800	58.800	58.800	58.800	58.800
(-) Costos variables	33.600	33.600	33.600	33.600	33.600
(-) Costos fijos	6.000	6.000	6.000	6.000	6.000
(-) Depreciación	10.000	10.000	10.000	10.000	10.000
EBIT	9.200	9.200	9.200	9.200	9.200
(-) Impuestos 25%	2.300	2.300	2.300	2.300	2.300
Utilidad neta	6.900	6.900	6.900	6.900	6.900

FLUJO DE CAJA DEL PROYECTO
En dólares americanos

	0	1	2	3	4	5
EBIT		9.200	9.200	9.200	9.200	9.200
(+) Depreciación		10.000	10.000	10.000	10.000	10.000
(-) Impuestos		-2.300	-2.300	-2.300	-2.300	-2.300
Inversiones fijas	-50.000					
Capital de trabajo neto	-12.000					12.000
Flujo de caja del proyecto	**-62.000**	**16.900**	**16.900**	**16.900**	**16.900**	**28.900**

VAN (10%) = 9.515
TIR = 15,39%

El resumen de resultados es el siguiente:

	Caso base	Peor caso	Mejor caso
Valor actual neto (10%)	6.104	2.692	9.515
Tasa interna de retorno	13,48%	11,55%	15,39%

En base a estos resultados se concluye que el proyecto es poco sensible a la variación del volumen de ventas.

Análisis de sensibilidad: Variación en el precio de venta

	Caso base	Peor caso	Mejor caso
Volumen de ventas (unidades)	8.000	8.000	8.000
Precio unitario (US$)	7,0	6,5	7,5
Costo variable unitario (US$)	4,0	4,0	4,0
Costo fijo anual (US$)	6.000	6.000	6.000

El VAN y la TIR de estos casos son los siguientes:

	Caso base	Peor caso	Mejor caso
Valor actual neto (10%)	6.104	-5.269	17.476
Tasa interna de retorno	13,48%	6,92%	19,76%

En base a estos resultados se concluye que el proyecto es sensible a la variación del precio de venta, ya que ante una disminución del precio de venta en 7%, el VAN registra valores negativos.

El análisis de sensibilidad es útil para identificar aquellas variables que mas influyen en un proyecto y que deben merecer mayor atención.

Preguntas y problemas

1. **Análisis de escenarios**

   Un proyecto requiere de una inversión fija de US$ 720.000, el cual tiene una vida útil de cinco años y un capital de trabajo neto de US$ 60.000. Se proyectan venta de 50.000 unidades por año, un precio de venta unitario de US$ 25, un costo variable unitario de US$ 15 y costos fijos de US$ 220.000 por año. La tasa impositiva es 25% y el rendimiento requerido 14%. Se considera que las proyecciones de ventas, precio, costo variable y costo fijo son exactos a un nivel de 6%. Determinar el valor actual neto y la tasa interna de retorno del caso base, el mejo caso y el peor caso.

2. **Análisis de escenarios**

   Dopak Industries ha realizado las siguientes estimaciones sobre un nuevo proyecto:

Cantidad	100.000 unidades.
Precio de venta	US$ 16
Costo variable unitario	US$ 9
Costos fijos anuales	US$ 400.000

   La empresa considera que todas sus estimaciones son exactas dentro de un rango de ± 10%. Que valores debería usar la empresa para las cuatro variables cuando lleve a cabo sus análisis de escenarios del caso base, mejor caso y peor caso?

3. **Análisis de sensibilidad**

   Un proyecto requiere de una inversión fija de US$ 850.000, el cual tiene una vida de cinco años y un capital de trabajo neto de US$ 120.000. Las ventas se han proyectado a un nivel de 80.000 unidades por año. El precio de venta unitario es US$ 30, el costo variable unitario US$ 16 y los costos fijos ascienden a US$ 750.000 anuales. La tasa impositiva es 25% y el rendimiento requerido 13%.

   a) Elaborar el flujo de caja del caso base y calcular el valor actual neto y tasa interna de retorno.

   b) Determinar la sensibilidad del proyecto ante un decremento de 5.000 unidades en las ventas proyectadas.

   c) Determinar la sensibilidad del proyecto ante un decremento de US$ 1,50 en los costos variables estimados.

4. **Análisis de sensibilidad**

   Un proyecto requiere de una inversión fija de US$ 360.000, el cual tiene una vida útil de cinco años y un capital de trabajo neto de US$ 42.000. Se proyectan venta de 40.000 unidades por año, un precio de venta unitario de US$ 25, un costo variable unitario de US$ 16 y costos fijos de US$ 192.000 por año. La tasa impositiva es 25% y el rendimiento requerido 17%.

   a) Elaborar el flujo de caja y calcular el valor actual neto y la tasa interna de retorno.

   b) Determinar la sensibilidad del proyecto ante un decremento del 10% en el volumen de ventas.

11 Modelo de evaluación de créditos corporativos

En este capítulo expondremos un modelo para la evaluación de créditos corporativos, que permite un análisis integral de una solicitud de crédito de una empresa.

Este modelo consta de lo siguiente:

- Modelo para el análisis de estados financieros.

- Modelo de una declaración patrimonial para analizar la situación económica financiera de los socios y garantes personales.

- Modelo de un informe de evaluación de créditos corporativos.

- Modelo de un flujo de caja para analizar la capacidad de pago de empresas en base a estados financieros de gestiones anteriores.

ANALISIS DE ESTADOS FINANCIEROS

NOMBRE / RAZÓN SOCIAL:		FECHA INICIO DE ACTIVIDADES:	
TIPO DE SOCIEDAD:		REGISTRO TRIBUTARIO:	
ACTIVIDAD:		REGISTRO MUNICIPAL:	

BALANCE GENERAL
En dólares americanos

CONCEPTO	31 de Diciembre de 2010		31 de Diciembre de 2011		31 de Diciembre de 2012		VARIACIÓN 2010-2011		VARIACIÓN 2011-2012	
	MONTO	%	MONTO	%	MONTO	%	ABSOLUTA	RELATIVA	ABSOLUTA	RELATIVA
ACTIVO										
ACTIVO CIRCULANTE	0	0,0%	0	0,0%	0	0,0%	0	0,0%	0	0,0%
Efectivo		0,0%		0,0%		0,0%	0	0,0%	0	0,0%
Inversiones temporarias		0,0%		0,0%		0,0%	0	0,0%	0	0,0%
Cuentas por cobrar		0,0%		0,0%		0,0%	0	0,0%	0	0,0%
Inventarios		0,0%		0,0%		0,0%	0	0,0%	0	0,0%
Otros activos circulantes		0,0%		0,0%		0,0%	0	0,0%	0	0,0%
ACTIVO FIJO	0	0,0%	0	0,0%	0	0,0%	0	0,0%	0	0,0%
Activo fijo bruto		0,0%		0,0%		0,0%	0	0,0%	0	0,0%
(-) Depreciación acumulada		0,0%		0,0%		0,0%	0	0,0%	0	0,0%
OTROS ACTIVOS	0	0,0%	0	0,0%	0	0,0%	0	0,0%	0	0,0%
Inversiones permanentes		0,0%		0,0%		0,0%	0	0,0%	0	0,0%
Gastos pagados por anticipado		0,0%		0,0%		0,0%	0	0,0%	0	0,0%
Gastos diferidos		0,0%		0,0%		0,0%	0	0,0%	0	0,0%
Otros activos		0,0%		0,0%		0,0%	0	0,0%	0	0,0%
TOTAL ACTIVO	0	0,0%	0	0,0%	0	0,0%	0	0,0%	0	0,0%
PASIVO										
PASIVO CIRCULANTE	0	0,0%	0	0,0%	0	0,0%	0	0,0%	0	0,0%
Cuentas por pagar		0,0%		0,0%		0,0%	0	0,0%	0	0,0%
Deudas bancarias y financieras		0,0%		0,0%		0,0%	0	0,0%	0	0,0%
Porción corriente deuda L.P.		0,0%		0,0%		0,0%	0	0,0%	0	0,0%
Intereses por pagar		0,0%		0,0%		0,0%	0	0,0%	0	0,0%
Deudas fiscales y sociales		0,0%		0,0%		0,0%	0	0,0%	0	0,0%
Otros pasivos circulantes		0,0%		0,0%		0,0%	0	0,0%	0	0,0%
PASIVO LARGO PLAZO	0	0,0%	0	0,0%	0	0,0%	0	0,0%	0	0,0%
Deudas bancarias y financieras		0,0%		0,0%		0,0%	0	0,0%	0	0,0%
Previsión para indemnizaciones		0,0%		0,0%		0,0%	0	0,0%	0	0,0%
Otros pasivos a largo plazo		0,0%		0,0%		0,0%	0	0,0%	0	0,0%
TOTAL PASIVO	0	0,0%	0	0,0%	0	0,0%	0	0,0%	0	0,0%
PATRIMONIO NETO										
Capital		0,0%		0,0%		0,0%	0	0,0%	0	0,0%
Superávit emisión de acciones		0,0%		0,0%		0,0%	0	0,0%	0	0,0%
Reservas		0,0%		0,0%		0,0%	0	0,0%	0	0,0%
Ajuste del patrimonio		0,0%		0,0%		0,0%	0	0,0%	0	0,0%
Utilidades acumuladas		0,0%		0,0%		0,0%	0	0,0%	0	0,0%
TOTAL PATRIMONIO NETO	0	0,0%	0	0,0%	0	0,0%	0	0,0%	0	0,0%
TOTAL PASIVO Y PATRIMONIO	0	0,0%	0	0,0%	0	0,0%	0	0,0%	0	0,0%

ESTADO DE RESULTADOS
En dólares americanos

CONCEPTO	31 de Diciembre de 2010		31 de Diciembre de 2011		31 de Diciembre de 2012		VARIACIÓN 2010-2011		VARIACIÓN 2011-2012	
	MONTO	%	MONTO	%	MONTO	%	ABSOLUTA	RELATIVA	ABSOLUTA	RELATIVA
Ingreso por ventas		0,0%		0,0%		0,0%	0	0,0%	0	0,0%
(-) Costo de ventas		0,0%		0,0%		0,0%	0	0,0%	0	0,0%
UTILIDAD BRUTA	0	0,0%	0	0,0%	0	0,0%	0	0,0%	0	0,0%
(-) GASTOS DE OPERACIÓN	0	0,0%	0	0,0%	0	0,0%	0	0,0%	0	0,0%
Gastos de administración		0,0%		0,0%		0,0%	0	0,0%	0	0,0%
Gastos de comercialización		0,0%		0,0%		0,0%	0	0,0%	0	0,0%
Depreciación		0,0%		0,0%		0,0%	0	0,0%	0	0,0%
UTILIDAD OPERATIVA (EBIT)	0	0,0%	0	0,0%	0	0,0%	0	0,0%	0	0,0%
(-) Intereses		0,0%		0,0%		0,0%	0	0,0%	0	0,0%
(+) Otros ingresos		0,0%		0,0%		0,0%	0	0,0%	0	0,0%
(-) Otros gastos		0,0%		0,0%		0,0%	0	0,0%	0	0,0%
UTILIDAD ANTES DE IMPTOS	0	0,0%	0	0,0%	0	0,0%	0	0,0%	0	0,0%
Impuesto a las utilidades		0,0%		0,0%		0,0%	0	0,0%	0	0,0%
UTILIDAD NETA	0	0,0%	0	0,0%	0	0,0%	0	0,0%	0	0,0%

INDICADORES FINANCIEROS									
INDICADOR	**FORMULA**	**ANOS**			**PROMEDIO INDUSTRIA**	**EVALUACIÓN**			
		2010	2011	2012		A	M	B	
INDICADORES DE LIQUIDEZ									
Capital de trabajo neto	Activo circulante - Pasivo circul.	0	0	0					
Razón del capital de trabajo neto	Capital de trabajo neto / Activo	0,00	0,00	0,00					
Razón circulante	Activo circulante / Pasivo circulante	0,00	0,00	0,00					
Prueba ácida	Activo circulante - Inventarios / Pasivo circulante	0,00	0,00	0,00					
Razón de efectivo	Efectivo / Pasivo circulante	0,00	0,00	0,00					
INDICADORES DE ENDEUDAMIENTO									
Razón deuda activos	Pasivo / Activo	0,00	0,00	0,00					
Razón deuda patrimonio	Pasivo / Patrimonio neto	0,00	0,00	0,00					
Apalancamiento financiero	Activo / Patrimonio neto	0,00	0,00	0,00					
Razón de cobertura de intereses	EBIT / Intereses	0,00	0,00	0,00					
Razón de cobertura de efectivo	EBIT + Depreciación / Intereses	0,00	0,00	0,00					
Razón de cobertura de la deuda	Utilidad neta + Depreciación / Pasivo circulante con costo	0,00	0,00	0,00					
Costo promedio de la deuda	Intereses / Pasivo promedio con costo	0,00%	0,00%	0,00%					
INDICADORES DE EFICIENCIA									
Rotación del activo	Ventas / Activo	0,00	0,00	0,00					
Rotación del activo fijo	Ventas / Activo fijo	0,00	0,00	0,00					
Rotación del activo circulante	Ventas / Activo circulante	0,00	0,00	0,00					
Rotación de cuentas por cobrar	Ventas / Cuentas por cobrar	0,00	0,00	0,00					
Periodo de cobro (dias)	365 / Rotación cuentas por cobrar	0,00	0,00	0,00					
Rotación de inventarios	Costo de ventas / Inventario promedio	0,00	0,00	0,00					
Período del inventario (dias)	365 / Rotación de inventarios	0,00	0,00	0,00					
Rotación de cuentas por pagar	Costo de ventas / Cuentas por pagar	0,00	0,00	0,00					
Periodo de pago (dias)	365 / Rotación cuentas por pagar	0,00	0,00	0,00					
Ciclo operativo	Periodo invent. + Periodo cobro	0,00	0,00	0,00					
Ciclo de efectivo	Ciclo operativo - Periodo pago	0,00	0,00	0,00					
Indice de morosidad	Cuentas por cobrar vencidas / Cuentas por cobrar								
Indice de previsión cuentas incobrables	Previsión cuentas incobrables / Cuentas por cobrar								

(*) Marque con X según el indicador del ultimo año sea alto (A), medio (M) o bajo (B) con respecto al promedio de la industria o al estandar establecido

INDICADORES FINANCIEROS

INDICADOR	FORMULA	ANOS			PROMEDIO INDUSTRIA	EVALUACIÓN		
		2010	2011	2012		A	M	B
INDICADORES DE RENTABILIDAD:								
Margen de utilidad bruta	Utilidad bruta / Ventas	0,00%	0,00%	0,00%				
Margen de utilidad operativa	EBIT / Ventas	0,00%	0,00%	0,00%				
Margen de utilidad neta	Utilidad neta / Ventas	0,00%	0,00%	0,00%				
Rendimiento sobre las inversiones - ROI	EBIT / Activo	0,00%	0,00%	0,00%				
Rendimiento sobre los activos - ROA	Utilidad neta / Activo	0,00%	0,00%	0,00%				
Rendimiento sobre el capital - ROE	Utilidad neta / Patrimonio neto	0,00%	0,00%	0,00%				
INDICADORES MULTIDIMENSIONALES								
Indice Z de Altman	1,2 CTN/Activo + 1,4 Utilidades acum/Activos + 3,3 EBIT/Activo + 0,6 Patrimonio/Pasivo + 1,0 Ventas/Activo	0,00	0,00	0,00				
INDICADORES BURSATILES								
Utilidad por acción - EPS	Utilidad neta / Numero de acciones							
Dividendo por acción - DPS	Dividendo total / Numero de acciones							
Razón precio utilidad - PER	Precio por acción / Utilidad por acción							
Razón valor de mercado a valor libros	Valor de mercado por acción / Valor en libros por acción							
OTROS INDICADORES								
% Utilización capacidad instalada	Volumen de producción / Capacidad instalada							
Antigüedad media del activo fijo	Depreciación acumulada / Depreciación anual	0,00	0,00	0,00				
Crecimiento de las ventas	Ventas año n / Ventas año n - 1 − 1		0,00%	0,00%				
Punto de equilibrio (unid. monetarias)	Costo fijo / 1 - (Costo variable / Ventas)							
Cobertura del punto de equilibrio	Ventas / Punto de equilibrio	0,00	0,00	0,00				

(*) Marque con X según el indicador del ultimo año sea alto (A), medio (M) o bajo (B) con respecto al promedio de la industria o al estandar establecido

DECLARACION PATRIMONIAL

		Tipo de cambio	
Lugar	Dia	Mes	Año

DATOS PERSONALES

Nombre y apellidos: _____ Cédula identidad: _____

Fecha de nacimiento: _____ Lugar: _____ Edad: _____ Estado civil: _____

Dirección domicilio: _____ Email: _____ Teléfono: _____

Lugar de trabajo: _____ Cargo: _____

Dirección oficina: _____ Teléfono oficina: _____

Años de servicio: _____ Profesión: _____ Numero de dependientes: _____

Nombre del cónyuge: _____ Cedula identidad: _____

Fecha de nacimiento: _____ Lugar: _____ Edad: _____

Lugar de trabajo: _____ Cargo: _____

Años de servicio: _____ Profesión: _____

ACTIVO

A) DEPOSITOS EN ENTIDADES FINANCIERAS (Cta.Cte, Caja de ahorros, D.P.F.) — Moneda: $us

Nombre de la entidad	Tipo de depósito	Número de cuenta	Saldo
		TOTAL	0,00

B) ACCIONES Y BONOS

Cantidad	Nombre de la empresa	% Participación	Valor nominal	Valor
			TOTAL	0,00

C) CUENTAS Y DOCUMENTOS POR COBRAR

Nombre o razón social del deudor	Tipo de documento	Saldo
	TOTAL	0,00

D) INMUEBLES URBANOS Y RURALES

Descripción y ubicación	Extensión superficial	Registro de propiedad			Valor
		Part. Comp.	Fojas / Partida	Fecha	
				TOTAL	0,00

E) VEHICULOS

Tipo de vehiculo / marca / modelo / año	Placa	Registro prop.	Fecha	Valor
			TOTAL	0,00

F) MAQUINARIA Y EQUIPO

Cantidad	Tipo de maquinaria / modelo / año	Valor
	TOTAL	0,00

G) SEMOVIENTE GANADO

Cantidad	Tipo de ganado	Precio unitario	Valor
		TOTAL	0,00

H) CULTIVOS AGRICOLAS

Número de hectareas	Tipo de cultivo	Valor
	TOTAL	0,00

I) INVENTARIO DE MERCADERIA, MUEBLES Y OTROS BIENES

Cantidad	Descripción	Valor
	TOTAL	0,00

PASIVO

J) PRESTAMOS DE ENTIDADES FINANCIERAS

Nombre de la entidad financiera	Vencimiento	Saldo
CORTO PLAZO (HASTA 1 AÑO)		
LARGO PLAZO (MAS DE 1 AÑO)		
	TOTAL	0,00

K) CUENTAS POR PAGAR

Nombre o razón social del acreedor	Tipo de documento	Vencimiento	Saldo
		TOTAL	0,00

INGRESOS MENSUALES / GASTOS MENSUALES

Concepto	Monto	Concepto	Monto
Sueldo		Alimentación	
Honorarios profesionales		Gastos médicos	
Dividendos percibidos por inversiones		Educación	
Utilidades netas por negocios propios		Vestimenta	
Ingresos por alquileres		Teléfono	
Ingresos por intereses		Energia eléctrica	
Sueldo o ingresos del cónyuge		Agua	
Otros ingresos (Especificar)		Gas	
		Internet	
		Televisión por cable	
		Transporte	
		Recreación	
		Alquiler vivienda	
		Mantenimiento vehículos e inmuebles	
		Impuestos	
		Pensiones a terceras personas	
		Amortización préstamos	
		Intereses por préstamos	
		Otros gastos	
TOTAL INGRESOS	**0,00**	**TOTAL GASTOS**	**0,00**

EXCEDENTE (DEFICIT)	**0,00**

El (los) suscribiente(s) declara(n) que los datos consignados en la presente Declaración Patrimonial, son fidedignos y representan la real situación económica financiera que tiene(n) al presente, autorizado en forma expresa a la ENTIDAD FINANCIERA, a verificar en cualquier momento y por los medios que considere más adecuada, la veracidad de los datos declarados.

Firma del declarante   **Firma del cónyuge**

**INSTRUCCIONES PARA EL LLENADO DE LA
DECLARACIÓN PATRIMONIAL**

DATOS PERSONALES

Nombre y apellidos: Indicar el nombre completo y apellidos paterno y materno del declarante, en ese orden.

Cédula de identidad: Indicar el número de la cédula de identidad y el lugar donde fue emitido.

Fecha de nacimiento: Indicar el día, mes y año de la fecha de nacimiento.

Lugar: Especificar el lugar de nacimiento.

Edad: Indicar la edad actual.

Estado civil: Especificar el estado civil (soltero, casado, viudo, divorciado).

Dirección / EMail / Teléfono: Indicar la dirección del domicilio, correo electrónico y teléfono del declarante.

Lugar de trabajo / Cargo: Señalar la empresa donde trabaja el declarante y el cargo que desempeña.

Dirección oficina / Teléfono: Indicar la dirección y teléfono del lugar de trabajo.

Años de servicio: Señalar los años de antigüedad en la empresa donde trabaja.

Profesión: Indicar la profesión u ocupación que tiene.

Número de dependientes: Señalar el número de personas que dependen económicamente del declarante.

Nombre del cónyuge: Indicar el nombre completo y apellidos del cónyuge del declarante.

Cédula de identidad: Indicar el número de la cédula de identidad del cónyuge y lugar donde fue emitido.

Fecha de nacimiento: Indicar el día, mes y año de la fecha de nacimiento del cónyuge.

Lugar: Especificar el lugar de nacimiento.

Edad: Indicar la edad actual del cónyuge.

Lugar de trabajo / Cargo: Señalar la empresa donde trabaja el cónyuge y el cargo que desempeña.

Años de servicio: Señalar los años de antigüedad en la empresa donde trabaja el cónyuge.

Profesión: Indicar la profesión u ocupación que tiene el cónyuge

---

SITUACION FINANCIERA

Es esta parte se detalla el activo (bienes y derechos que posee), el pasivo (deudas y obligaciones financieras contraídas) y el patrimonio neto (diferencia entre el total del activo y el total del pasivo).

ACTIVO

Activo son los bienes o derechos que posee el declarante.

Depósitos en entidades financieras: Son depósitos que mantienen en entidades del sistema financiero nacional, bajo alguna modalidad. Se debe indicar el nombre de la entidad, el tipo de depósito (cuentas corrientes, caja de ahorros, depósito a plazo fijo), número de la cuenta y el saldo que mantiene a la fecha.

Acciones y bonos: Son acciones, bonos y participaciones que tienen en empresas industriales, comerciales, de servicios o financieras, sean públicas o privadas. Se debe indicar la cantidad de títulos valores que poseen, el nombre de empresa, su porcentaje de participación, el valor unitario nominal y el valor total de mercado.

Cuentas y documentos por cobrar: Son cuentas y documentos por cobrar a personas o empresas respaldadas con documentación. Se debe especificar el nombre y apellidos o razón social del deudor, el tipo de documento que lo respalda y el monto adeudado.

Inmuebles urbanos y rurales: Son bienes inmuebles urbanos y rurales de propiedad del declarante. Se debe indicar el tipo de inmueble, su ubicación, extensión superficial y el registro que tiene en derechos reales (número partida computarizada o número de fojas y partida y la fecha de inscripción). En la casilla del valor se debe indicar el valor de mercado del inmueble.

Vehículos: Son vehículos de propiedad del declarante. Se debe especificar el tipo de vehículo (automóvil, vagoneta, jeep, camioneta, camión, microbús), la marca, modelo y año de fabricación. En las columnas siguientes indicar el número de la placa, el número del carnet de propiedad, la fecha del carnet de propiedad y su valor estimado.

Maquinaria y equipo: Son maquinaria y equipo de propiedad del declarante. Se debe efectuar un detalle indicando la cantidad que posee, la descripción de la maquinaria o equipo, el modelo, año de fabricación y el valor actual correspondiente.

Semoviente ganado: Es el ganado vacuno, lechero, porcino o aves en crianza (pollos parrilleros, aves ponedoras, aves reproductoras, etc.) con fines de explotación o de venta. Se debe indicar la cantidad que posee, el tipo de ganado, el precio unitario y el valor total.

Cultivos agrícolas: Son los cultivos agrícolas que están en desarrollo. Se debe especificar la superficie cultivada (en hectáreas), el tipo o clase de cultivo y el valor estimado del cultivo.

Mercadería, muebles y otros bienes: Son los activos realizables con que cuenta el declarante relacionados con sus actividades, muebles, enseres y otros bienes. Se debe indicar la cantidad que posee de mercadería, productos terminados, productos industriales en proceso de fabricación, materia prima, semillas, fertilizantes y otros insumos, indicando el valor actual estimado. De tratarse de varios productos se debe adjuntar un inventario valorado.

PASIVO

Son el conjunto de deudas y obligaciones financieras del declarante y cónyuge.

Prestamos en entidades financieras: Son préstamos contraídos de entidades del sistema financiero nacional. Se debe clasificar estas deudas en corto y largo plazo, según sean pactadas a un año plazo o más de un año respectivamente. El desglose de estas obligaciones se debe efectuar indicando el nombre de la institución financiera, la fecha final de vencimiento y el saldo actual.

Cuentas por pagar: Son deudas contraídas por el declarante y su cónyuge de empresas o personas particulares. Se debe indicar el nombre o razón social del acreedor, el tipo de documento, la fecha final de vencimiento y el saldo actual.

SITUACION ECONOMICA

Es un estado de ingresos y gastos del solicitante y cónyuge del último mes.

Ingresos mensuales

Indicar los ingresos mensuales que percibe el declarante, especificando si es sueldo como dependiente (asalariado), honorarios profesionales, dividendos percibidos por inversiones, utilidades netas por negocios propios, ingresos por alquileres, ingresos por intereses. Se debe consignar también el sueldo o ingreso que percibe el cónyuge y especificar si tiene otros ingresos, diferentes a los detallados anteriormente.

Gastos mensuales

Detallar los gastos familiares incurridos en el último mes.

Excedente / Déficit

Consignar el excedente neto o ahorro mensual del declarante, importe obtenido por la diferencia entre el total de ingresos y el total de gastos.

REQUISITO GENERAL

El formulario debe estar firmado necesariamente por el declarante y el cónyuge, adjuntando fotocopia de las cédulas de identidad y la documentación de respaldo respectiva.

INFORME DE EVALUACION DE CREDITOS CORPORATIVOS

	0	0	0
	Dia	Mes	Año

1. TERMINOS Y CONDICIONES

Nombre prestatario — 0

Tipo de operación	Monto US$	Plazo (Años)	Tipo de amortización	Tasa de interés	Destino del crédito	

Garantia ofrecida	Hipotecaria inmueble	Prendaria maquinaria	Prendaria vehículo	Warrant	Bancaria	Personal
	Total avalúo comercial		0,00	Total avalúo hipotecario		0,00

2. ANTECEDENTES

Actividad
Experiencia

Sector económico	Agropecuario	Industria	Comercio	Servicios	Transporte	Construcción
Tipo de sociedad	Unipersonal	Soc.colectiva	S.R.L.	Soc.anónima		

Socios y participación	Nombre y apellidos		Monto (US$)	% Participación

Representante legal
Relación con la entidad

Tipo de operación	Fecha de desembolso	Monto Original	Saldo actual	Estado del crédito	Plazo	Dias de mora acumulada	Calificación crédito

Informes confidenciales

3. CAPACIDAD GERENCIAL

Nombre del gerente
Profesión
Experiencia en el cargo

	Alto	Medio	Bajo	
Capacidad de liderazgo				
Capacidad toma de decisiones				
Conocimiento de la empresa				
Conocimiento del sector				
Capacidad de planificación				

4. ANALISIS DEL MERCADO

4.1. Análisis del sector

4.2. Características del mercado

Productos o servicios que ofrece

Ventaja competitiva de los productos

Ciclo de vida de los productos	Crecimiento	Madurez	Declinación	

Volumen de ventas	Producto o servicio	Unidades físicas		Unidades monetarias	
		Actual	Proyectado	Actual	Proyectado

Mercado en que realiza las ventas	Local	Departamental	Nacional	Exportación

Participación de mercado

Comercialización	Directa	Intermediarios mayoristas	Intermediarios minoristas

Estacionalidad de la comercialización	Epoca alta	
	Epoca baja	

Modalidad de ventas	Al contado	%	A crédito	%	Período promedio de cobro (Dias)

Principales clientes

Competencia	Alta	Media	Baja	

Principales competidores

5. ANALISIS DEL APROVISIONAMIENTO

Tipo de productos que compra	Materia prima	Prod. terminado	Perecedero	No perecedero
Nivel de inventarios	Alto	Medio	Bajo	
Productos obsoletos en inventarios	Alto	Medio	Bajo	
Número de proveedores				
Periodicidad de las compras				
Condiciones de pago a proveedores	Al contado	%	A crédito	% Período promedio de pago (Dias)

6. ANALISIS DE LA PRODUCCION Y LA TECNOLOGIA

Fabricación bajo royalties o licencias	Si	No	
Control del proceso productivo	Total	Parcial	
Antiguedad de las construcciones			
Antiguedad de la maquinaria y equipo			
Antigüedad de los vehículos			
Porcentaje de utilización de la capac.instalada			
Capacidad de almacenaje			
Número de empleados			
Cumplimiento de normas ambientales	Si	No	
Cobertura de riesgos	Incendio	Robo	Otros

7. INVERSIONES Y FINANCIAMIENTO

PLAN DE INVERSIONES Y ESTRUCTURA DEL FINANCIAMIENTO
En dolares americanos

Concepto	Cantidad	Precio unitario	Monto total	Crédito	Aporte propio	Otros financ.
A. CAPITAL DE INVERSIONES						
			0			
			0			
			0			
			0			
			0			
SUB TOTAL			0	0	0	0
B. CAPITAL DE OPERACIONES						
			0			
			0			
			0			
			0			
			0			
SUB TOTAL			0	0	0	0
TOTAL			0	0	0	0
PORCENTAJE			100,0%	0,0%	0,0%	0,0%

CRONOGRAMA DE DESEMBOLSOS

Fecha						
Monto						

8. ASPECTOS ECONOMICO FINANCIEROS

8.1. INDICADORES FINANCIEROS	2010	2011	2012	Análisis financiero
INDICADORES DE LIQUIDEZ				
Capital de trabajo neto	0,00	0,00	0,00	
Razón del capital de trabajo neto	0,00	0,00	0,00	
Razón circulante	0,00	0,00	0,00	
Prueba ácida	0,00	0,00	0,00	
INDICADORES DE ENDEUDAMIENTO				
Razón deuda activo	0,00	0,00	0,00	
Razón deuda patrimonio	0,00	0,00	0,00	
Apalancamiento financiero	0,00	0,00	0,00	
Razón de cobertura de intereses	0,00	0,00	0,00	
Razón de cobertura de efectivo	0,00	0,00	0,00	
Razón de cobertura de la deuda	0,00	0,00	0,00	
Costo promedio de la deuda	0,00%	0,00%	0,00%	
INDICADORES DE EFICIENCIA				
Rotación del activo	0,00	0,00	0,00	
Rotación de cuentas por cobrar	0,00	0,00	0,00	
Periodo de cobro (días)	0,00	0,00	0,00	
Rotación de inventarios	0,00	0,00	0,00	
Periodo del inventario (días)	0,00	0,00	0,00	
Rotación de cuentas por pagar	0,00	0,00	0,00	
Periodo de pago (días)	0,00	0,00	0,00	
Ciclo operativo	0,00	0,00	0,00	
Ciclo de efectivo	0,00	0,00	0,00	
Indice de morosidad de cuentas por cobrar	0,00	0,00	0,00	
Indice de previsión de cuentas incobrables	0,00	0,00	0,00	
INDICADORES DE RENTABILIDAD				
Margen de utilidad bruta	0,00%	0,00%	0,00%	
Margen de utilidad operativa	0,00%	0,00%	0,00%	
Margen de utilidad neta	0,00%	0,00%	0,00%	
Rendimiento sobre las inversiones (ROI)	0,00%	0,00%	0,00%	
Rendimiento sobre los activos (ROA)	0,00%	0,00%	0,00%	
Rendimiento sobre el capital (ROE)	0,00%	0,00%	0,00%	
INDICADORES MULTIDIMENSIONALES				
Indice Z de Altman	0,00	0,00	0,00	
OTROS INDICADORES				
% Utilización capacidad instalada	0,00%	0,00%	0,00%	
Antigüedad media del activo fijo	0,00	0,00	0,00	
Crecimiento en ventas	0,00%	0,00%	0,00%	
Punto de equilibrio	0,00	0,00	0,00	

8.2. ENDEUDAMIENTO
8.2.1. DEUDA CON LA ENTIDAD

Tipo de operación	Monto original	Saldo actual	Fecha de vencimiento
Total			

8.2.2. DEUDA EN EL SISTEMA FINANCIERO

Institución	Vigente	Vencido	Ejecución	Contingente	Indirecta
Total	0	0	0	0	0

8.2.3. DEUDA COMERCIAL

Nombre o razón social acreedor	Monto	Fecha de contratación	Fecha de vencimiento
0			
0			
0			
Total			

9. GARANTIA

9.1. GARANTIAS REALES	Avaluo comercial	Avaluo hipotecario	Grado de realización
TOTAL AVALUO	0,00	0,00	
RELACION GARANTIA / DEUDA TOTAL	0,00	0,00	
9.2. GARANTIAS PERSONALES			Patrimonio neto

10. ANALISIS FODA

FORTALEZAS	OPORTUNIDADES
DEBILIDADES	**AMENAZAS**

11. CONCLUSIONES Y RECOMENDACIONES

**INSTRUCCIONES PARA EL LLENADO DEL
INFORME DE EVALUACIÓN DE CRÉDITOS CORPORATIVOS**

1. TERMINOS Y CONDICIONES

En esta sección se debe indicar las condiciones generales de la operación.

Nombre prestatario : Indicar los nombres y apellidos o la razón social del solicitante de crédito.

Tipo de operación : Indicar el tipo de operación de crédito, es decir si es línea de crédito, préstamo, descuento de letra de cambio, factoring, leasing, carta de crédito, boleta de garantía o aval.

Monto : Indicar el monto de la(s) operación(es) de crédito.

Plazo : Señalar el plazo del crédito, expresado en años.

Tipo de amortización : Señalar el tipo de amortización de la operación, según sea anual, semestral, cuatrimestral, trimestral, bimestral, mensual o variable.

Tasa de interés : Señalar la tasa de interés anual a aplicarse a la operación.

Destino del crédito : Indicar en forma resumida cual será el destino del crédito.

Garantía ofrecida : Marcar con una **X** las garantías que correspondan, puede marcarse mas de una garantía. El detalle de las garantías se indica en la parte 9 de este informe.

Avalúo comercial : Indicar el valor comercial del total de las garantías.

Avalúo hipotecario : Indicar el valor hipotecario del total de las garantías.

2. ANTECEDENTES

En esta parte se debe hacer referencia a todos los antecedentes del solicitante de crédito.

Actividad : Describir la(s) actividad(es) a las que se dedica el prestatario, en forma clara y concreta.

Experiencia Señalar los años de experiencia en la actividad principal del cliente.

Sector económico : Marcar con una **X** al sector al que pertenece. Solo debe marcarse un sector. En caso de corresponder a más de un sector, indicar el más importante.

Tipo de sociedad : Marcar con una **X** el tipo de sociedad, según sea unipersonal, sociedad colectiva, sociedad de responsabilidad limitada o sociedad anónima.

Socios y participación : Indicar el nombre y apellidos de los socios principales, anotando el monto que le corresponde a cada uno de ellos y el porcentaje de participación que dicho monto representa en el capital social.

Representante legal : Anotar el nombre completo del representante legal de la sociedad, el cual debe estar respaldado con el poder correspondiente.

Relación con la entidad : Anotar la información de todas las operaciones de crédito que el solicitante tuvo con la entidad antes de la solicitud de crédito, especificando para cada una de ellas el tipo de operación, la fecha de desembolso, el monto original, el saldo actual, el estado de la operación (vigente, vencido, ejecución, cancelado), el plazo original, los días de mora acumulados y la calificación del crédito.

Informes confidenciales : Indicar en forma resumida y clara la información confidencial obtenida del cliente de las centrales de riesgos.

3. CAPACIDAD GERENCIAL

En esta sección se debe indicar la capacidad de gestión del gerente general, indicando su nombre y apellido, su formación profesional, los años de experiencia en el cargo y calificar según sea alto, medio o bajo su capacidad de liderazgo, su capacidad para la toma de decisiones, el conocimiento que tiene de la empresa, el conocimiento que tiene del sector y su capacidad de planificación.

4. ANÁLISIS DEL MERCADO

En esta sección se debe indicar aspectos sobre el mercado del solicitante de crédito.

4.1 Análisis del sector	: Se debe efectuar una análisis de la situación actual y perspectivas del sector al que pertenece la empresa.
4.2 Características del mercado	: Se debe efectuar una descripción del mercado donde se desenvuelve o desenvolverá el prestatario, especificando los siguientes aspectos:
Productos o servicios	: Indicar los productos o servicios que ofrece la empresa.
Ventaja competitiva	: Indicar la ventaja competitiva la empresa en el mercado.
Ciclo de vida de los productos	: Indicar el ciclo de vida de los productos de la empresa, es decir si esta en etapa de crecimiento, madurez o declinación.
Volumen de ventas	: Indicar el volumen de ventas actual de la empresa y el volumen proyectado considerando el efecto del crédito, desglosando por producto, tanto en unidades físicas como en unidades monetarias. Este detalle se debe realizar si el prestatario tiene hasta seis productos, si tiene más de seis productos se debe consignar el volumen de ventas en valores monetarios del total de productos.
Mercado en que realiza ventas	: Indicar el mercado donde realiza las ventas, según sea local, departamental, nacional o exportación.
Participación de mercado	: Indicar la participación que tiene el prestatario en el mercado local, departamental y nacional.
Comercialización	: Indicar si la comercialización es directa o a través de intermediarios mayoristas o minoristas.
Estacionalidad de las ventas	: Si las ventas son estacionales indicar los meses de época alta y los de meses de época baja. Si no existe estacionalidad indicar que las ventas son uniformes a lo largo del año.
Modalidad de ventas	: Indicar los porcentajes de ventas a crédito y al contado y el plazo promedio de las ventas a crédito.
Principales clientes	: Señalar nombres y apellidos o razón social de sus principales clientes.
Competencia	: Indicar el grado de competencia que tiene el solicitante, especificando si es alta, media o baja.
Principales competidores	: Señalar los nombres o razón social de sus principales competidores.

5. ANÁLISIS DEL APROVISIONAMIENTO

En esta sección se debe indicar aspectos sobre el aprovisionamiento de insumos o mercadería del cliente.

Tipo de productos que compra	: Indicar si los productos que compra la empresa son materias prima o productos terminados y si son perecederos o no.
Nivel de inventarios	: Indicar el nivel del inventario de materia prima o mercadería con que cuenta la empresa en la fecha de la visita de inspección realizada por el analista de crédito, según sea alta, media o baja.
Productos obsoletos en inventario	: Indicar si existen productos obsoletos o pasados de moda en el inventario de mercadería.

Número de proveedores	:	Señalar el número de proveedores de materia prima o mercadería que tiene la empresa.
Periodicidad de las compras	:	Señalar la periodicidad con la que la empresa compra la materia prima o mercadería.
Condiciones de pago a proveedores	:	Indicar las condiciones de pago a los proveedores de materia prima o mercadería, especificando si es al contado o a crédito. Si es a crédito señalar el plazo promedio de pago.

6. ANÁLISIS DE LA PRODUCCIÓN Y LA TECNOLOGÍA

En esta sección se debe indicar aspectos sobre el proceso de producción y la tecnología que utiliza la empresa.

Fabricación bajo royalties o licencias	:	Indicar si la empresa fabrica bajo royalties o licencia de otras empresas.
Control del proceso productivo	:	Indicar si la empresa tiene el control de todo el proceso productivo o si subcontrata los servicios de otras empresas.
Antigüedad de las construcciones	:	Indicar la antigüedad de las obras civiles y construcciones con que cuenta la empresa. La vida útil de las construcciones es de 40 años.
Antigüedad de la maquinaria	:	Indicar la antigüedad de la maquinaria y equipo con que cuenta la empresa. La vida útil de la maquinaria y equipo industrial es de 8 años.
Antigüedad de los vehículos	:	Indicar la antigüedad de los vehículos con que cuenta la empresa. La vida útil de los vehículos es de 5 años.
Porcentaje utilización capacidad instalada	:	Señalar el porcentaje de utilización de la capacidad instalada de la empresa, actual y proyectado.
Capacidad de almacenaje	:	Señalar la capacidad de almacenaje con que cuenta la empresa.
Número de empleados	:	Indicar el número total de empleados que tiene la empresa.
Cumplimiento normas ambientales	:	Señalar si la empresa cumple con normas ambientales, de acuerdo al tipo de actividad.
Cobertura de riesgos	:	Indicar si la empresa cuenta con póliza de seguros contra incendios, robos u otros.

7. INVERSIONES Y FINANCIAMIENTO

Sección destinada a especificar cuál será el destino del crédito, clasificando en capital de inversiones o capital de operaciones.

Se debe hacer un detalle de las inversiones a realizar, especificando la unidad, cantidad, precio unitario y el monto total. Se debe considerar sólo las nuevas inversiones y no las inversiones existentes.

El monto total se obtiene multiplicando la cantidad por el precio unitario.

Para cada uno de los ítems se debe indicar la fuente de financiamiento, es decir, si será financiado con crédito, aporte propio u otros financiamientos.

Para cada categoría (capital de inversiones o capital de operaciones) se debe determinar los subtotales, tanto del monto de la inversión como de las fuentes de financiamiento, así como los totales generales. Del mismo modo se debe determinar los porcentajes de la estructura del financiamiento, es decir que porcentaje será financiado con el crédito, con recursos del prestatario u otras fuentes de financiamiento.

En el plan de desembolsos se señalará las fechas estimadas de desembolsos con los montos respectivos. El desembolso puede ser total o parcial, de acuerdo al destino del crédito.

8. ASPECTOS ECONÓMICOS FINANCIEROS

8.1. Análisis de estados financieros

Se debe efectuar al análisis de los estados financieros de la empresa, preferentemente de las tres últimas gestiones, realizando el análisis vertical y horizontal del balance general y el estado de resultados. Para este fin se debe efectuar el vuelco de balance en el formato adoptado y obtener los indicadores de liquidez, endeudamiento, eficiencia, rentabilidad y multidimensionales, además de otros indicadores como el porcentaje de utilización de la capacidad instalada, la antigüedad media del activo fijo, la tasa de crecimiento de las ventas y el punto de equilibrio contable.

Para cada grupo de indicadores se debe efectuar el análisis respectivo en la columna de análisis financiero.

8.2. Endeudamiento

En esta sección se debe indicar en detalle el endeudamiento del solicitante de crédito.

8.2.1. Deuda con la entidad

Se debe indicar el endeudamiento actual del cliente con la entidad, especificando el tipo de operación, el monto original, el saldo actual y la fecha final de vencimiento.

8.2.2. Deuda en el sistema financiero

Se debe indicar el endeudamiento del solicitante en el sistema financiero, información obtenida de las centrales de riesgos, especificando si el crédito esta vigente, vencido, en ejecución o si es un operación contingente o deuda indirecta.

8.2.3. Deuda comercial

Se debe detallar la deuda que tiene el solicitante con empresas o particulares, especificando el nombre o razón social del acreedor, el monto adeudado, la fecha de contratación de la deuda y la fecha final de vencimiento.

9. GARANTÍAS

9.1. Garantías reales

En esta sección se debe detallar el tipo de garantías reales que presenta el solicitante, especificando si es hipotecaria o prendaria.

De cada garantía se indicará el valor comercial, el valor hipotecario y el grado de realización según avalúo efectuado por peritos inscritos en el registro de evaluadores de la entidad.

Se debe determinar el total del avalúo comercial, el total del avalúo hipotecario y calcular la relación de garantías respecto al endeudamiento total del cliente, previa adición de la deuda con cargo a esta garantía

9.2. Garantías personales

Indicar nombres y apellidos de los garantes personales, señalando el patrimonio neto con que cuenta, según la declaración patrimonial.

9.3. Relación garantía / deuda total

Indicar la relación del total de la garantía con avalúo comercial e hipotecario con respecto al total de la deuda del solicitante con la institución.

10. ANÁLISIS FODA

En esta sección se debe efectuar un análisis de las fortalezas, debilidades, oportunidades y amenazas del solicitante del crédito.

11. CONCLUSIONES Y RECOMENDACIONES

En esta parte el analista de créditos debe indicar las conclusiones de la evaluación conjunta de todos los aspectos de la solicitud de crédito, señalando los aspectos en los que se basa para recomendar la aprobación o rechazo de la solicitud de crédito.

FLUJO DE CAJA Y SUPUESTOS ADOPTADOS

		0	0	0
En dólares americanos		Dia	Mes	Año

Prestatario:	0
Actividad:	0

PROYECCIÓN DE INGRESOS

| Tasa de crecimiento de las ventas: | 0,00% | | | | | Tasa de inflación considerada: | | | 0% |

Concepto	Año anterior	Año 1	Año 2	Año 3	Año 4	Año 5	Año 6	Año 7	Año 8
Ventas		0	0	0	0	0	0	0	0

PROYECCIÓN DEL COSTO DE VENTAS

| Relación Costo de ventas / Ventas: | 0,00% |

Concepto	Año anterior	Año 1	Año 2	Año 3	Año 4	Año 5	Año 6	Año 7	Año 8
Costo de ventas		0	0	0	0	0	0	0	0

PROYECCIÓN DE GASTOS DE OPERACIÓN

Concepto	Año anterior	Año 1	Año 2	Año 3	Año 4	Año 5	Año 6	Año 7	Año 8
Gastos de administración		0	0	0	0	0	0	0	0
Gastos de comercialización		0	0	0	0	0	0	0	0
TOTAL	**0**	**0**	**0**	**0**	**0**	**0**	**0**	**0**	**0**

DEPRECIACION DEL ACTIVO FIJO

Concepto	Valor Activo fijo	Vida util (Años)	Año 1	Año 2	Año 3	Año 4	Año 5	Año 6	Año 7	Año 8
Activo fijo actual				0	0	0	0	0	0	0
Activo fijo nuevo			0	0	0	0	0	0	0	0
0			0	0	0	0	0	0	0	0
0			0	0	0	0	0	0	0	0
0			0	0	0	0	0	0	0	0
0			0	0	0	0	0	0	0	0
0			0	0	0	0	0	0	0	0
TOTAL			**0**	**0**	**0**	**0**	**0**	**0**	**0**	**0**

PLAN DE PAGOS DEL PRÉSTAMO

Concepto	Año 1	Año 2	Año 3	Año 4	Año 5	Año 6	Año 7	Año 8
Saldo préstamo	0	0	0	0	0	0	0	0
Amortización	0	0	0	0	0	0	0	0
Intereses	0	0	0	0	0	0	0	0

PLAN DE PAGOS DE OTRAS DEUDAS

Concepto	Año 1	Año 2	Año 3	Año 4	Año 5	Año 6	Año 7	Año 8
Saldo deuda								
Amortización								
Intereses Tasa de interes:								

PLAN DE INVERSIONES

Concepto	Año 1	Año 2	Año 3	Año 4	Año 5	Año 6	Año 7	Año 8
TOTAL	**0**	**0**	**0**	**0**	**0**	**0**	**0**	**0**

REQUERIMIENTO DE CAPITAL DE TRABAJO

| Periodo de cobro (dias) | | Período del inventario (dias) | | Período de pago (dias) | |

Concepto	Año anterior	Año 1	Año 2	Año 3	Año 4	Año 5	Año 6	Año 7	Año 8
Cuentas por cobrar		0	0	0	0	0	0	0	0
Inventarios		0	0	0	0	0	0	0	0
Cuentas por pagar		0	0	0	0	0	0	0	0
CAPITAL DE TRABAJO NETO	**0**	**0**	**0**	**0**	**0**	**0**	**0**	**0**	**0**
VARIACIONES EN EL CTN	**0**	**0**	**0**	**0**	**0**	**0**	**0**	**0**	**0**

PROYECCIÓN OTROS INGRESOS

Concepto	Año anterior	Año 1	Año 2	Año 3	Año 4	Año 5	Año 6	Año 7	Año 8
TOTAL	**0**	**0**	**0**	**0**	**0**	**0**	**0**	**0**	**0**

ESTADO DE RESULTADOS PROYECTADO
En dolares americanos

Concepto	Año 1	Año 2	Año 3	Año 4	Año 5	Año 6	Año 7	Año 8
Ventas	0	0	0	0	0	0	0	0
(-) Costo de ventas	0	0	0	0	0	0	0	0
Utilidad bruta	0	0	0	0	0	0	0	0
(-) Gastos de operación	0	0	0	0	0	0	0	0
(-) Depreciación	0	0	0	0	0	0	0	0
Utilidad antes de intereses e impuestos	0	0	0	0	0	0	0	0
(-) Intereses	0	0	0	0	0	0	0	0
Utilidad antes de impuestos	0	0	0	0	0	0	0	0
(+) Otros ingresos	0	0	0	0	0	0	0	0
(-) Impuesto a las utilidades	0	0	0	0	0	0	0	0
Utilidad neta	0	0	0	0	0	0	0	0

FLUJO DE CAJA PROYECTADO
En dolares americanos

Concepto	Año 0	Año 1	Año 2	Año 3	Año 4	Año 5	Año 6	Año 7	Año 8
FUENTES									
Ventas		0	0	0	0	0	0	0	0
Otros ingresos		0	0	0	0	0	0	0	0
Préstamo	0								
Otros financiamientos	0								
Aporte propio	0								
TOTAL FUENTES	0	0	0	0	0	0	0	0	0
USOS									
Inversiones fijas	0	0	0	0	0	0	0	0	0
Variaciones en el capital de trabajo	0	0	0	0	0	0	0	0	0
Costo de ventas		0	0	0	0	0	0	0	0
Gastos de operación		0	0	0	0	0	0	0	0
Intereses		0	0	0	0	0	0	0	0
Amortización préstamo		0	0	0	0	0	0	0	0
Amortización otras deudas		0	0	0	0	0	0	0	0
Impuesto a las utilidades		0	0	0	0	0	0	0	0
Dividendos 0%		0	0	0	0	0	0	0	0
TOTAL USOS	0	0	0	0	0	0	0	0	0
EXCEDENTE/DEFICIT	0	0	0	0	0	0	0	0	0
SALDO ACUMULADO	0	0	0	0	0	0	0	0	0

ANALISIS DE ESCENARIOS / ANALISIS DE SENSIBILIDAD

DISMINUCIÓN EN VENTAS:	0%
INCREMENTO EN COSTO DE VENTAS	0%
INCREMENTO EN GASTOS DE OPERACIÓN	0%

FLUJO DE CAJA PROYECTADO (SENSIBILIZADO)
En dolares americanos

Concepto	Año 0	Año 1	Año 2	Año 3	Año 4	Año 5	Año 6	Año 7	Año 8
FUENTES									
Ventas		0	0	0	0	0	0	0	0
Otros ingresos		0	0	0	0	0	0	0	0
Préstamo	0								
Otros financiamientos	0								
Aporte propio	0								
TOTAL FUENTES	0	0	0	0	0	0	0	0	0
USOS									
Inversiones fijas	0	0	0	0	0	0	0	0	0
Variaciones en el capital de trabajo	0	0	0	0	0	0	0	0	0
Costo de ventas		0	0	0	0	0	0	0	0
Gastos de operación		0	0	0	0	0	0	0	0
Intereses		0	0	0	0	0	0	0	0
Amortización préstamo		0	0	0	0	0	0	0	0
Amortización otras deudas		0	0	0	0	0	0	0	0
Impuesto a las utilidades		0	0	0	0	0	0	0	0
Dividendos 0%		0	0	0	0	0	0	0	0
TOTAL USOS	0	0	0	0	0	0	0	0	0
EXCEDENTE/DEFICIT	0	0	0	0	0	0	0	0	0
SALDO ACUMULADO	0	0	0	0	0	0	0	0	0

INSTRUCCIONES PARA ELABORAR
FLUJO DE CAJA PROYECTADO EN BASE A ESTADOS FINANCIEROS

PROYECCIÓN DE INGRESOS Y COSTOS DE VENTA

En el cuadro de proyección de ingresos se debe consignar el volumen de ventas de la anterior gestión, que se obtiene del estado de resultados de la última gestión, luego consignar la tasa de crecimiento en ventas que se considera para los 8 años proyectados, información en base a la cual se calcula los niveles de venta proyectados.

En el cuadro de proyección de costos de venta se debe consignar la relación Costo de ventas / Ventas, que se obtiene del estado de resultados de la ultima gestión, información en base la cual se calcula el costo de ventas de cada año, que como es un costo variable se multiplica el volumen de ventas de cada año por este factor.

En el cuadro de proyección de gastos de operación se debe consignar los gastos de administración y gastos de comercialización de la última gestión, que generalmente son costos fijos, información obtenida del estado de resultados de la última gestión, datos con los cuales se calcula los importes por los años proyectados considerando el incremento de estos por la inflación.

CUADRO DE DEPRECIACION DEL ACTIVO FIJO

En éste cuadro se detalla las depreciaciones del activo fijo existente, dato obtenido del estado de resultados de la última gestión y del activo fijo a ser financiado con el préstamo que se solicita. Para cada ítem se debe consignar el valor del activo fijo, la vida útil estimada y calcular la depreciación de cada año dividiendo el valor del activo entre la vida útil respectiva.

TABLA DE DEPRECIACIÓN

Concepto	Vida util (Años)	%
Edificaciones y construcciones	40	2,5%
Tinglados y cobertizos de metal	10	10,0%
Maquinaria en general	8	12,5%
Maquinaria para la construcción	5	20,0%
Maquinaria agrícola	4	25,0%
Equipos e instalaciones	8	12,5%
Equipos de computación	4	25,0%
Herramientas en general	4	25,0%
Vehículos automotores	5	20,0%
Aviones	5	20,0%
Barcos y lanchas en general	10	10,0%
Muebles y enseres de oficina	10	10,0%
Canales de regadios y pozos de agua	20	5,0%
Alambrados	10	10,0%
Silos, almacenes y galpones	20	5,0%

PLAN DE PAGOS DEL PRESTAMO

Este cuadro es un resumen del plan de pagos general, que se elabora en forma separada.

En el plan de pagos general se debe especificar las condiciones generales del financiamiento, en cuanto al monto del crédito, plazo, período de gracia, servicio de la deuda y tasa de interés.

Existen dos tipos de amortizaciones: Cuota fija a capital y cuota fija a capital e intereses.

PLAN DE PAGOS OTRAS DEUDAS

En éste cuadro se debe indicar las amortizaciones e intereses de otras deudas que tenga el prestatario, es decir la deuda que mantiene en otras entidades financieras.

PLAN DE INVERSIONES

En éste cuadro se debe detallar las inversiones que se proyectan durante el período del crédito, ya sea se trata de renovación del activo fijo o de nuevas inversiones orientadas a incrementar la capacidad instalada de la empresa.

REQUERIMIENTO DE CAPITAL DE TRABAJO

En este cuadro se determina el requerimiento del capital de trabajo, definido éste como la diferencia entre el activo circulante y el pasivo circulante. Se debe calcular los requerimientos en cuentas por cobrar, inventarios y cuentas por pagar en función al periodo de cobro, periodo del inventario y periodo de pago a proveedores que esta definida según las políticas de la empresa, o que se calcula en base a los estados financieros de la empresa.

Estos valores se determinan con las siguientes formulas:

$$\text{Cuentas por cobrar} = \frac{\text{Ventas}}{365} \times \text{Periodo de cobro}$$

$$\text{Inventarios} = \frac{\text{Costo de ventas}}{365} \times \text{Periodo del inventario}$$

$$\text{Cuentas por pagar} = \frac{\text{Costo de ventas}}{365} \times \text{Periodo de pago}$$

OTROS INGRESOS

Se debe consignar los otros ingresos con que cuenta el prestatario, especificando el concepto.

ESTADO DE RESULTADOS PROYECTADO

En base a toda la información anterior se elabora el estado de resultados proyectado donde se detalla los ingresos por ventas, costos y utilidades netas proyectadas.

FLUJO DE CAJA PROYECTADO

El flujo de caja que se presenta es para analizar la capacidad de pago del prestatario. En este formato se detalla la fuentes de ingresos (ventas, otros ingresos, préstamo, otros financiamientos y aporte propio de los socios), como también los usos de los recursos clasificados en inversiones fijas, capital de trabajo, costo de ventas, gastos de operación, intereses, amortización del préstamo, amortización de otras deudas, el impuesto a las utilidades y el monto proyectado de distribución de dividendos según la política establecida por la empresa.

Obtenido el total de fuentes y el total de usos, por diferencia se obtiene el excedente o déficit y a continuación el saldo acumulado.

ANÁLISIS DE ESCENARIOS / ANALISIS DE SENSIBILIDAD

Dependiendo del tipo de actividad se definirá las variables relevantes susceptibles de variación (principales riesgos y contingencias que pueden afectar la situación del prestatario) y realizar análisis de escenarios o análisis de sensibilidad.

Para el análisis de sensibilidad se puede asignar un porcentaje de disminución de las ventas (ya sea por reducción del volumen de ventas o disminución de precios), un porcentaje de incremento en el costo de ventas o un porcentaje de incremento en los gastos de operación. Con estos factores se genera un flujo de caja proyectado que sirve para analizar el grado de sensibilidad de cada variable.

Para el análisis de escenarios se puede considerar conjuntamente distintos valores para las tres variables y generar un nuevo flujo de caja con estos valores.

12 Modelo de evaluación de créditos pymes

En este capítulo expondremos un modelo para la evaluación de créditos solicitados por empresas catalogadas como pequeña y mediana empresa.

Este modelo consta de lo siguiente:

- Modelo de una declaración patrimonial para analizar la situación económica financiera del solicitante del crédito y los garantes.

- Modelo de un informe de evaluación de créditos pymes.

- Modelo de un flujo de caja.

DECLARACION PATRIMONIAL

	Tipo de cambio		
Lugar	Día	Mes	Año

DATOS PERSONALES

Nombre y apellidos: _____   Cédula identidad: _____
Fecha de nacimiento: _____ Lugar: _____ Edad: _____ Estado civil: _____
Dirección domicilio: _____ Email: _____ Teléfono: _____
Lugar de trabajo: _____ Cargo: _____
Dirección oficina: _____ Teléfono oficina: _____
Años de servicio: _____ Profesión: _____ Numero de dependientes: _____
Nombre del cónyuge: _____ Cedula identidad: _____
Fecha de nacimiento: _____ Lugar: _____ Edad: _____
Lugar de trabajo: _____ Cargo: _____
Años de servicio: _____ Profesión: _____

ACTIVO

A) DEPOSITOS EN ENTIDADES FINANCIERAS (Cta.Cte, Caja de ahorros, D.P.F.)   Moneda $us

Nombre de la entidad	Tipo de depósito	Número de cuenta	Saldo
		TOTAL	0,00

B) ACCIONES Y BONOS

Cantidad	Nombre de la empresa	% Participación	Valor nominal	Valor
			TOTAL	0,00

C) CUENTAS Y DOCUMENTOS POR COBRAR

Nombre o razón social del deudor	Tipo de documento	Saldo
	TOTAL	0,00

D) INMUEBLES URBANOS Y RURALES

Descripción y ubicación	Extensión superficial	Registro de propiedad			Valor
		Part. Comp.	Fojas / Partida	Fecha	
				TOTAL	0,00

E) VEHICULOS

Tipo de vehículo / marca / modelo / año	Placa	Registro prop.	Fecha	Valor
			TOTAL	0,00

F) MAQUINARIA Y EQUIPO

Cantidad	Tipo de maquinaria / modelo / año	Valor
	TOTAL	0,00

G) SEMOVIENTE GANADO

Cantidad	Tipo de ganado	Precio unitario	Valor
		TOTAL	0,00

H) CULTIVOS AGRICOLAS

Número de hectareas	Tipo de cultivo	Valor
	TOTAL	0,00

I) INVENTARIO DE MERCADERIA, MUEBLES Y OTROS BIENES

Cantidad	Descripción	Valor
	TOTAL	0,00

PASIVO

J) PRESTAMOS DE ENTIDADES FINANCIERAS

Nombre de la entidad financiera	Vencimiento	Saldo
CORTO PLAZO (HASTA 1 AÑO)		
LARGO PLAZO (MAS DE 1 AÑO)		
	TOTAL	0,00

K) CUENTAS POR PAGAR

Nombre o razón social del acreedor	Tipo de documento	Vencimiento	Saldo
		TOTAL	0,00

INGRESOS MENSUALES / GASTOS MENSUALES

Concepto	Monto	Concepto	Monto
Sueldo		Alimentación	
Honorarios profesionales		Gastos médicos	
Dividendos percibidos por inversiones		Educación	
Utilidades netas por negocios propios		Vestimenta	
Ingresos por alquileres		Teléfono	
Ingresos por intereses		Energia eléctrica	
Sueldo o ingresos del cónyuge		Agua	
Otros ingresos (Especificar)		Gas	
		Internet	
		Televisión por cable	
		Transporte	
		Recreación	
		Alquiler vivienda	
		Mantenimiento vehículos e inmuebles	
		Impuestos	
		Pensiones a terceras personas	
		Amortización préstamos	
		Intereses por préstamos	
		Otros gastos	
TOTAL INGRESOS	**0,00**	**TOTAL GASTOS**	**0,00**

EXCEDENTE (DEFICIT)	0,00

El (los) suscribiente(s) declara(n) que los datos consignados en la presente Declaración Patrimonial, son fidedignos y representan la real situación económica financiera que tiene(n) al presente, autorizado en forma expresa a la ENTIDAD FINANCIERA, a verificar en cualquier momento y por los medios que considere más adecuada, la veracidad de los datos declarados.

_____   _____
Firma del declarante   **Firma del cónyuge**

**INSTRUCCIONES PARA EL LLENADO DE LA
DECLARACIÓN PATRIMONIAL**

DATOS PERSONALES

Nombre y apellidos: Indicar el nombre completo y apellidos paterno y materno del declarante, en ese orden.

Cédula de identidad: Indicar el número de la cédula de identidad y el lugar donde fue emitido.

Fecha de nacimiento: Indicar el día, mes y año de la fecha de nacimiento.

Lugar: Especificar el lugar de nacimiento.

Edad: Indicar la edad actual.

Estado civil: Especificar el estado civil (soltero, casado, viudo, divorciado).

Dirección / EMail / Teléfono: Indicar la dirección del domicilio, correo electrónico y teléfono del declarante.

Lugar de trabajo / Cargo: Señalar la empresa donde trabaja el declarante y el cargo que desempeña.

Dirección oficina / Teléfono: Indicar la dirección y teléfono del lugar de trabajo.

Años de servicio: Señalar los años de antigüedad en la empresa donde trabaja.

Profesión: Indicar la profesión u ocupación que tiene.

Número de dependientes: Señalar el número de personas que dependen económicamente del declarante.

Nombre del cónyuge: Indicar el nombre completo y apellidos del cónyuge del declarante.

Cédula de identidad: Indicar el número de la cédula de identidad del cónyuge y lugar donde fue emitido.

Fecha de nacimiento: Indicar el día, mes y año de la fecha de nacimiento del cónyuge.

Lugar: Especificar el lugar de nacimiento.

Edad: Indicar la edad actual del cónyuge.

Lugar de trabajo / Cargo: Señalar la empresa donde trabaja el cónyuge y el cargo que desempeña.

Años de servicio: Señalar los años de antigüedad en la empresa donde trabaja el cónyuge.

Profesión: Indicar la profesión u ocupación que tiene el cónyuge

---

SITUACION FINANCIERA

Es esta parte se detalla el activo (bienes y derechos que posee), el pasivo (deudas y obligaciones financieras contraídas) y el patrimonio neto (diferencia entre el total del activo y el total del pasivo).

ACTIVO

Activo son los bienes o derechos que posee el declarante.

Depósitos en entidades financieras: Son depósitos que mantienen en entidades del sistema financiero nacional, bajo alguna modalidad. Se debe indicar el nombre de la entidad, el tipo de depósito (cuentas corrientes, caja de ahorros, depósito a plazo fijo), número de la cuenta y el saldo que mantiene a la fecha.

Acciones y bonos: Son acciones, bonos y participaciones que tienen en empresas industriales, comerciales, de servicios o financieras, sean públicas o privadas. Se debe indicar la cantidad de títulos valores que poseen, el nombre de empresa, su porcentaje de participación, el valor unitario nominal y el valor total de mercado.

Cuentas y documentos por cobrar: Son cuentas y documentos por cobrar a personas o empresas respaldadas con documentación. Se debe especificar el nombre y apellidos o razón social del deudor, el tipo de documento que lo respalda y el monto adeudado.

Inmuebles urbanos y rurales: Son bienes inmuebles urbanos y rurales de propiedad del declarante. Se debe indicar el tipo de inmueble, su ubicación, extensión superficial y el registro que tiene en derechos reales (número partida computarizada o número de fojas y partida y la fecha de inscripción). En la casilla del valor se debe indicar el valor de mercado del inmueble.

Vehículos: Son vehículos de propiedad del declarante. Se debe especificar el tipo de vehículo (automóvil, vagoneta, jeep, camioneta, camión, microbús), la marca, modelo y año de fabricación. En las columnas siguientes indicar el número de la placa, el número del carnet de propiedad, la fecha del carnet de propiedad y su valor estimado.

Maquinaria y equipo: Son maquinaria y equipo de propiedad del declarante. Se debe efectuar un detalle indicando la cantidad que posee, la descripción de la maquinaria o equipo, el modelo, año de fabricación y el valor actual correspondiente.

Semoviente ganado: Es el ganado vacuno, lechero, porcino o aves en crianza (pollos parrilleros, aves ponedoras, aves reproductoras, etc.) con fines de explotación o de venta. Se debe indicar la cantidad que posee, el tipo de ganado, el precio unitario y el valor total.

Cultivos agrícolas: Son los cultivos agrícolas que están en desarrollo. Se debe especificar la superficie cultivada (en hectáreas), el tipo o clase de cultivo y el valor estimado del cultivo.

Mercadería, muebles y otros bienes: Son los activos realizables con que cuenta el declarante relacionados con sus actividades, muebles, enseres y otros bienes. Se debe indicar la cantidad que posee de mercadería, productos terminados, productos industriales en proceso de fabricación, materia prima, semillas, fertilizantes y otros insumos, indicando el valor actual estimado. De tratarse de varios productos se debe adjuntar un inventario valorado.

PASIVO

Son el conjunto de deudas y obligaciones financieras del declarante y cónyuge.

Prestamos en entidades financieras: Son préstamos contraídos de entidades del sistema financiero nacional. Se debe clasificar estas deudas en corto y largo plazo, según sean pactadas a un año plazo o más de un año respectivamente. El desglose de estas obligaciones se debe efectuar indicando el nombre de la institución financiera, la fecha final de vencimiento y el saldo actual.

Cuentas por pagar: Son deudas contraídas por el declarante y su cónyuge de empresas o personas particulares. Se debe indicar el nombre o razón social del acreedor, el tipo de documento, la fecha final de vencimiento y el saldo actual.

SITUACION ECONOMICA

Es un estado de ingresos y gastos del solicitante y cónyuge del último mes.

Ingresos mensuales

Indicar los ingresos mensuales que percibe el declarante, especificando si es sueldo como dependiente (asalariado), honorarios profesionales, dividendos percibidos por inversiones, utilidades netas por negocios propios, ingresos por alquileres, ingresos por intereses. Se debe consignar también el sueldo o ingreso que percibe el cónyuge y especificar si tiene otros ingresos, diferentes a los detallados anteriormente.

Gastos mensuales

Detallar los gastos familiares incurridos en el último mes.

Excedente / Déficit

Consignar el excedente neto o ahorro mensual del declarante, importe obtenido por la diferencia entre el total de ingresos y el total de gastos.

REQUISITO GENERAL

El formulario debe estar firmado necesariamente por el declarante y el cónyuge, adjuntando fotocopia de las cédulas de identidad y la documentación de respaldo respectiva.

INFORME DE EVALUACION DE CREDITOS PYMES

	0	0	0
	Dia	Mes	Año

1. TERMINOS Y CONDICIONES

Nombre prestatario: 0

Tipo de operación	Monto $us	Plazo (Años)	Servicio de la deuda	Tasa de interés	Destino del crédito

Garantia ofrecida	Hipotecaria inmueble	Prendaria maquinaria	Prendaria vehículo	Warrant	Bancaria	Personal
	Total avalúo comercial		0,00	Total avalúo hipotecario		0,00

2. ANTECEDENTES

Actividad
Experiencia

Sector económico	Agropecuario	Industria	Comercio	Servicios	Transporte	Construcción
Tipo de sociedad	Unipersonal	Soc.colectiva	S.R.L.			

Socios y participación	Nombre y apellidos		Monto (US$)	% Participación

Represente legal: 0
Relación con la entidad

Tipo de operación	Fecha de desembolso	Monto Original	Saldo actual	Estado del crédito	Plazo	Dias de mora acumulada	Calificación crédito

Informes confidenciales

3. ASPECTOS DEL MERCADO

3.1. Análisis del sector

3.2. Descripción del mercado

3.3. Condiciones del mercado

Mercado en que realiza las ventas	Local		Departamental		Nacional		Exportación	

Participación de mercado

Modalidad de ventas	Al contado	%	A crédito	%	Periodo promedio de cobro (Dias)	

Principales clientes

Precios

Competencia

4. INVERSIONES Y FINANCIAMIENTO

PLAN DE INVERSIONES Y ESTRUCTURA DEL FINANCIAMIENTO
En dolares americanos

Concepto	Cantidad	Precio unitario	Monto total	Fuentes de financiamiento		
				Crédito	Aporte propio	Otros financ.
A. CAPITAL DE INVERSIONES						
			0,00			
			0,00			
			0,00			
			0,00			
			0,00			
SUB TOTAL			0,00	0,00	0,00	0,00
B. CAPITAL DE OPERACIONES						
			0,00			
			0,00			
			0,00			
			0,00			
			0,00			
SUB TOTAL			0,00	0,00	0,00	0,00
TOTAL			0,00	0,00	0,00	0,00
PORCENTAJE			100,00%	0,00%	0,00%	0,00%

CRONOGRAMA DE DESEMBOLSOS

Fecha						
Monto						

5. ASPECTOS ECONOMICO FINANCIEROS

5.1. SITUACIÓN FINANCIERA

Activo	Monto	Pasivo	Monto
ACTIVO CIRCULANTE	0,00	**PASIVO CIRCULANTE**	0,00
Efectivo	0,00	Deuda en entidades financieras	0,00
Depósitos en entidades financieras	0,00	Cuentas por pagar	0,00
Cuentas y documentos por cobrar	0,00		
Semoviente - Ganado	0,00	**PASIVO LARGO PLAZO**	0,00
Cultivos agrícolas	0,00	Deuda en entidades financieras	0,00
Inventario de mercadería y otros bienes	0,00	Cuentas por pagar	0,00
ACTIVO FIJO DE LA EMPRESA	0,00		
Inmuebles	0,00		
Vehículos	0,00		
Maquinaria y equipo	0,00		
Semoviente - Ganado	0,00		
Cultivos agrícolas	0,00		
ACTIVO FIJO FAMILIAR Y OTROS ACTIVOS	0,00		
Inmuebles y vehículos	0,00		
Acciones y bonos	0,00		
TOTAL ACTIVO	0,00	**TOTAL PASIVO**	0,00
PATRIMONIO NETO	0,00		

5.2. SITUACION ECONOMICA

Estado de resultados (ultimo año)	Monto
Ingreso bruto por ventas	0,00
(-) Costo de ventas	0,00
Utilidad bruta	0,00
(-) Gastos de operación	0,00
Utilidad operativa	0,00
(+) Otros ingresos	0,00
Utilidad neta	0,00

5.3. INDICADORES FINANCIEROS

INDICADORES DE LIQUIDEZ, ENDEUDAMIENTO Y RENTABILIDAD		INDICADORES DE EFICIENCIA	
Razón circulante	0,00	Rotación de inventarios	0,00
Prueba ácida	0,00	Período del inventario (dias)	0
Razón deuda patrimonio	0,00	Rotación de cuentas por cobrar	0,00
Razón deuda activos	0,00	Período de cobro (días)	0
Margen de utilidad bruta	0,00%	Rotación de cuentas por pagar	0,00
Margen de utilidad neta	0,00%	Período de pago (días)	0
Rendimiento sobre los activos (ROA)	0,00%	Ciclo operativo	0
Rendimiento sobre el capital (ROE)	0,00%	Ciclo de efectivo	0

5.4. ENDEUDAMIENTO

5.4.1. DEUDA CON LA ENTIDAD

Tipo de operación	Monto original	Saldo actual	Fecha de vencimiento
Total			

5.4.2. DEUDA EN EL SISTEMA FINANCIERO

Institución	Vigente	Vencido	Ejecución	Contingente	Indirecta
Total	0,00	0,00	0,00	0,00	0,00

5.4.3. DEUDA COMERCIAL

Nombre o razón social acreedor	Monto	Fecha contratación	Fecha vencimiento
0	0,00		
0	0,00		
0	0,00		
TOTAL			

6. GARANTIA

6.1. GARANTIAS REALES	Avaluo comercial	Avaluo hipotecario	Grado de realización
TOTAL AVALUO	0,00	0,00	
RELACION GARANTIA / DEUDA TOTAL	0,00	0,00	

6.2. GARANTIAS PERSONALES	Patrimonio neto

7. CONCLUSIONES Y RECOMENDACIONES

_____
Firma del analista de crédito

INSTRUCCIONES PARA EL LLENADO DEL
INFORME DE EVALUACIÓN DE CRÉDITOS PYMES

1. TERMINOS Y CONDICIONES

En esta sección se debe indicar las condiciones generales de la operación.

Nombre prestatario	:	Indicar los nombres y apellidos o la razón social del solicitante de crédito.
Tipo de operación	:	Indicar el tipo de operación de crédito, es decir si es línea de crédito, préstamo, descuento de letra de cambio, factoring, leasing, carta de crédito, boleta de garantía o aval.
Monto	:	Indicar el monto de la(s) operación(es) de crédito.
Plazo	:	Señalar el plazo del crédito, expresado en años.
Tipo de amortización	:	Señalar el tipo de amortización de la operación, según sea anual, semestral, cuatrimestral, trimestral, bimestral, mensual o variable.
Tasa de interés	:	Señalar la tasa de interés anual a aplicarse a la operación.
Destino del crédito	:	Indicar en forma resumida cual será el destino del crédito.
Garantía ofrecida	:	Marcar con una **X** las garantías que correspondan, puede marcarse mas de una garantía. El detalle de las garantías se indica en la parte 9 de este informe.
Avalúo comercial	:	Indicar el valor comercial del total de las garantías.
Avalúo hipotecario	:	Indicar el valor hipotecario del total de las garantías.

2. ANTECEDENTES

En esta parte se debe hacer referencia a todos los antecedentes del solicitante de crédito.

Actividad	:	Describir la(s) actividad(es) a las que se dedica el prestatario, en forma clara y concreta.
Experiencia		Señalar los años de experiencia en la actividad principal del cliente.
Sector económico	:	Marcar con una **X** al sector al que pertenece. Solo debe marcarse un sector. En caso de corresponder a más de un sector, indicar el más importante.
Tipo de sociedad	:	Marcar con una **X** el tipo de sociedad, según sea unipersonal, sociedad colectiva, sociedad de responsabilidad limitada o sociedad anónima.
Socios y participación	:	Indicar el nombre y apellidos de los socios principales, anotando el monto que le corresponde a cada uno de ellos y el porcentaje de participación que dicho monto representa en el capital social.
Representante legal	:	Anotar el nombre completo del representante legal de la sociedad, el cual debe estar respaldado con el poder correspondiente.
Relación con la entidad	:	Anotar la información de todas las operaciones de crédito que el solicitante tuvo con la entidad antes de la solicitud de crédito, especificando para cada una de ellas el tipo de operación, la fecha de desembolso, el monto original, el saldo actual, el estado de la operación (vigente, vencido, ejecución, cancelado), el plazo original, los días de mora acumulados y la calificación del crédito.
Informes confidenciales	:	Indicar en forma resumida y clara la información confidencial obtenida del cliente de las centrales de riesgos.

3. ASPECTOS DEL MERCADO

En esta sección se debe indicar aspectos sobre el mercado del solicitante de crédito.

3.1. Análisis del sector : Se debe efectuar una análisis de la situación actual y perspectivas del sector al que pertenece el prestatario.

3.2. Descripción del mercado : Se debe efectuar una descripción del mercado donde se desenvuelve o desenvolverá el prestatario, especificando aspectos de la oferta, demanda, precio y comercialización.

3.3. Condiciones del mercado

Mercado en que realiza ventas : Indicar el mercado donde realiza las ventas, según sea local, departamental, nacional o exportación.

Participación de mercado : Indicar la participación que tiene el prestatario en el mercado local, departamental y nacional.

Modalidad de ventas : Indicar los porcentajes de ventas a crédito y al contado y el plazo promedio de las ventas a crédito.

Principales clientes : Señalar nombres y apellidos o razón social de sus principales clientes.

Precios : Indicar el comportamiento histórico de los precios que produce o vende el prestatario.

Competencia : Indicar el grado de competencia que tiene el solicitante, especificando si es alta, media o baja, con un breve comentario.

4. INVERSIONES Y FINANCIAMIENTO

Sección destinada a especificar cuál será el destino del crédito, clasificando en capital de inversiones o capital de operaciones.

Se debe hacer un detalle de las inversiones a realizar, especificando la unidad, cantidad, precio unitario y el monto total. Se debe considerar sólo las nuevas inversiones y no las inversiones existentes.

El monto total se obtiene multiplicando la cantidad por el precio unitario.

Para cada uno de los ítems se debe indicar la fuente de financiamiento, es decir, si será financiado con crédito, aporte propio u otros financiamientos.

Para cada categoría (capital de inversiones o capital de operaciones) se debe determinar los subtotales, tanto del monto de la inversión como de las fuentes de financiamiento, así como los totales generales. Del mismo modo se debe determinar los porcentajes de la estructura del financiamiento, es decir que porcentaje será financiado con el crédito, con recursos del prestatario u otras fuentes de financiamiento.

En el plan de desembolsos se señalará las fechas estimadas de desembolsos con los montos respectivos. El desembolso puede ser total o parcial, de acuerdo al destino del crédito.

5. ASPECTOS ECONÓMICOS FINANCIEROS

5.1. Situación financiera

En esta parte se presenta un resumen de la situación financiera del solicitante, cuadro llenado en base a la información consignada en la declaración patrimonial, donde se especifica el total del activo circulante, el activo fijo de la empresa, el activo fijo familiar y otros activos del solicitante, así como su pasivo a corto, pasivo a largo plazo y patrimonio neto.

5.2. Situación económica

En esta parte se resume los ingresos y gastos del solicitante del último año.

5.3. Indicadores financieros

En base a la información de la situación financiera y económica del solicitante, resumidos en los dos cuadros anteriores se debe calcular los índices de liquidez, endeudamiento, eficiencia y rentabilidad.

5.4. Endeudamiento

En esta sección se debe indicar en detalle el endeudamiento del solicitante de crédito.

5.4.1. Deuda con la entidad

Se debe indicar el endeudamiento actual del cliente con la entidad, especificando el tipo de operación, el monto original, el saldo actual y la fecha final de vencimiento.

5.4.2. Deuda en el sistema financiero

Se debe indicar el endeudamiento del solicitante en el sistema financiero, información obtenida de las centrales de riesgos, especificando si el crédito esta vigente, vencido, en ejecución o si es un operación contingente o deuda indirecta.

5.4.3. Deuda comercial

Se debe detallar la deuda que tiene el solicitante con empresas o particulares, especificando el nombre o razón social del acreedor, el monto adeudado, la fecha de contratación de la deuda y la fecha final de vencimiento.

6. GARANTÍAS

6.1. Garantías reales

En esta sección se debe detallar el tipo de garantías reales que presenta el solicitante, especificando si es hipotecaria o prendaria.

De cada garantía se indicará el valor comercial, el valor hipotecario y el grado de realización según avalúo efectuado por peritos inscritos en el registro de avaluadores de la entidad.

Se debe determinar el total del avalúo comercial, el total del avalúo hipotecario y calcular la relación de garantías respecto al endeudamiento total del cliente, previa adición de la deuda con cargo a esta garantía

6.2. Garantías personales

Indicar nombres y apellidos de los garantes personales, señalando el patrimonio neto con que cuenta, según la declaración patrimonial.

6.3. Relación garantía / deuda total

Indicar la relación del total de la garantía con avalúo comercial e hipotecario con respecto al total de la deuda del solicitante con la institución.

7. CONCLUSIONES Y RECOMENDACIONES

En esta parte el analista de créditos debe indicar las conclusiones de la evaluación conjunta de todos los aspectos de la solicitud de crédito, señalando los aspectos en los que se basa para recomendar la aprobación o rechazo de la solicitud de crédito.

FLUJO DE CAJA Y SUPUESTOS ADOPTADOS

	0	0	0
En dólares americanos	Día	Mes	Año

Prestatario:	0
Actividad:	0

INGRESOS Y COSTOS DE VENTA (primer año)

Producto	Unidad	Cantidad mensual	Precio de venta unitario	Costo de venta unitario	Margen de utilidad bruta	Ingreso bruto mensual	Costo de venta mensual	Ingreso bruto anual	Costo de ventas anual	Utilidad bruta anual
					0,00%	0	0	0	0	0
					0,00%	0	0	0	0	0
					0,00%	0	0	0	0	0
					0,00%	0	0	0	0	0
					0,00%	0	0	0	0	0
					0,00%	0	0	0	0	0
					0,00%	0	0	0	0	0

PROGRAMA DE PRODUCCIÓN O DE VENTAS

Producto	Tasa crec. anual	Año 1		Año 2		Año 3		Año 4		Año 5	
		1° Sem.	2° Sem.	1° Sem.	2° Sem.	1° Sem.	2° Sem.	1° Sem.	2° Sem.	1° Sem.	2° Sem.
0	0,0%	0	0	0	0	0	0	0	0	0	0
0	0,0%	0	0	0	0	0	0	0	0	0	0
0	0,0%	0	0	0	0	0	0	0	0	0	0
0	0,0%	0	0	0	0	0	0	0	0	0	0
0	0,0%	0	0	0	0	0	0	0	0	0	0
0	0,0%	0	0	0	0	0	0	0	0	0	0

OTROS INGRESOS

Concepto	Año 1		Año 2		Año 3		Año 4		Año 5	
	1° Sem.	2° Sem.	1° Sem.	2° Sem.	1° Sem.	2° Sem.	1° Sem.	2° Sem.	1° Sem.	2° Sem.
Sueldo o ingresos conyuge	0	0	0	0	0	0	0	0	0	0
Otros	0	0	0	0	0	0	0	0	0	0
TOTAL OTROS INGRESOS	**0**	**0**	**0**	**0**	**0**	**0**	**0**	**0**	**0**	**0**

GASTOS DE OPERACIÓN

Concepto	Año 1		Año 2		Año 3		Año 4		Año 5	
	1° Sem.	2° Sem.	1° Sem.	2° Sem.	1° Sem.	2° Sem.	1° Sem.	2° Sem.	1° Sem.	2° Sem.
GASTOS DE ADMINISTRACIÓN										
Sueldos y salarios										
Gastos generales										
Seguros										
GASTOS DE COMERCIALIZACIÓN										
Sueldos y salarios										
Comisiones sobre ventas										
Publicidad y promoción										
TOTAL	**0**	**0**	**0**	**0**	**0**	**0**	**0**	**0**	**0**	**0**

PLAN DE PAGOS DEL PRESTAMO

Concepto	Año 1		Año 2		Año 3		Año 4		Año 5	
	1° Sem.	2° Sem.	1° Sem.	2° Sem.	1° Sem.	2° Sem.	1° Sem.	2° Sem.	1° Sem.	2° Sem.
Saldo préstamo	0	0	0	0	0	0	0	0	0	0
Amortización	0	0	0	0	0	0	0	0	0	0
Intereses	0	0	0	0	0	0	0	0	0	0

PLAN DE PAGOS OTRAS DEUDAS

Concepto	Año 1		Año 2		Año 3		Año 4		Año 5	
	1° Sem.	2° Sem.	1° Sem.	2° Sem.	1° Sem.	2° Sem.	1° Sem.	2° Sem.	1° Sem.	2° Sem.
Saldo deuda		0	0	0	0	0	0	0	0	0
Amortización										
Intereses Tasa interes:	0	0	0	0	0	0	0	0	0	0

PLAN DE INVERSIONES

Concepto	Año 1		Año 2		Año 3		Año 4		Año 5	
	1° Sem.	2° Sem.	1° Sem.	2° Sem.	1° Sem.	2° Sem.	1° Sem.	2° Sem.	1° Sem.	2° Sem.
TOTAL	**0**	**0**	**0**	**0**	**0**	**0**	**0**	**0**	**0**	**0**

REQUERIMIENTO DE CAPITAL DE TRABAJO

Período de cobro (dias) [ ]   Período del inventario (dias) [ ]   Período de pago (dias) [ ]

Concepto	Año 0	Año 1		Año 2		Año 3		Año 4		Año 5	
		1° Sem.	2° Sem.	1° Sem.	2° Sem.	1° Sem.	2° Sem.	1° Sem.	2° Sem.	1° Sem.	2° Sem.
Cuentas por cobrar	0	0	0	0	0	0	0	0	0	0	0
Inventarios	0	0	0	0	0	0	0	0	0	0	0
Cuentas por pagar	0	0	0	0	0	0	0	0	0	0	0
CAPITAL DE TRABAJO NETO	**0**	**0**	**0**	**0**	**0**	**0**	**0**	**0**	**0**	**0**	**0**
VARIACIONES EN EL CTN	**0**	**0**	**0**	**0**	**0**	**0**	**0**	**0**	**0**	**0**	**0**

CUADRO DE DEPRECIACION DEL ACTIVO FIJO

Detalle	Valor Activo fijo	Vida util (Años)	Año 1		Año 2		Año 3		Año 4		Año 5	
			1° Sem.	2° Sem.	1° Sem.	2° Sem.	1° Sem.	2° Sem.	1° Sem.	2° Sem.	1° Sem.	2° Sem.
Construcciones	0		0	0	0	0	0	0	0	0	0	0
Maquinaria, equipo	0		0	0	0	0	0	0	0	0	0	0
Vahículos	0		0	0	0	0	0	0	0	0	0	0
0	0		0	0	0	0	0	0	0	0	0	0
0	0		0	0	0	0	0	0	0	0	0	0
0	0		0	0	0	0	0	0	0	0	0	0
0	0		0	0	0	0	0	0	0	0	0	0
0	0		0	0	0	0	0	0	0	0	0	0
TOTAL	**0**		**0**	**0**	**0**	**0**	**0**	**0**	**0**	**0**	**0**	**0**

ESTADO DE RESULTADOS PROYECTADO
En dolares americanos

Concepto	Año 1		Año 2		Año 3		Año 4		Año 5	
	1° Sem.	2° Sem.	1° Sem.	2° Sem.	1° Sem.	2° Sem.	1° Sem.	2° Sem.	1° Sem.	2° Sem.
Ventas brutas	0	0	0	0	0	0	0	0	0	0
(-) IVA - Débito fiscal	0	0	0	0	0	0	0	0	0	0
(+) IVA - Crédito fiscal										
Ventas netas	0	0	0	0	0	0	0	0	0	0
(-) Costo de ventas	0	0	0	0	0	0	0	0	0	0
Utilidad bruta	0	0	0	0	0	0	0	0	0	0
(-) Gastos de operación	0	0	0	0	0	0	0	0	0	0
(-) Depreciación	0	0	0	0	0	0	0	0	0	0
(-) Impuesto a las transacciones	0	0	0	0	0	0	0	0	0	0
Utilidad operativa	0	0	0	0	0	0	0	0	0	0
(-) Intereses	0	0	0	0	0	0	0	0	0	0
Utilidad antes de impuestos	0	0	0	0	0	0	0	0	0	0
(+) Otros ingresos	0	0	0	0	0	0	0	0	0	0
(-) Impuesto a las utilidades	0	0	0	0	0	0	0	0	0	0
Utilidad neta	0	0	0	0	0	0	0	0	0	0

FLUJO DE CAJA PROYECTADO
En dolares americanos

CONCEPTO	Año 0	Año 1		Año 2		Año 3		Año 4		Año 5	
		1° Sem.	2° Sem.	1° Sem.	2° Sem.	1° Sem.	2° Sem.	1° Sem.	2° Sem.	1° Sem.	2° Sem.
FUENTES											
Ventas netas		0	0	0	0	0	0	0	0	0	0
Otros ingresos		0	0	0	0	0	0	0	0	0	0
Préstamo	0										
Otros financiamientos	0										
Aporte propio	0										
TOTAL FUENTES	0	0	0	0	0	0	0	0	0	0	0
USOS											
Inversiones fijas	0	0	0	0	0	0	0	0	0	0	0
Capital de trabajo	0	0	0	0	0	0	0	0	0	0	0
Costo de ventas		0	0	0	0	0	0	0	0	0	0
Gastos de operación		0	0	0	0	0	0	0	0	0	0
Impuesto a las transacciones		0	0	0	0	0	0	0	0	0	0
Intereses		0	0	0	0	0	0	0	0	0	0
Amortización préstamo		0	0	0	0	0	0	0	0	0	0
Amortización otras deudas		0	0	0	0	0	0	0	0	0	0
Impuesto a las utilidades		0	0	0	0	0	0	0	0	0	0
Dividendos 0%		0	0	0	0	0	0	0	0	0	0
TOTAL USOS	0	0	0	0	0	0	0	0	0	0	0
EXCEDENTE/DEFICIT	0	0	0	0	0	0	0	0	0	0	0
SALDO ACUMULADO	0	0	0	0	0	0	0	0	0	0	0

ANALISIS DE ESCENARIOS / ANALISIS DE SENSIBILIDAD

Producto	Cantidad Anual	Precio de venta	Costo unitario	Ingreso bruto	Costo total	SENSIBILIZACIÓN (%)			AJUSTE POR SENSIBIL	
						Reducción volumen producción	Disminución precio de venta	Incremento costos	Ingreso bruto sensibil.	Costo total sensibil.
0		0	0,00	0,00	0	0				0	0
0		0	0,00	0,00	0	0				0	0
0		0	0,00	0,00	0	0				0	0
0		0	0,00	0,00	0	0				0	0
0		0	0,00	0,00	0	0				0	0
0		0	0,00	0,00	0	0				0	0
					0	0				0	0

SENSIBILIZACIÓN INGRESOS   0,00%
SENSIBILIZACION COSTOS   0,00%

FLUJO DE CAJA PROYECTADO (SENSIBILIZADO)
En dolares americanos

Concepto	Año 0	Año 1		Año 2		Año 3		Año 4		Año 5	
		1° Sem.	2° Sem.	1° Sem.	2° Sem.	1° Sem.	2° Sem.	1° Sem.	2° Sem.	1° Sem.	2° Sem.
FUENTES											
Ventas netas		0	0	0	0	0	0	0	0	0	0
Otros ingresos		0	0	0	0	0	0	0	0	0	0
Préstamo	0	0	0	0	0	0	0	0	0	0	0
Otros financiamientos	0	0	0	0	0	0	0	0	0	0	0
Aporte propio	0	0	0	0	0	0	0	0	0	0	0
TOTAL FUENTES	0	0	0	0	0	0	0	0	0	0	0
USOS											
Inversiones fijas	0	0	0	0	0	0	0	0	0	0	0
Capital de trabajo	0	0	0	0	0	0	0	0	0	0	0
Costo de ventas		0	0	0	0	0	0	0	0	0	0
Gastos de operación		0	0	0	0	0	0	0	0	0	0
Impuesto a las transacciones		0	0	0	0	0	0	0	0	0	0
Intereses		0	0	0	0	0	0	0	0	0	0
Amortización préstamo		0	0	0	0	0	0	0	0	0	0
Amortización otras deudas		0	0	0	0	0	0	0	0	0	0
Impuesto a las utilidades		0	0	0	0	0	0	0	0	0	0
Dividendos 0%		0	0	0	0	0	0	0	0	0	0
TOTAL USOS	0	0	0	0	0	0	0	0	0	0	0
EXCEDENTE/DEFICIT	0	0	0	0	0	0	0	0	0	0	0
SALDO ACUMULADO	0	0	0	0	0	0	0	0	0	0	0

HOJAS DE COSTO

En dólares americanos

	0	0	0
	Dia	Mes	Año

PRESTATARIO: 0

Producto: 0   Cantidad considerada:

Concepto	Unidad	Cantidad	Costo unitario	Total
			Costo total	0,00
			Costo unitario	0,0000

Producto: 0   Cantidad considerada:

Concepto	Unidad	Cantidad	Costo unitario	Total
			Costo total	0,00
			Costo unitario	0,0000

Producto: 0   Cantidad considerada:

Concepto	Unidad	Cantidad	Costo unitario	Total
			Costo total	0,00
			Costo unitario	0,0000

Producto: 0   Cantidad considerada:

Concepto	Unidad	Cantidad	Costo unitario	Total
			Costo total	0,00
			Costo unitario	0,0000

Producto: 0   Cantidad considerada:

Concepto	Unidad	Cantidad	Costo unitario	Total
			Costo total	0,00
			Costo unitario	0,0000

Producto: 0   Cantidad considerada:

Concepto	Unidad	Cantidad	Costo unitario	Total
			Costo total	0,00
			Costo unitario	0,0000

INSTRUCCIONES PARA ELABORAR EL
FLUJO DE CAJA PROYECTADO

INGRESOS Y COSTOS DE VENTA

En éste cuadro se introduce información referente a la actividad principal del prestatario, detallando los productos que vende e indicando para cada producto la unidad, cantidad mensual, precio de venta unitario, costo de venta unitario y el margen de utilidad bruta, información en base a la cual se obtiene el total las ventas mensuales, el costo de ventas mensual, el ingreso bruto anual por ventas, el costo de ventas anual y la utilidad bruta anual. Los costos de producción unitarios deben estar respaldados por hojas de costos.

Este detalle se realiza si el prestatario tiene hasta 6 productos. Si tiene más de 6 productos se consigna el volumen de ventas en valores monetarios, consignando en esta caso el valor de 1 en el precio de venta unitario y (1 – margen de utilidad bruta) en la parte correspondiente al costo de ventas unitario.

PROGRAMA DE PRODUCCIÓN O DE VENTAS

Se debe indicar las proyecciones de las cantidades de cada producto o conjunto de productos por semestre, en las mismas unidades indicadas en el cuadro anterior, consignando la tasa de crecimiento prevista.

OTROS INGRESOS

Se debe consignar los otros ingresos con que cuenta el prestatario, especificando el concepto.

GASTOS DE OPERACIÓN

Se debe detallar los gastos de administración y comercialización, especificando si se trata de sueldos y salarios, gastos generales, seguros, comisiones sobre ventas y gastos en publicidad y promoción.

PLAN DE PAGOS DEL PRESTAMO

Este cuadro es un resumen del plan de pagos general, que se llena en forma separada.

En el plan de pagos general se debe especificar las condiciones generales del financiamiento, en cuanto al monto del crédito, plazo, período de gracia, servicio de la deuda y tasa de interés.

Existen dos tipos de amortizaciones: Cuota fija a capital y cuota fija a capital e intereses.

PLAN DE PAGOS OTRAS DEUDAS

En éste cuadro se indicará las amortizaciones e intereses de otras deudas que tenga el prestatario, es decir la deuda que mantiene en otras instituciones financieras.

PLAN DE INVERSIONES

En éste cuadro se debe detallar las inversiones que se proyectan durante el período del crédito, ya sea se trata de renovación del activo fijo o de nuevas inversiones orientadas a incrementar la capacidad instalada de la empresa.

REQUERIMIENTO DE CAPITAL DE TRABAJO

En este cuadro se determina el requerimiento del capital de trabajo, definido éste como la diferencia entre el activo circulante y el pasivo circulante. Se debe calcular los requerimientos en cuentas por cobrar, inventarios y cuentas por pagar en función al periodo de cobro, periodo del inventario y periodo de pago a proveedores que esta definida según las políticas de la empresa.

Estos valores se determinan con las siguientes formulas:

$$\text{Cuentas por cobrar} = \frac{\text{Ventas}}{365} \times \text{Periodo de cobro}$$

$$\text{Inventarios} = \frac{\text{Costo de ventas}}{365} \times \text{Periodo del inventario}$$

$$\text{Cuentas por pagar} = \frac{\text{Costo de ventas}}{365} \times \text{Periodo de pago}$$

CUADRO DE DEPRECIACION DEL ACTIVO FIJO

En éste cuadro se detalla la depreciación del activo fijo existente, dato obtenido de la Declaración Patrimonial y del activo fijo a ser financiado con el préstamo que se solicita. Para cada ítem se debe consignar el valor del activo fijo, la vida útil estimada y calcular la depreciación de cada año dividiendo el valor del activo entre la vida útil respectiva.

TABLA DE DEPRECIACIÓN

Concepto	Vida util (Años)	%
Edificaciones y construcciones	40	2,5%
Tinglados y cobertizos de metal	10	10,0%
Maquinaria en general	8	12,5%
Maquinaria para la construcción	5	20,0%
Maquinaria agrícola	4	25,0%
Equipos e instalaciones	8	12,5%
Equipos de computación	4	25,0%
Herramientas en general	4	25,0%
Vehículos automotores	5	20,0%
Aviones	5	20,0%
Barcos y lanchas en general	10	10,0%
Muebles y enseres de oficina	10	10,0%
Canales de regadios y pozos de agua	20	5,0%
Alambrados	10	10,0%
Silos, almacenes y galpones	20	5,0%

ESTADO DE RESULTADOS PROYECTADO

En base a toda la información anterior se elabora el estado de resultados proyectado donde se detalla los ingresos por ventas, costos y utilidades netas proyectadas.

FLUJO DE CAJA PROYECTADO

El flujo de caja que se presenta es para analizar la capacidad de pago del prestatario. En este formato se detalla la fuentes de ingresos (ventas, otros ingresos, préstamo, otros financiamientos y aporte propio de los socios), como también los usos de los recursos clasificados en inversiones fijas, capital de trabajo, costo de ventas, gastos de operación, impuesto a las transacciones, intereses, amortización del préstamo, amortización de otras deudas, el impuesto a las utilidades y el monto proyectado de distribución de dividendos según la política establecida por la empresa.

Obtenido el total de fuentes y el total de usos, por diferencia se obtiene el excedente o déficit y a continuación el saldo acumulado.

La proyección debe considerar todo lo concerniente al régimen impositivo. En el presente modelo se ha considerado el siguiente régimen impositivo:

- Todas las actividades económicas están sujetas al impuesto al valor agregado (IVA), impuesto a las transacciones (I.T.) e impuesto a las utilidades de las empresas (I.U.E.).

- El impuesto al valor agregado es un impuesto indirecto que se lo determina por diferencia entre el débito y el crédito fiscal y se lo debe considerar en el estado de resultados como una partida deducible de las ventas brutas. El débito fiscal representa el 13% de las ventas brutas. El crédito fiscal representa el 13% de las compras efectuadas con facturas relacionadas con la actividad de la empresa.

- El impuesto a las transacciones representa el 3% del importe de las ventas brutas.

- El impuesto a las utilidades grava el 25% de las utilidades obtenidas durante una gestión.

- El impuesto a las utilidades de una gestión se considera como pago a cuenta del impuesto a las transacciones de la siguiente gestión.

- Si en un año el impuesto a las utilidades fuera mayor al impuesto a las transacciones y no pudiera ser compensado, el saldo se consolida a favor del fisco, sin derecho a reintegro o devolución.

ANÁLISIS DE ESCENARIOS / ANALISIS DE SENSIBILIDAD

Dependiendo del tipo de actividad se definirá las variables relevantes susceptibles de variación (principales riesgos y contingencias que pueden afectar la situación del prestatario) y realizar análisis de escenarios o análisis de sensibilidad.

Para el análisis de sensibilidad se puede asignar un porcentaje de disminución del volumen de ventas por producto, un porcentaje de disminución del precio de venta por producto o un porcentaje de incremento en costos por producto. Con estos factores se genera un flujo de caja proyectado que sirve para analizar el grado de sensibilidad de cada variable.

Para el análisis de escenarios se puede considerar conjuntamente distintos valores para las tres variables (cantidad, precio de venta y costos) y generar un nuevo flujo de caja con estos valores.

13 Modelo de evaluación de microcréditos

Microcréditos son créditos concedidos a personas individuales o a un grupo de prestatarios con garantía personal mancomunada o solidaria y/o prendaria, destinado a financiar actividades en pequeña escala de producción, comercialización o servicios, cuya fuente de pago principal lo constituye el producto de las ventas e ingresos generados por dichas actividades.

En este capítulo expondremos un modelo para la evaluación de microcréditos, que consta de lo siguiente:

- Modelo de una declaración patrimonial para analizar la situación económica financiera del solicitante del crédito y los garantes.

- Modelo de un informe de evaluación de microcréditos.

- Modelo de un flujo de caja.

DECLARACION PATRIMONIAL

			Tipo de cambio	
	Lugar	Día	Mes	Año

DATOS PERSONALES

Nombre y apellidos: _____ Cédula identidad: _____
Fecha de nacimiento: _____ Lugar: _____ Edad: _____ Estado civil: _____
Dirección domicilio: _____ Email: _____ Teléfono: _____
Lugar de trabajo: _____ Cargo: _____
Dirección oficina: _____ Teléfono oficina: _____
Años de servicio: _____ Profesión: _____ Numero de dependientes: _____
Nombre del cónyuge: _____ Cedula identidad: _____
Fecha de nacimiento: _____ Lugar: _____ Edad: _____
Lugar de trabajo: _____ Cargo: _____
Años de servicio: _____ Profesión: _____

ACTIVO

A) DEPOSITOS EN ENTIDADES FINANCIERAS (Cta.Cte, Caja de ahorros, D.P.F.)   Moneda $us

Nombre de la entidad	Tipo de depósito	Número de cuenta	Saldo
		TOTAL	0,00

B) ACCIONES Y BONOS

Cantidad	Nombre de la empresa	% Participación	Valor nominal	Valor
			TOTAL	0,00

C) CUENTAS Y DOCUMENTOS POR COBRAR

Nombre o razón social del deudor	Tipo de documento	Saldo
	TOTAL	0,00

D) INMUEBLES URBANOS Y RURALES

Descripción y ubicación	Extensión superficial	Registro de propiedad			Valor
		Part. Comp.	Fojas / Partida	Fecha	
				TOTAL	0,00

E) VEHICULOS

Tipo de vehiculo / marca / modelo / año	Placa	Registro prop.	Fecha	Valor
			TOTAL	0,00

F) MAQUINARIA Y EQUIPO

Cantidad	Tipo de maquinaria / modelo / año	Valor
	TOTAL	0,00

G) SEMOVIENTE GANADO

Cantidad	Tipo de ganado	Precio unitario	Valor
		TOTAL	0,00

H) CULTIVOS AGRICOLAS

Número de hectareas	Tipo de cultivo	Valor
	TOTAL	0,00

I) INVENTARIO DE MERCADERIA, MUEBLES Y OTROS BIENES

Cantidad	Descripción	Valor
	TOTAL	0,00

PASIVO

J) PRESTAMOS DE ENTIDADES FINANCIERAS

Nombre de la entidad financiera	Vencimiento	Saldo
CORTO PLAZO (HASTA 1 AÑO)		
LARGO PLAZO (MAS DE 1 AÑO)		
	TOTAL	0,00

K) CUENTAS POR PAGAR

Nombre o razón social del acreedor	Tipo de documento	Vencimiento	Saldo
		TOTAL	0,00

INGRESOS MENSUALES

Concepto	Monto
Sueldo	
Honorarios profesionales	
Dividendos percibidos por inversiones	
Utilidades netas por negocios propios	
Ingresos por alquileres	
Ingresos por intereses	
Sueldo o ingresos del cónyuge	
Otros ingresos (Especificar)	
TOTAL INGRESOS	**0,00**

GASTOS MENSUALES

Concepto	Monto
Alimentación	
Gastos médicos	
Educación	
Vestimenta	
Teléfono	
Energia eléctrica	
Agua	
Gas	
Internet	
Televisión por cable	
Transporte	
Recreación	
Alquiler vivienda	
Mantenimiento vehículos e inmuebles	
Impuestos	
Pensiones a terceras personas	
Amortización préstamos	
Intereses por préstamos	
Otros gastos	
TOTAL GASTOS	**0,00**

EXCEDENTE (DEFICIT)	**0,00**

El (los) suscribiente(s) declara(n) que los datos consignados en la presente Declaración Patrimonial, son fidedignos y representan la real situación económica financiera que tiene(n) al presente, autorizado en forma expresa a la ENTIDAD FINANCIERA, a verificar en cualquier momento y por los medios que considere más adecuada, la veracidad de los datos declarados.

_____
Firma del declarante

_____
Firma del cónyuge

**INSTRUCCIONES PARA EL LLENADO DE LA
DECLARACIÓN PATRIMONIAL**

DATOS PERSONALES

Nombre y apellidos: Indicar el nombre completo y apellidos paterno y materno del declarante, en ese orden.

Cédula de identidad: Indicar el número de la cédula de identidad y el lugar donde fue emitido.

Fecha de nacimiento: Indicar el día, mes y año de la fecha de nacimiento.

Lugar: Especificar el lugar de nacimiento.

Edad: Indicar la edad actual.

Estado civil: Especificar el estado civil (soltero, casado, viudo, divorciado).

Dirección / EMail / Teléfono: Indicar la dirección del domicilio, correo electrónico y teléfono del declarante.

Lugar de trabajo / Cargo: Señalar la empresa donde trabaja el declarante y el cargo que desempeña.

Dirección oficina / Teléfono: Indicar la dirección y teléfono del lugar de trabajo.

Años de servicio: Señalar los años de antigüedad en la empresa donde trabaja.

Profesión: Indicar la profesión u ocupación que tiene.

Número de dependientes: Señalar el número de personas que dependen económicamente del declarante.

Nombre del cónyuge: Indicar el nombre completo y apellidos del cónyuge del declarante.

Cédula de identidad: Indicar el número de la cédula de identidad del cónyuge y lugar donde fue emitido.

Fecha de nacimiento: Indicar el día, mes y año de la fecha de nacimiento del cónyuge.

Lugar: Especificar el lugar de nacimiento.

Edad: Indicar la edad actual del cónyuge.

Lugar de trabajo / Cargo: Señalar la empresa donde trabaja el cónyuge y el cargo que desempeña.

Años de servicio: Señalar los años de antigüedad en la empresa donde trabaja el cónyuge.

Profesión: Indicar la profesión u ocupación que tiene el cónyuge

---

SITUACION FINANCIERA

Es esta parte se detalla el activo (bienes y derechos que posee), el pasivo (deudas y obligaciones financieras contraídas) y el patrimonio neto (diferencia entre el total del activo y el total del pasivo).

ACTIVO

Activo son los bienes o derechos que posee el declarante.

Depósitos en entidades financieras: Son depósitos que mantienen en entidades del sistema financiero nacional, bajo alguna modalidad. Se debe indicar el nombre de la entidad, el tipo de depósito (cuentas corrientes, caja de ahorros, depósito a plazo fijo), número de la cuenta y el saldo que mantiene a la fecha.

Acciones y bonos: Son acciones, bonos y participaciones que tienen en empresas industriales, comerciales, de servicios o financieras, sean públicas o privadas. Se debe indicar la cantidad de títulos valores que poseen, el nombre de empresa, su porcentaje de participación, el valor unitario nominal y el valor total de mercado.

Cuentas y documentos por cobrar: Son cuentas y documentos por cobrar a personas o empresas respaldadas con documentación. Se debe especificar el nombre y apellidos o razón social del deudor, el tipo de documento que lo respalda y el monto adeudado.

Inmuebles urbanos y rurales: Son bienes inmuebles urbanos y rurales de propiedad del declarante. Se debe indicar el tipo de inmueble, su ubicación, extensión superficial y el registro que tiene en derechos reales (número partida computarizada o número de fojas y partida y la fecha de inscripción). En la casilla del valor se debe indicar el valor de mercado del inmueble.

Vehículos: Son vehículos de propiedad del declarante. Se debe especificar el tipo de vehículo (automóvil, vagoneta, jeep, camioneta, camión, microbús), la marca, modelo y año de fabricación. En las columnas siguientes indicar el número de la placa, el número del carnet de propiedad, la fecha del carnet de propiedad y su valor estimado.

Maquinaria y equipo: Son maquinaria y equipo de propiedad del declarante. Se debe efectuar un detalle indicando la cantidad que posee, la descripción de la maquinaria o equipo, el modelo, año de fabricación y el valor actual correspondiente.

Semoviente ganado: Es el ganado vacuno, lechero, porcino o aves en crianza (pollos parrilleros, aves ponedoras, aves reproductoras, etc.) con fines de explotación o de venta. Se debe indicar la cantidad que posee, el tipo de ganado, el precio unitario y el valor total.

Cultivos agrícolas: Son los cultivos agrícolas que están en desarrollo. Se debe especificar la superficie cultivada (en hectáreas), el tipo o clase de cultivo y el valor estimado del cultivo.

Mercadería, muebles y otros bienes: Son los activos realizables con que cuenta el declarante relacionados con sus actividades, muebles, enseres y otros bienes. Se debe indicar la cantidad que posee de mercadería, productos terminados, productos industriales en proceso de fabricación, materia prima, semillas, fertilizantes y otros insumos, indicando el valor actual estimado. De tratarse de varios productos se debe adjuntar un inventario valorado.

PASIVO

Son el conjunto de deudas y obligaciones financieras del declarante y cónyuge.

Prestamos en entidades financieras: Son préstamos contraídos de entidades del sistema financiero nacional. Se debe clasificar estas deudas en corto y largo plazo, según sean pactadas a un año plazo o más de un año respectivamente. El desglose de estas obligaciones se debe efectuar indicando el nombre de la institución financiera, la fecha final de vencimiento y el saldo actual.

Cuentas por pagar: Son deudas contraídas por el declarante y su cónyuge de empresas o personas particulares. Se debe indicar el nombre o razón social del acreedor, el tipo de documento, la fecha final de vencimiento y el saldo actual.

SITUACION ECONOMICA

Es un estado de ingresos y gastos del solicitante y cónyuge del último mes.

Ingresos mensuales

Indicar los ingresos mensuales que percibe el declarante, especificando si es sueldo como dependiente (asalariado), honorarios profesionales, dividendos percibidos por inversiones, utilidades netas por negocios propios, ingresos por alquileres, ingresos por intereses. Se debe consignar también el sueldo o ingreso que percibe el cónyuge y especificar si tiene otros ingresos, diferentes a los detallados anteriormente.

Gastos mensuales

Detallar los gastos familiares incurridos en el último mes.

Excedente / Déficit

Consignar el excedente neto o ahorro mensual del declarante, importe obtenido por la diferencia entre el total de ingresos y el total de gastos.

REQUISITO GENERAL

El formulario debe estar firmado necesariamente por el declarante y el cónyuge, adjuntando fotocopia de las cédulas de identidad y la documentación de respaldo respectiva.

INFORME DE EVALUACION DE MICROCREDITOS

	Moneda		
	0	0	0
	Dia	Mes	Año

1. TERMINOS Y CONDICIONES

Nombre prestatario: 0

Tipo de operación	Monto	Plazo (años)	Servicio deuda	Tasa de interés	Destino del crédito
Prestamo M/N					

Tipo de crédito	Microcredito a sola firma		Microcredito con documentos en custodia	
	Microcredito con garantía personal		Microcredito con garantia prendaria con registro	

2. ANTECEDENTES

Actividad _____ Experiencia _____

Residencia en la zona (años)

| Conocimiento del negocio | Alto | | Medio | | Bajo | | |

Ventaja competitiva de la empresa

Número de empleados

| Tipo de vivienda | Propia | | Anticrético | | Alquiler | | Familiar | |

Experiencia crediticia

Entidad	Fecha de desembolso	Monto original	Saldo actual	Estado del crédito	Dias de mora acumulados	Calificación actual

Informes confidenciales

3. ASPECTOS DEL MERCADO

Mercado en que realiza las ventas	Local		Departamental		Nacional	Exportación	
Competencia	Alta		Media		Baja		
Modalidad de las ventas	Al contado	%	A crédito	%	Plazo promedio de las ventas (dias)		

Estacionalidad de las ventas

	E	F	M	A	M	J	J	A	S	O	N	D
Alta												
Media												
Baja												

4. SITUACIÓN FINANCIERA

Activo	Monto	Pasivo	Monto
ACTIVO CIRCULANTE	0,00	**PASIVO CIRCULANTE**	0,00
Efectivo	0,00	Deuda en entidades financieras	0,00
Depósitos en entidades financieras	0,00	Cuentas por pagar	0,00
Cuentas y documentos por cobrar	0,00	**PASIVO LARGO PLAZO**	0,00
Semoviente ganado	0,00	Deuda en entidades financieras	0,00
Cultivos agrícolas	0,00	Cuentas por pagar	0,00
Inventario de mercadería y otros bienes	0,00		
ACTIVO FIJO DE LA EMPRESA	0,00		
Inmuebles (Productivos)	0,00		
Vehículos (Productivos)	0,00		
Maquinaria y equipo	0,00		
Semiviente ganado	0,00		
Cultivos agrícolas	0,00		
ACTIVO FIJO FAMILIAR Y OTROS ACTIVOS	0,00		
Inmuebles y vehículos (Improductivos)	0,00		
Acciones y bonos	0,00		
TOTAL ACTIVO	0,00	**TOTAL PASIVO**	0,00
PATRIMONIO NETO	0,00		

INDICADORES FINANCIEROS

Razón deuda activos	0,00	Razón circulante	0,00	Rotación de inventarios	0,00

DEUDA CON LA INSTITUCION Y EL SISTEMA FINANCIERO

Institución	Vigente	Vencida	Ejecución	Contingente	Indirecta
Total	0,00	0,00	0,00	0,00	0,00

5. GARANTIA

5.1. GARANTIA HIPOTECARIA Y PRENDARIA	Avalúo comercial	Avalúo hipotecario	Grado de realización

5.2. GARANTIA PRENDARIA SIN REGISTRO			
TOTAL AVALUO	0,00	0,00	
RELACION GARANTIA / DEUDA	0,0000	0,0000	

5.3. GARANTIAS PERSONALES			Patrimonio neto
0			0,00

6. CONCLUSIONES Y RECOMENDACIONES

....
Firma del analista de crédito

INSTRUCCIONES PARA EL LLENADO DEL
INFORME DE EVALUACIÓN DE MICROCRÉDITOS

1. TERMINOS Y CONDICIONES

En esta sección se debe indicar las condiciones generales de la operación.

Nombre prestatario	: Indicar los nombres y apellidos o la razón social del solicitante de crédito.
Tipo de operación	: Indicar el tipo de operación de crédito, es decir si es línea de crédito, préstamo, descuento de letra de cambio, factoring, leasing, carta de crédito, boleta de garantía o aval.
Monto	: Indicar el monto de la(s) operación(es) de crédito.
Plazo	: Señalar el plazo del crédito, expresado en años.
Servicio de la deuda	: Señalar el tipo de amortización de la operación, según sea anual, semestral, cuatrimestral, trimestral, bimestral, mensual o variable.
Tasa de interés	: Señalar la tasa de interés anual a aplicarse a la operación.
Destino del crédito	: Indicar en forma resumida cual será el destino del crédito.

2. ANTECEDENTES

En esta parte se debe hacer referencia a todos los antecedentes del solicitante de crédito.

Actividad	: Describir la(s) actividad(es) a las que se dedica el prestatario, en forma clara y concreta.
Experiencia	Señalar los años de experiencia en la actividad principal del cliente.
Residencia en la zona	: Señalar hace cuantos años reside en la zona el prestatario.
Conocimiento del negocio	: Señalar el nivel de conocimiento del negocio, según sea alto, medio o bajo.
Ventaja competitiva de la empresa	: Indicar la ventaja competitiva que tiene la empresa en el mercado.
Número de empleados	: Indicar el número de empleados que tiene la empresa.
Tipo de vivienda	: Señalar si la vivienda del prestatario es propia, en anticrético, alquiler o familiar.
Experiencia crediticia	: Indicar la experiencia crediticia del prestatario con la entidad y con otras entidades financieras, especificando la fecha de desembolso, monto original, saldo actual, estado del crédito, días de mora acumulados y la calificación actual.
Informes confidenciales	: Indicar en forma resumida y clara la información confidencial obtenida del cliente de las centrales de riesgos.

3. ASPECTOS DEL MERCADO

En esta sección se debe indicar aspectos sobre el mercado del solicitante de crédito.

Mercado en que realiza ventas	: Indicar el mercado donde realiza las ventas, según sea local, departamental, nacional o exportación.
Competencia	: Indicar el grado de competencia que tiene el solicitante, especificando si es alta, media o baja.
Modalidad de ventas	: Indicar los porcentajes de ventas a crédito, ventas al contado y el plazo promedio de las ventas a crédito.
Estacionalidad de las ventas	: Señalar los meses de ventas altas, media y bajas.

4. SITUACIÓN FINANCIERA

En esta parte se presenta un resumen de la situación financiera del solicitante, cuadro llenado en base a la información consignada en la declaración patrimonial, donde se especifica el total del activo circulante, el activo fijo de la empresa, el activo fijo familiar y otros activos del solicitante, así como el pasivo a corto, pasivo a largo plazo y el patrimonio neto.

En base a la información de la situación financiera del solicitante, se debe calcular los indicadores financieros de razón deuda activos, razón circulante y rotación de inventarios.

Se debe indicar el endeudamiento actual del cliente con la entidad y el endeudamiento del solicitante en el sistema financiero, información obtenida de las centrales de riesgos, especificando si el crédito esta vigente, vencido, en ejecución o si es un operación contingente o deuda indirecta.

5. GARANTÍAS

5.1. Garantía hipotecaria y prendaria
En esta sección se debe detallar el tipo de garantías reales que presenta el solicitante, especificando si es hipotecaria o prendaria.

De cada garantía se indicará el valor comercial, el valor hipotecario y el grado de realización según avalúo efectuado por peritos inscritos en el registro de avaluadores de la entidad.

Se debe determinar el total del avalúo comercial, el total del avalúo hipotecario y calcular la relación de garantías respecto al endeudamiento total del cliente, previa adición de la deuda con cargo a esta garantía

5.2. Garantía prendaria sin registro
Indicar las garantías prendarias sin registro.

5.3. Garantías personales
Indicar nombres y apellidos de los garantes personales, señalando el patrimonio neto con que cuenta, según la declaración patrimonial.

5.4. Relación garantía / deuda total
Indicar la relación del total de la garantía con avalúo comercial e hipotecario con respecto al total de la deuda del solicitante con la institución.

6. CONCLUSIONES Y RECOMENDACIONES

En esta parte el analista de créditos debe indicar las conclusiones de la evaluación conjunta de todos los aspectos de la solicitud de crédito, señalando los aspectos en los que se basa para recomendar la aprobación o rechazo de la solicitud de crédito.

ANALISIS DE LA CAPACIDAD DE PAGO

En dólares americanos

	0	0	0
	Día	Mes	Año

Prestatario:	0
Actividad:	0

Elija una de las siguientes opciones (A ó B)

A) VOLUMEN DE VENTAS EN UNIDADES MONETARIAS

Producto	Lunes	Martes	Miercoles	Jueves	Viernes	Sábado	Domingo	Total semana	Ingreso bruto mensual	Margen utilidad bruta	Costo de ventas mensual	Utilidad bruta mensual
								0,00	0,00		0,00	0,00
								0,00	0,00		0,00	0,00
								0,00	0,00		0,00	0,00
								0,00	0,00		0,00	0,00
								0,00	0,00		0,00	0,00
								0,00	0,00		0,00	0,00
TOTAL	0,00	0,00	0,00	0,00	0,00	0,00	0,00	0,00	0,00	0,00%	0,00	0,00

B) VOLUMEN DE VENTAS EN TERMINOS DE CANTIDADES

Producto	Unidad	Cantidad mensual	Precio de venta unitario	Costo variable unitario	Margen utilidad bruta	Ingreso bruto mensual	Costo de ventas mensual	Utilidad bruta mensual
					0,00%	0,00	0,00	0,00
					0,00%	0,00	0,00	0,00
					0,00%	0,00	0,00	0,00
					0,00%	0,00	0,00	0,00
					0,00%	0,00	0,00	0,00
					0,00%	0,00	0,00	0,00
TOTAL					0,00%	0,00	0,00	0,00

FLUJO DE CAJA MENSUAL PROYECTADO
En dólares americanos

Detalle	Parcial	Total
INGRESO BRUTO POR VENTAS		0,00
(-) COSTO DE VENTAS		0,00
UTILIDAD BRUTA		0,00
(-) GASTOS DE OPERACIÓN		0,00
Sueldos y salarios	0,00	
Alquileres	0,00	
Servicios publicos (energia eléctrica, agua, telefono)	0,00	
Gastos generales	0,00	
Seguros	0,00	
Comisión sobre ventas	0,00	
Publicidad y promoción	0,00	
Impuestos	0,00	
Otros gastos	0,00	
UTILIDAD OPERATIVA		0,00
(+) OTROS INGRESOS		0,00
Sueldo o ingresos cónyuge	0,00	
Otros	0,00	
(-) GASTOS FAMILIARES		0,00
Alimentacion	0,00	
Gastos médicos	0,00	
Educación	0,00	
Vestimenta	0,00	
Telefono	0,00	
Energía eléctrica	0,00	
Agua	0,00	
Gas	0,00	
Internet, Televisión por cable	0,00	
Transporte	0,00	
Recreación	0,00	
Alquiler vivienda	0,00	
Mantenimiento vehículos e inmuebles	0,00	
Impuestos	0,00	
Otros gastos	0,00	
(-) AMORTIZACIÓN PRÉSTAMO		0,00
Capital	0,00	
Intereses	0,00	
(-) AMORTIZACIÓN OTRAS DEUDAS		0,00
Capital	0,00	
Intereses	0,00	
EXCEDENTE NETO MENSUAL		0,00

CUOTA DE AMORTIZACIÓN SEGÚN PLAN DE PAGOS (Primer mes)		0,00
RELACIÓN EXCEDENTE NETO MENSUAL / CUOTA DE AMORTIZACIÓN		0,00

**INSTRUCCIONES PARA ELABORAR EL
FLUJO DE CAJA MENSUAL PROYECTADO**

INGRESOS Y COSTOS DE VENTA

Para determinar el ingreso bruto mensual por ventas del prestatario existen dos opciones, en términos monetarios y en términos de cantidades.

En términos monetarios se detalla las ventas diarias por producto en valores monetarios, obteniendo las ventas semanales y las ventas mensuales. Se consigna el margen de utilidad bruta por producto, en base al cual se determina el costo de ventas mensual y la utilidad bruta mensual. El detalle por producto se realiza si el prestatario tiene hasta 6 productos, si tiene más de 6 productos se consigna el volumen total de las ventas en valores monetarios.

En términos de cantidades se detalla los productos que vende, especificando para cada producto la unidad, cantidad mensual, precio de venta unitario, costo de venta unitario y el margen de utilidad bruta, información en base a la cual se obtiene el total las ventas mensuales, el costo de ventas mensual y la utilidad bruta mensual. Los costos de producción unitarios deben estar respaldados por hojas de costos.

El detalle por producto se realiza si el prestatario tiene hasta 6 productos. Si tiene más de 6 productos se consigna el volumen de ventas en valores monetarios, consignando en esta caso el valor de 1 en el precio de venta unitario y (1 – margen de utilidad bruta) en la parte correspondiente al costo de ventas unitario.

GASTOS DE OPERACIÓN

Se debe detallar los gastos de operación, especificando los sueldos y salarios, alquiler del taller, local o puesto de venta, los gastos por servicios públicos, los gastos en transporte, mantenimiento, reparación, gastos generales, seguros, impuestos y otros gastos.

OTROS INGRESOS

Se debe consignar los otros ingresos con que cuenta el prestatario, especificando el concepto.

GASTOS FAMILIARES

Se debe detallar los gastos familiares del prestatario, especificando los gastos en alimentación, gastos médicos, educación, vestimenta, teléfono, energía eléctrica, agua, gas, Internet, televisión por cable transporte, recreación, alquiler vivienda, mantenimiento de inmuebles y vehículos, impuestos y otros gastos.

AMORTIZACIÓN DEL PRESTAMO

Se debe consignar la amortización del préstamo solicitado, especificando el monto a capital e intereses.

AMORTIZACIÓN DE OTRAS DEUDAS

Se debe indicar la amortización a capital e intereses de otras deudas que tenga el prestatario, es decir la deuda que mantiene en otras instituciones financieras.

De la utilidad bruta se deducen los gastos de operación, los gastos familiares, la amortización del préstamo y la amortización de otras deudas, obteniendo el excedente neto mensual.

14 Seguimiento de créditos

Una vez otorgado un crédito debe efectuarse el seguimiento del cliente a fin de controlar la buena marcha del negocio o detectar aspectos o acontecimientos que pueden afectar la recuperación del crédito y anticiparse a posibles problemas.

14.1. Seguimiento de créditos a personas dependientes

En el seguimiento de créditos concedidos a personas dependientes se debe evaluar los siguientes aspectos:

- Situación de la empresa donde trabaja el cliente. Crisis en la empresa puede derivar en demoras en el pago de sueldos e incumplimiento del plan de pagos pactado con el cliente.

- Cambio de fuente de trabajo, sobre lo que se tendrá que averiguar los motivos del retiro o despido del empleado, su nuevo cargo y el sueldo que percibe.

- Cambios en la situación familiar del cliente, como el nacimiento de nuevos hijos que implicará nuevos gastos o divorcio que implicará el pago de pensiones familiares.

- Venta de inmuebles del cliente, sobre lo que se tendrá que averiguar los motivos de la venta y el destino del dinero.

- Incremento del endeudamiento con entidades financieras o con particulares, que afectará su capacidad de pago y el cumplimiento de la obligación asumida con la entidad.

14.2. Seguimiento de créditos a empresas

En el seguimiento de créditos concedidos a empresas se debe realizar visitas periódicas evaluando los siguientes aspectos:

- Cumplimiento del plan de pagos pactado, verificando si existe buen cumplimiento, incumplimiento eventual, incumplimiento reiterado o suspensión de pagos.

- Cumplimiento del destino de crédito, verificando la adquisición de los bienes financiados y en el caso de construcciones estableciendo el porcentaje de avance de obras.

- Análisis de la situación económica financiera de la empresa en base a los estados financieros, monitoreando la evolución del activo, pasivo, patrimonio neto, capital de trabajo, la reinversión de utilidades, el nivel de ventas, el nivel de utilidades y la capacidad de pago, verificando el cumplimiento de los supuestos adoptados en el flujo de caja.

  Asimismo, será importante monitorear los indicadores financieros como los índices de liquidez (razón circulante, prueba ácida), índices de endeudamiento (razón deuda activos, razón deuda patrimonio, razón de cobertura de la deuda), índices de eficiencia (rotación del activo, periodo de cobro, periodo del inventario, periodo de pago, ciclo operativo, ciclo de efectivo) y los índices de rentabilidad (margen de utilidad bruta, margen de utilidad neta, ROI, ROA y ROE).

  Por ejemplo una disminución del margen de utilidad bruta puede indicar una disminución de los precios de venta o aumento del costo de ventas.

- El nivel de endeudamiento de la empresa en otras entidades financieras, obteniendo información confidencial de la central de riesgos de la entidad de supervisión del sistema financiero o de otras fuentes. Podría darse el caso que la empresa este amortizando normalmente el crédito endeudándose con otros préstamos o que se encuentre en mora en otras entidades financieras.

- Verificación del estado de las garantías constituidas, estableciendo si mejoró por inversiones o mejoras, permaneció estable o si sufrió pérdidas o deterioros.

- Cambio de personas en el directorio o en el equipo gerencial.

- Cambios de política económica, sucesos internacionales o disposiciones legales o tributarias que pueden afectar a la empresa.

- Cambios en el mercado de la empresa, como incremento de precios de la materia prima, disminución de precios de venta, incremento de la competencia o aparición de productos sustitutos que pueden afectar a la empresa.

A continuación se ilustra un modelo de seguimiento de créditos.

INFORME DE SEGUIMIENTO DE CREDITOS

No. 1

Dia	Mes	Año

1. ANTECEDENTES

Nombre prestatario:	0
Dirección:	Teléfono:
Actividad:	0

2. CUMPLIMIENTO PLAN DE PAGOS

Número del crédito	Fecha de desembolso	Monto original	Saldo actual	Plazo	Amortización	Dias de mora acumulados	Estado del crédito			Cumplimiento			
							Vig.	Ven.	Ejec.	E	B	R	M

3. CUMPLIMIENTO DESTINO DEL CREDITO

Concepto	Porcentaje cumplimiento

4. SITUACION ECONOMICA FINANCIERA

	Antes del crédito	Actual	Variación(%)
Activo			0,00%
Pasivo			0,00%
Patrimonio neto			0,00%
Endeudamiento en el sistema financiero según informe confidencial			0,00%

Supuestos adoptados en el flujo de caja

Producto	Volumen de ventas		Ingreso por ventas		Costo de ventas	
	Proyectado	Ejecutado	Proyectado	Ejecutado	Proyectado	Ejecutado

Solvencia y capacidad de pago:

- [ ] Buena situación
- [ ] Con dificultades transitorias
- [ ] Con debilidades financieras
- [ ] Difícil situación
- [ ] Insolvencia total

5. VERIFICACION ESTADO DE LAS GARANTIAS

Descripción	Avaluo comercial inicial	Avaluo comercial actual	Variación
			0,00%
			0,00%
			0,00%
TOTAL	0,00	0,00	0,00%

El estado físico de las garantías :

- [ ] Mejoró por inversiones o mejoras
- [ ] Permaneció estable
- [ ] Sufrió pérdidas o deterioro

6. CONCLUSIONES Y RECOMENDACIONES

Visita efectuada por: ....

Firma

Respuestas a problemas selectos de fin de capítulo

Capítulo 4

9. a) Disminuye
    b) Ninguna
    c) Ninguna
    d) Aumenta
    e) Aumenta
    f) Disminuye

10. a) Uso
    b) Fuente
    c) Fuente
    d) Fuente

13. A. Entidad bancaria
    B. Empresa de tabaco
    C. Empresa ganadera
    D. Fábrica de automóviles
    E. Grandes tiendas
    F. Empresa de electricidad
    G. Empresa exportadora de cereales
    H. Fábrica de productos químicos
    I. Joyerías
    J. Supermercado

13. Razón circulante = 1,45
    Prueba ácida = 0,96

14. Capital de trabajo neto = US$ 990
    Razón del capital de trabajo neto = 0,02
    Razón circulante = 1,11
    Prueba ácida = 0,33
    Razón de efectivo = 0,03
    Razón deuda activos = 0,36
    Razón deuda patrimonio = 0,57
    Apalancamiento financiero = 1,57
    Razón de cobertura de intereses = 6,30
    Razón de cobertura de efectivo = 8,89
    Razón de cobertura de deuda = 2,96
    Costo promedio de la deuda = 9,63%
    Rotación del activo = 0,52
    Rotación de cuentas por cobrar = 7,88 veces
    Período de cobro = 46 días
    Rotación de inventarios = 1,55 veces

Período del inventario = 235 días
Rotación cuentas por pagar = 1,38 veces
Período de pago = 264 días

15. Razón deuda patrimonio = 0,5625
    Apalancamiento financiero = 1,5625

16. Razón de cobertura de intereses = 3

17. Razón de cobertura de efectivo = 5,30

18. Rotación del inventario = 8,11 veces
    Período del inventario = 45 días

19. Rotación de cuentas por cobrar = 6,08 veces
    Período de cobro = 60 días

20. Rotación de cuentas por pagar = 10,14 veces
    Período de pago = 36 días

21. Ciclo operativo = 131 días
    Ciclo de efectivo = 70 días

22. Margen de utilidad bruta = 18,40%
    Margen de utilidad operativa = 9,55%
    Margen de utilidad neta = 4,87%
    ROI = 12,76%
    ROA = 6,51%
    ROE = 14,95%

23. Utilidad por acción (EPS) = 1,82
    Dividendo por acción (DPS) = 1,46
    Razón precio utilidad (PER) = 11,53
    Valor en libros por acción = 12,18
    Razón valor de mercado a valor en libros = 1,72
    Índice Z de Altman = 2,58

24. Rendimiento sobre el capital (ROE) = 16,20%
    Utilidad neta = US$ 22.453

25. Rendimiento sobre los activos (ROA) = 5,39%
    Rendimiento sobre el capital (ROE) = 7,33%

26. Rendimiento sobre el capital (ROE) = 25,83%

27. Razón deuda patrimonio (D/E) = 0,30

28. Apalancamiento financiero = 2,32
    Rendimiento sobre el capital (ROE) = 16,82%
    Utilidad neta = US$ 87.464

Capítulo 5

1. Año 1   US$ 29.330
   Año 2   US$ 39.107
   Año 3   US$ 48.884

2. US$ 12.692

3. US$ 8.533

Capítulo 6

1. Flujo de caja de operación = US$ 22.800

2. Gastos netos de capital = US$ 54.200

3. Variaciones en el CTN = US$ 6.600

4. Flujo de caja libre
   Año 0   - US$ 185.000
   Año 1   US$ 119.250
   Año 2   US$ 130.400
   Año 3   US$ 126.650
   Año 4   US$ 139.550
   Año 5   US$ 172.850

   Flujo de caja del accionista
   Año 0   - US$ 145.000
   Año 1   US$ 107.650
   Año 2   US$ 119.520
   Año 3   US$ 116.490
   Año 4   US$ 130.110
   Año 5   US$ 164.130

Capítulo 7

1. FEN = US$ 10.153

2. Tasa interna de crecimiento = 4,40%
   Tasa de crecimiento sostenible = 13,58%

3. FEN = US$ 15.917
   Tasa interna de crecimiento = 7,09%

4. Utilidades netas proyectadas
   Año 1   US$ 31.628

Año 2   US$ 47.315
Año 3   US$ 67.952
Año 4   US$ 88.589
Año 5   US$ 109.226

Flujo de caja libre
Año 0   - US$ 214.000
Año 1   US$ 51.063
Año 2   US$ 66.713
Año 3   US$ 84.113
Año 4   US$ 103.913
Año 5   US$ 123.713

Flujo de caja del accionista
Año 0   - US$ 152.000
Año 1   US$ 34.478
Año 2   US$ 50.965
Año 3   US$ 69.202
Año 4   US$ 89.839
Año 5   US$ 110.476

Balance general – Total activo
Año 0   US$ 220.000
Año 1   US$ 225.501
Año 2   US$ 234.277
Año 3   US$ 252.057
Año 4   US$ 278.093
Año 5   US$ 312.383

Capítulo 8

1. Ingreso de efectivo por ventas
   1º Trimestre   US$ 290.000
   2º Trimestre   US$ 155.000
   3º Trimestre   US$ 170.000
   4º Trimestre   US$ 165.000

   Egreso por pago a proveedores
   1º Trimestre   US$ 120.000
   2º Trimestre   US$ 131.250
   3º Trimestre   US$ 112.500
   4º Trimestre   US$ 113.750

   Prestamos bancarios
   3º Trimestre   US$ 117.000
   4º Trimestre   US$ 6.000

2. Ingreso de efectivo por ventas
   1º Trimestre   US$ 12.500
   2º Trimestre   US$ 13.000
   3º Trimestre   US$ 14.000

4º Trimestre   US$ 17.000

Egreso por pago a proveedores
1º Trimestre   US$ 10.240
2º Trimestre   US$ 6.480
3º Trimestre   US$ 7.740
4º Trimestre   US$ 7.290

Prestamos bancarios
2º Trimestre   US$ 4.500

3. Ingreso de efectivo por ventas
1º Trimestre   US$ 17.000
2º Trimestre   US$ 30.800
3º Trimestre   US$ 33.200
4º Trimestre   US$ 37.000

Egreso por pago a proveedores
1º Trimestre   US$ 22.608
2º Trimestre   US$ 24.552
3º Trimestre   US$ 27.720
4º Trimestre   US$ 29.808

Prestamos bancarios
3º Trimestre   US$ 28.000
4º Trimestre   US$ 5.000

4. Ingreso de efectivo por ventas
1º Trimestre   US$ 7.700
2º Trimestre   US$ 9.900
3º Trimestre   US$ 12.900
4º Trimestre   US$ 15.900

Egreso por pago a proveedores
1º Trimestre   US$ 6.600
2º Trimestre   US$ 8.400
3º Trimestre   US$ 10.200
4º Trimestre   US$ 11.600

Prestamos bancarios
3º Trimestre   US$ 8.000
4º Trimestre   US$ 2.000

Capítulo 9

1. PRI_A = 2,75 años
   PRI_B = 3,38 años

2. PRD = 3,15 años
   VAN = US$ 9.688

3. PRI = 3,2 años

PRD = 3,87 años
VAN = US$ 12.781

4. PRI = 4,63 años
   PRD = 6,83 años
   VAN = US$ 13.945

5. VAN (16%) = US$ 4.969
   VAN (10%) = US$ 18.042
   TIR = 18,69%

6. TIR = 18,80%

7. IR = 1,13

8. PRI_A = 3,46 años
   PRD_A = 4,01 años
   VAN_A = - US$ 105
   TIR_A = 16,81%
   IR_A = 0,99

   PRI_B = 2,25 años
   PRD_B = 3,85 años
   VAN_B = US$ 274
   TIR_B = 18,00%
   IR_B = 1,02

9. VAN_A = US$ 495
   VAN_B = - US$ 584
   TIR_A = 17,38%
   TIR_B = 16,65%
   Tasa de cruce = 13,91%

10. VAN_A = - US$ 802
    VAN_B = US$ 641
    TIR_A = 9,10%
    TIR_B = 10,50%
    Tasa de cruce = 13,85%

11. Dos tasas internas de retorno
    VAN = US$ 13.361

12. FCO = US$ 5.450

13. VAN = US$ 40.927
    TIR = 21,13%
    IR = 1,20

14. a) PRI = 3,13 años
        PRD = 4,16 años
        VAN = US$ 148.408

TIR = 22,21%

IR = 1,20

b) VAN = US$ 138.859

TIR = 27,59%

IR = 1,25

c) PE = 11.485 unidades

d) Balance general – Total activo

Año 0   US$ 780.000

Año 1   US$ 920.250

Año 2   US$ 1.052.750

Año 3   US$ 1.226.125

Año 4   US$ 1.482.625

Año 5   US$ 1.733.375

15. Utilidades netas proyectadas

Año 1   US$ 56.772

Año 2   US$ 150.687

Año 3   US$ 185.682

Año 4   US$ 267.466

Año 5   US$ 312.484

Flujo de caja del proyecto

PRI = 3,84 años

PRD = 4,77 años

VAN = US$ 401.007

TIR = 22,97%

IR = 1,45

Flujo de caja del accionista

VAN = US$ 341.313

TIR = 28,99%

IR = 1,57

Balance general – Total activo

Año 0   US$ 919.494

Año 1   US$ 953.557

Año 2   US$ 977.045

Año 3   US$ 1.017.733

Año 4   US$ 1.110.333

Año 5   US$ 1.226.857

Capítulo 10

1. Caso base

   VAN = US$ 95.700   TIR = 18,85%

   Peor caso

   VAN = - US$ 305.970   TIR = - 3,11%

   Mejor caso

   VAN = US$ 534.448   TIR = 39,39%

2. Mejor caso

Cantidad	110.000 unidades
Precio de venta	US$ 17,60
Costo variable unitario	US$ 8,10
Costo fijo anual	US$ 360.000

   Peor caso

Cantidad	90.000 unidades
Precio de venta	US$ 14,40
Costo variable unitario	US$ 9,90
Costo fijo anual	US$ 440.000

3. a) VAN = US$ 220.645   TIR = 21,57%

   b) VAN = US$ 35.991   TIR = 14,43%

   c) VAN = - US$ 95.906   TIR = 9,10%

4. a) VAN = US$ 77.863   TIR = 24,88%

   b) VAN = - US$ 8.520   TIR = 16,11%

Indice

Bibliografía

Recopilación de Normas para Bancos y Entidades Financieras de la Autoridad de Supervisión del Sistema Financiero de Bolivia y otros países.

Ross Stephen, Westerfield Randolph, Jaffe Jeffrey: "Finanzas Corporativas", séptima edición McGraw Hill, 2005.

Tomas Jaume, Amat Oriol, Esteve Mercé: "Cómo analizan las entidades financieras a sus clientes", Gestión 2000, 2005.

Weston Fred J., Copeland Thomas E.: "Finanzas en Administración", novena edición McGraw Hill, 1995.

www.ingramcontent.com/pod-product-compliance
Lightning Source LLC
Chambersburg PA
CBHW081058220326
41598CB00038B/7145